Wladimir Fedosejew, Maestro

von Elisabeth Heresch

Böhlau Verlag Wien · Köln · Weimar

Gedruckt mit Unterstützung durch das Amt der Vorarlberger Landesregierung

Die Transkription der russischen Eigennamen erfolgt nicht nach der wissenschaftlichen (preußischen) Translitteration, sondern nach der populären Transkription, allerdings unter Berücksichtigung der Aussprache und der tatsächlichen russischen Buchstaben. Somit heißt es zum Beispiel nicht Fedoseev, sondern Fedosejew, Tschajkowskij und nicht Cajkovskij oder Tschaikowsky, aber auch Musorgskij und nicht – wie meist transkribiert – Mussorgsky.

In der am Schluß dieses Buches angeführten Diskographie wurde allerdings die jeweilige Originaltranskription beibehalten.
E. H.

Die Deutsche Bibliothek – CIP-Einheitsaufnahme

Ein Titeldatensatz für diese Publikation ist
bei Der Deutschen Bibliothek erhältlich
ISBN 3-205-99032-3

Das Werk ist urheberrechtlich geschützt. Die dadurch begründeten Rechte, insbesondere die der Übersetzung, des Nachdruckes, der Entnahme von Abbildungen, der Funksendung, der Wiedergabe auf photomechanischem oder ähnlichem Wege, der Wiedergabe im Internet und der Speicherung in Datenverarbeitungsanlagen, bleiben, auch bei nur auszugsweiser Verwertung, vorbehalten.

© 2002 by Böhlau Verlag Ges. m. b. H. und Co. KG, Wien · Köln · Weimar
http://www.boehlau.at

Gedruckt auf umweltfreundlichem, chlor- und säurefreiem Papier

Druck: Manz Crossmedia, 1051 Wien

Musik entsteht aus der Stille

Wladimir Fedosejew

Inhalt

Zu diesem Buch 9

Statt eines Vorworts: Wilhelm Sinkovicz – Wie ich Fedosejew „entdeckte" 11

1. Das Akkordeon 15
2. Alle Wege führen nach Moskau 23
3. Es muß nicht immer Karajan sein 34
4. König über Nacht 45
5. Das Geheimnis des Erfolges 49
6. Russisches Roulette 60
7. Pflicht und Neigung – und immer wieder Tschajkowskij 67
8. Wiener Blut 87
9. Bregenz – ein Fest für Wladimir 95
10. Von Beethoven bis „Alles Walzer!" 117
11. Moskau – Wien – Zürich: das magische Dreieck 127
12. Ex oriente lux? 133

Probenwerkstatt 148
Fedosejew-Interviews 153
Diskographie 177
Namenverzeichnis 234
Quellen 238

Zu diesem Buch

Maestro Fedosejew lernte ich 1975 durch ein Konzert in der Zeit meines Russischstudiums kennen. Nach meinem Studienabschluß hörte ich lange nichts von ihm, dann ging ich in die USA. Nach meiner Rückkehr sah ich im Jahre 1990 seinen Namen auf Wiener Konzertplakaten angekündigt; ich besuchte die Generalprobe, weil ich zum Konzert nicht kommen konnte. Eigentlich wollte ich nur den Prokofjew hören – nach den üblichen bombastischen Tschajkowskij-Darbietungen interessierte mich dieser Komponist nicht mehr. Aber ich blieb doch und wurde überrascht.

Von da an verfolgte ich seine Auftritte. Es wurde mir – nicht zuletzt im Rahmen meiner Beschäftigung mit Rußland – bald zum Bedürfnis, dem künstlerischen Weg dieses außergewöhnlichen Dirigenten zwischen sowjetrussischer Realität und der russischen Identität nachzuspüren, die ihn geformt hat. Wo liegt das Geheimnis der Wirkung, die er mit Perfektion statt kaltem Drill und Leidenschaftlichkeit statt aufgesetzter Sentimentalität erzielt?

Von Moskau (Komponisten, Solisten, Musiker des Tschajkowskij-Orchesters) über Wien (prominente Künstler, Musiker der Wiener Symphoniker), Bregenz (Festspiele), Zürich (Dramaturgie des Opernhauses), bis Paris, Cannes und London (IMG Artists) und New York haben mir verschiedene Personen, darunter Regisseure, Intendanten, Agenten, Informationen gegeben; Privatpersonen, wie ganz besonders die in der Unterstützung des Tschajkowskij-Orchesters aktive Elisabeth Psihoda in Wien sowie Natalja Alexejewa, haben sich mir gegenüber sehr hilfsbereit gezeigt. Ihnen allen möchte ich herzlich danken.

Besonders verpflichtet bin ich dem Wiener Musikkritiker Dr. Wilhelm Sinkovicz, der mir mit Unterlagen behilflich war.

Die Grundlage dieses Buches bilden jedoch die Gespräche, in denen Maestro Fedosejew und seine Frau Olga Erinnerungen an ihre Vergangenheit und ihre Welt mit mir geteilt haben, und die Proben, die ich in Moskau, Wien und Bregenz verfolgen durfte. Daran werde ich mich immer in Dankbarkeit erinnern.

Bleibt zu wünschen, daß dieses Porträt Fedosejew und seine Kunst näherbringt; sicher bestätigt sich hier jedoch: Die Geheimnisse der Kunst sind die Geheimnisse des Lebens.

Elisabeth Heresch
Wien, im März 2002

Statt eines Vorworts

Wilhelm Sinkovicz: Wie ich Fedosejew „entdeckte"

Meine erste Begegnung mit Fedosejew war purer Zufall, im Jahre 1987. Es war ein Konzert der Jeunesse in Wien – ich glaube, Fedosejew war mit seinem Moskauer Orchester gerade auf der Durchreise im Zuge einer anstrengenden Tournee – und es war durchaus ein Zufall, daß ich hinging – ich hatte zuvor noch nie von ihm gehört, keine Platte oder Aufnahme von ihm gekannt.

Ich hatte eigentlich frei an diesem Abend, und der Grund, warum ich dennoch beschloß, ins Konzert zu gehen, war der Pianist Michail Pletnjew, der als Solist des Konzerts angekündigt war; er hatte einige Zeit vorher seinen ersten Wiener Klavierabend gegeben – mit enormem Erfolg – und diesmal sollte er die Klavierfantasie von Tschajkowskij spielen, ein Stück, das ich noch nie live gehört hatte; meist bekommt man ja das 1. oder 2. Klavierkonzert zu hören, aber die G-Dur-Fantasie so gut wie nie. Zwei Gründe also, ein Konzert mit einem für mich unbekannten Dirigenten zu besuchen.

Als Hauptwerk nach der Pause standen die Symphonischen Tänze von Rachmaninow auf dem Programm – und vor der Pause und der G-Dur-Fantasie war die Suite aus Prokofjews Ballett „Romeo und Julia" in Fedosejews Zusammenstellung angesetzt. Und es war damals – und das ist ja schon ungewöhnlich – Carlos Kleiber im Konzert, der ja kaum je in Konzerte geht; da war eigentlich schon klar, daß da etwas Besonderes vor sich geht. Später habe ich festgestellt, daß Kleiber tatsächlich oft in Fedosejews Konzerte geht und mit ihm offenbar regen persönlichen Kontakt hält.

Dann begann das Konzert – es war sofort ein Schockerlebnis. Denn auf Musik in derartiger Intensität war ich weiß Gott nicht vorbereitet. Fedosejews Musiker bringen etwas, das heute so gut wie ausgestorben ist, nämlich: die absolute technische Perfektion bei gleichzeitig vollständiger emotionaler Aufladung – mit einem Bombenton bei den Streichern, sehr emotional, und gleichzeitig ungeheuer präzis. So etwas kann man heute bestenfalls auf bedeutenden alten Aufnahmen noch hören, aber so gut wie nie live.

Nun leben wir in einer Gesellschaft, die vor allem auf eine oberflächliche Art von Perfektion aus ist, die das gutheißt, und eine ganze Generation von Kritikern und Meinungsbildnern hat an dieser Art der Oberflächenpolitur mitgearbeitet. Doch diese Schein-Perfektion tötet in Wirklichkeit die eigentlichen Grundlagen der Musik – das Leidenschaftliche, das Menschliche, das Humane – das, warum man eigentlich Musik macht. Denn Musik ist ja der Ausdruck von Freude, von Schmerz, von Emotionen:

Wann fängt man denn zu singen, zu tanzen an? Jedes Kind weiß, wann es tanzen will, ohne vorher zu überlegen!

Technische Perfektion, für sich genommen, ist einfach kein Thema, doch man hat durch das Drängen auf Perfektion hier diese ursprünglichen Eigenschaften unterdrückt, und das ist eine Perversion. Denn die technische Perfektion muß immer die Grundlage für die künstlerische Arbeit sein, aber sie muß einer Sache dienen. Und wenn man sich darin erschöpft, nur die Noten so präzis wie möglich herunterzuspielen, dann tritt das ein, was jetzt in aller Regel eingetreten ist – eine ungeheure Fadesse.

Alle Dirigenten sind gleich, sie bringen keine Persönlichkeit ein, sondern spielen alles mehr oder weniger gleichförmig herunter; da werden Pappkameraden aufgestellt: der eine ist langsamer, der andere schneller – na und? Er erzählt mir dabei nichts! Aber wenn mir ein Dirigent oder ein Künstler als Interpret etwas erzählt, dann ist das Tempo egal, ob schnell oder langsam: es muß stimmen – im Moment, emotionell – dann ist es richtig.

Und das war eben dieses Schockerlebnis, daß da nach langer Zeit wieder ein Ensemble und ein Dirigent aufgetreten sind, die das konnten. Die Prokofjew-Suite begann mit „Das Mädchen Julia". Als zweite Episode kam dann gleich die große Liebesszene zwischen Romeo und Julia, die sogenannte „Balkonszene": Was da an erotischem Rausch musikalisch über die Rampe gekommen ist, das war umwerfend! Das Publikum war gefesselt – man hätte eine Stecknadel fallen hören, und das kommt sehr selten vor. Es war ein Schlüsselerlebnis für mich. Ich bin am nächsten Tag sofort in die Stadt losgezogen und habe mir alle Aufnahmen von Fedosejew besorgt, die ich bekommen konnte. Damit bin ich erst einmal in Klausur gegangen. Als ich mein Erlebnis in den Platten bestätigt fand, sagte ich mir: Man muß etwas tun. Und ich habe etwas getan: nämlich den Namen Fedosejew ununterbrochen in die Zeitung gebracht; ich habe Plattenrezensionen gemacht, ich habe überlegt, was man sonst tun kann, um die Musiker wieder nach Österreich zu bringen.

Und der erste, der darauf reagiert hat, war Alfred Wopmann, der Intendant der Bregenzer Festspiele, der das auch später offen gesagt hat: Wenn er nicht meine Hymnen gelesen hätte, wäre er nicht auf die Idee gekommen, Fedosejew zu engagieren. Bis dahin war Fedosejew mit seinem Orchester in 13 Jahren nur zweimal in Österreich gewesen. Das ist ja das Ungeheure, daß die schreibende Zunft offenbar nie zur Kenntnis genommen hat, was Fedosejew zustande bringt: Zum Beispiel etwas so Abgespieltes wie die Fünfte Symphonie von Tschajkowskij mit einer nie dagewesenen Texttreue wiederzugeben. Wenn da steht „Crescendo" in Takt vier, dann passiert es bei Fedosejew genau in Takt vier, nicht früher und nicht später; wenn dort kein Ritardando oder Accelerando steht, dann findet auch keines statt. Gerade bei Tschajkowskij haben sich wie bei vielen offensichtlich gefühlvollen Komponisten sehr viele Sünden eingebürgert, die Fedosejew alle ausräumt. Er schaffte es, höchste Emotionalität bei gleichzeitiger Texttreue zu erzielen. Und das ist die Wahrhaftigkeit, vor der viele – nicht das Publikum, sondern die Kritiker – Angst haben, wo sie die Haare aufstellen, denn das Irrationale macht ihnen Angst. Das ist eine Perversion – denn wo beginnt denn die Kunst, wenn nicht im Irrationalen? Wenn einer alles rational aufarbeiten kann, schläft das Publikum ein. Es müssen die Grenzen des Rationalen gesprengt werden.

Das war die erste Begegnung, der dann die nächste mit Fedosejew und den Wiener Symphonikern folgte, schon in Bregenz, mit Skrjabins „Poème de l'extase" – ein ungeheures Erlebnis. Dann waren Konzerttourneen mit dem Moskauer Orchester beim Wiener Sommer, beim Carinthischen Sommer – und einmal auch bei den Salzburger Festspielen. Das war 1990, mit der Vierten Tschajkowskij als Hauptwerk, der Konzertouvertüre von Szymanowski und dem Sibelius-Violinkonzert, Solist war Vadim Repin – ein ungeheurer Triumph, der keine Folgen nach sich zog. Offenbar hatte man in Salzburg Angst, daß ein solcher Dirigent vieles relativiert, was da in Salzburg sonst an Vielgerühmtem los ist. Er wurde nie mehr nach Salzburg eingeladen. Der Rest ist bekannt.

Es folgten immer mehr Konzerte mit den Wiener Symphonikern, und es war klar, daß da ein Mann am Pult steht, der alles akribisch genau nimmt und hervorragende Ergebnisse erzielt.

Und dann kam etwas Interessantes. Ein Konzert mit den Symphonikern mit einem „Romeo und Julia"-Programm – und in der Mitte Bernsteins „West Side Story". Alle haben gesagt, was soll das – ein Russe und die Wiener mit diesem Stück? Es war ein rauschender Erfolg! Eine Aufnahme zeugt noch davon – und wenn man sie jemandem vorspielt, würde der Hörer nie auf die Idee kommen, daß es sich hier um einen Russen und um Wiener Musiker handelt!

Bemerkenswert war auch die Erste Symphonie von Beethoven. Ein sehr, sehr heikles Stück, weil es ungeheuer viel Balance stilistischer Natur erfordert – sie steht auf halbem Weg zwischen der von Haydn grundgelegten Wiener Klassik und dem, was Beethoven schon in die Romantik führt. Diese Symphonie ist daher selten im Konzertsaal zu hören. Und gerade auf dieses Wagnis hat sich Fedosejew bei seinem Gastspiel mit seinem Moskauer Orchester in Wien eingelassen! Mit welcher Detailtreue und Präzision da die Noten kommen, und mit welcher Stilsicherheit alles dort stand, wo es hingehört! Mit genau derselben Stilsicherheit, mit der Fedosejew Tschajkowskij dirigiert, vermittelt er Beethoven. Die Kritiker – zumindest diejenigen, die ehrlich schreiben, was sie denken – haben auch allmählich reagiert. In Wien war dann klar, daß es sich da um eine außergewöhnliche Musikerpersönlichkeit handelt.

(aus einem Gespräch)

I. Das Akkordeon

Ein Abend in Wien irgendwann Anfang der neunziger Jahre. In der Wiener Staatsoper wird Modest Musorgskijs „Boris Godunow" gegeben. Am Pult steht Wladimir Fedosejew. Kaum ein anderer Dirigent mag prädestinierter sein als er, dieses Werk zu dirigieren: Ein Epos der russischen Geschichte an einem ihrer Wendepunkte mit den Modellsituationen der sich immer wieder gleichenden Formen des Kampfes um die höchste Macht in diesem Riesenreich. Fedosejew hat beides im Blut, das Schicksal Rußlands und seine Kunst – als Künstler und als Mensch. In dieser Musik, die seit altersher überlieferte russische Volksweisen und Gebetschoräle atmet, fühlt sich Fedosejew zuhause.

Fedosejew hatte davor bereits Ballettaufführungen an diesem Haus dirigiert – unter anderem die Premiere eines Abends mit Béla Bartóks „Der wunderbare Mandarin" und Robert Schumanns 2. Symphonie, aber auch Maurice Ravels „Daphnis und Chloé" und Igor Strawinskijs „Feuervogel". Die Arbeit mit Fedosejew schienen die Tänzer der Staatsoper genossen zu haben, wie sie heute abend demonstrieren: Vor Beginn der Vorstellung des „Boris" – während die Musiker im Orchestergraben sich und ihre Instrumente auf die Opernpartitur einstimmen, die Luft mit dissonantem Stimmengewirr erfüllt ist und hinter der Bühne Nervosität und Lampenfieber regieren – werden unbemerkt vor der Tür zum Künstlerzimmer Fedosejew ein paar Ballettschuhe quasi zu Füßen gelegt. Sie sind übereinander gekreuzt, was soviel heißen soll wie „We keep the fingers crossed!" – oder wie man hierzulande zu sagen pflegt „Toi, toi, toi – wir halten dir die Daumen!" So verneigt sich eine Kunst vor der anderen – Ballett vor der Oper –, beide verbunden durch Wladimir Fedosejew.

Das Glück, hier so poesievoll herbeigewünscht, hat sich eingestellt. Nach der Vorstellung strahlt Fedosejew. In jedem Fall war er mit „Boris" in seinem Element. „Das ist meine Musik", lächelt er leise, wie um seine gute Laune jenseits der Frage zu erklären, ob er mit der Aufführung selbst zufrieden ist.

Indessen ist beinahe ein Jahrzehnt vergangen, und Wien ist für Fedosejew zur zweiten Heimat geworden, in der er auch seinen zweiten Wohnsitz neben Moskau genommen hat. Anlaß war die Aufgabe, die ihn an Wien binden sollte: Fedosejew wurde – ohne sein Großes Radio-Symphonieorchester in Moskau zu verlassen – Chefdirigent der Wiener Symphoniker.

Als er 1997 diese Funktion übernahm, war Fedosejew längst international renommierter Dirigent und schon über sechzig Jahre alt. Seine künstlerische Laufbahn hätte ihn gewiß ein bis zwei Jahrzehnte früher im Westen bekanntmachen können, wäre sie nicht durch die politischen Verhältnisse in seiner Heimat gebremst worden. Dennoch hatte es Fedosejew im Alter von etwa Mitte vierzig geschafft, innerhalb eines Jahrzehnts quasi im Zeitraffer eine internationale Karriere zu absolvieren, die ihn in kurzer Zeit an die Weltspitze der Dirigenten katapultierte.

In der Phase von Fedosejews künstlerischer Entfaltung, in der seine besondere Begabung deutlich wurde, konnte man in der damaligen Sowjetunion von einem freien Kulturaustausch mit der westlichen Welt und Arbeit dort, ob zu Ausbildungs- oder zu Karrierezwecken, nur träumen – es sei denn, man gehörte zur politische Elite oder war als Objekt politischer Manipulation verwendbar. Den damaligen Machthabern ging es darum, der Welt zu demonstrieren, daß das sowjetische bzw. kommunistische System dem westlichen „kapitalistischen" überlegen sei; Stars und Preisträger auf dem Gebiet des Sports und der Kultur wurden regelrecht herangezogen, wenn nicht gezüchtet. Ein zu Prominenz gelangter Sowjetbürger, der freiwillig im Westen blieb oder sich dort langfristig band, führte die offizielle Fiktion, daß die Bürger eines so „überlegenen" Gesellschaftssystems wie jenes der Sowjetunion in einem Paradies auf Erden lebten, vor der eigenen und erst recht der ausländischen Bevölkerung ad absurdum.

Fedosejew war kein Parteigünstling. Bis zur Lockerung des an politische Zügel gelegten kulturellen Lebens in der Gorbatschow-Ära wäre es schwieriger für ihn gewesen, eine Dauerverpflichtung im Westen anzunehmen.

Somit ist Fedosejews Weg mit dem seiner Heimat bis zu einem gewissen Grad verknüpft, seine Karriere damit verbunden – und so steht er stellvertretend für viele Schicksale von Künstlern, Komponisten, Dirigenten und Interpreten aus dem scheinbar unerschöpflichen russischen Kulturraum, denen wir im Westen erst spät – und vielen überhaupt nie – begegnet sind.

Heute gilt Fedosejew auch in der westlichen Welt als einer der bedeutendsten und von Veranstaltern wie Interpreten in Europa, Japan und den USA gefragtesten Dirigenten der Welt. Neben seiner Aufgabe als Chefdirigent des BSO (Bolschoj Sinfonitscheskij Orkestr), das sich heute offiziell „Großes Tschajkowskij-Symphonieorchester Moskau" nennt, und der Wiener Symphoniker arbeitet er auch regelmäßig in Zürich und Tokio für Konzerte, Opernproduktionen und Ballettabende und ist so gut wie ständiger Gast bei internationalen Festspielen für Opernproduktionen und Konzerte. Dazu reist er abwechselnd mit einem seiner beiden Orchester oder als Gastdirigent auf Tourneen durch die ganze Welt.

Das Startum hat Fedosejew persönlich nicht verändert. Er hat sich ihm versagt und legt keine Allüren oder Arroganz zutage; die Einfachheit seines bescheidenen Wesens, wie es unter russischen Künstlern manchmal noch anzutreffen ist, mag irreführend in Hinblick auf seine Größe und sein Potential sein – aber sie macht auch seine jugendliche Ausstrahlung aus. Am unbeschwertesten trifft man ihn freilich meist nach einem Konzert oder einer Aufführung an, zunächst einmal entlastet, fröhlich lächelnd oder strahlend, gelegentlich nachdenklich – jedenfalls fern der kühlen Routine anderer Stars.

Und auch daran hat sich seit seinen früheren Jahren nichts geändert: Über die Musik, die er gerade dirigiert hat, grübelt er noch nach, wenn der Applaus längst verklungen, der Abend längst vorbei ist, und nimmt immer wieder die Partitur zur Hand, um sie von neuem zu durchforschen und ihr vielleicht noch einen neuen Aspekt abzugewinnen. Genau wie damals, als er in jungen Jahren auf eine ganz und gar unübliche Weise seinen musikalischen Lebensweg angetreten hat.

*

Leningrad 1943. Die Stadt ist von einem Belagerungsring, den die deutsche Wehrmacht um sie gezogen hat, eingeschlossen. Dann und wann eine Feuerpause. In einer solchen fährt ein Zug, überfüllt mit Bewohnern der Stadt, die sich evakuieren lassen – nicht alle können sich von ihrem Zuhause losreißen – nach Nordwesten. Plötzlich schlägt eine Bombe ein. Der Zug entgleist. Menschen werden aus dem Zug geschleudert, Gepäck, mit Hab und Gut in Stücke zerfetzt, weit über die Strecke entlang der Bahn verstreut. Der kleine Wladimir ist auf dem Boden gelandet – wohlbehalten und offenbar unverletzt. Alles, was von den Habseligkeiten der Familie übriggeblieben ist: ein Koffer mit einem Musikinstrument. Es ist ein Akkordeon.

„Das war sicher ein Schlüsselerlebnis" – erinnert sich Fedosejew später an dieses Trauma. – „Als der Zug unter den Bomben explodierte, hat es Menschen und Gegenstände aus den Waggons geschleudert und sie sind in alle Richtungen geflogen. Weit ringsum lag alles mögliche zerstreut da. Ich war sehr erschrocken, habe geschrien und geweint. Natürlich habe ich nach meinen Eltern gerufen. Nach einer Weile haben sie sich, Gott sei Dank, gefunden – und auch meine Schwester. Es war ihnen nichts passiert. Wir waren wieder beisammen.

Alles brannte, niemand durfte in den Zug, um noch etwas zu retten, und erst als es zu brennen aufhörte, kamen Soldaten und ließen uns nachsehen, was übriggeblieben war. In den Waggons war nach dem Bombenangriff alles verbrannt. Irgendwelche Bestandteile lagen neben dem Zug verstreut herum – zwischen den Leichen. Es war ein schrecklicher Anblick. Und alles verbrannt, kaputt, verloren. Da stand allein der Koffer mit der Harmonika. Es war das einzige, das übriggeblieben war …"

Nachträglich betrachtet nimmt sich diese Episode wie ein Omen – ein glückliches Omen – aus, als sei dieses Instrument dazu bestimmt gewesen, dem kleinen Wolodja die Richtung zu weisen, in die er seinen Lebensweg einschlagen sollte. Er selbst sieht das heute auch so:

„Natürlich. Bis dahin hatte ich noch kein Instrument gespielt. Nur mein Vater – kein Berufsmusiker – spielte dieses Instrument als Hobby. Aber es ging ihm nicht leicht von der Hand, er war nicht wirklich begabt. Meine Mutter dafür umsomehr. Sie sang im Kirchenchor und war sehr musikalisch – im Gegensatz zu meinem Vater; aber er liebte die Musik abgöttisch. Und er hatte eben ein Akkordeon. Als ich älter wurde, hat er mir natürlich beigebracht, darauf zu spielen. Es war sein Traum, aus mir einen Musiker zu machen …"

Wladimir war damals elf Jahre alt und in Leningrad – heute wieder St. Petersburg – aufgewachsen, wo er am 5. August 1932 zur Welt gekommen war.

Am liebsten hätte sein Vater ihn schon als kleines Kind Musik spielen lassen – aber es gab nur das Akkordeon, und Wladimirs Hände waren noch zu klein für die Griffe. Das war nur eine Frage der Zeit. Der Vater, selbst in einem unkünstlerischen Beruf als technischer Ingenieur in einer Maschinenfabrik tätig, liebte es, zuhause für seine Freunde oder im Garten zu spielen. Ähnlich wie Fjodor Potasow in Leo Tolstojs Roman „Der lebende Leichnam", der „immer dorthin ging, wo die Zigeuner sangen, um sich von seinem Alltag und seinen Sorgen zu befreien und Erholung für seine Seele zu suchen …"

Allmählich rückte für Wladimirs Vater der Traum in greifbare Nähe, in seinem Sohn die eigenen unerfüllten Wünsche, Musiker zu sein, aufgehen zu sehen. „Wenn er nicht irgend etwas gespielt hätte, wäre ich wohl kaum darauf verfallen, Musiker zu werden", resümiert Fedosejew. Trotz der Musikalität seiner Mutter – denn auf dem Akkordeon hatte doch der erste Kontakt mit einem Musikinstrument begonnen und eine erste systematische musikalische Bildung eingesetzt.

Wolodja, wie den Buben damals alle nannten – heute ist diese Rufform guten Freunden vorbehalten – besuchte mit zehn Jahren die Musikschule, nachdem ihn zuvor sein Vater zuhause schon ein wenig unterrichtet hatte; manchmal war auch einer von dessen Freunden vorbeigekommen und hatte sich Wolodjas angenommen.

Auf der Musikschule kam dann auch Klavierunterricht hinzu. Und das Akkordeon wurde weiter gepflegt – und das keineswegs nur mit Folklore-Repertoire, sondern auch mit Transkriptionen aus der klassischen Musikliteratur.

Die Fabrik, in der Wolodjas Vater arbeitete, wurde 1943 nach Durchbrechen der Blockade Leningrads in eine andere Stadt transferiert; sie gehörte dem militärischen Komplex an, der weiter auf Hochtouren produzieren mußte, solange der Krieg andauerte. Nun befand sie sich in Murom, an die fünfhundert Kilometer nordwestlich von Moskau. Bis 1947 blieb die Familie Fedosejew dort – somit lebte Wladimir von seinem elften bis zum fünfzehnten Lebensjahr in diesem Gebiet. Es ist eine alte, sagenumwobene Gegend im Norden Rußlands, in der so manche Legenden angesiedelt sind, wie sie uns in den aus der reichen Folklore schöpfenden russischen Opern erzählt werden. Darunter jene von der Stadt Kitesch, die angesichts herannahender

1. Eine von Fedosejews ersten Dirigierstunden an der Leningrader Musorgskij-Schule

Feinde in einen geheimnisvollen Nebel gehüllt und so für die Angreifer unsichtbar wird. Viel später sollte Wladimir Fedosejew als Dirigent zu diesem Stoff zurückkehren, der so eng mit dem Ort seiner Kindheitsjahre verbunden ist.

Wladimir genoß seine erste Musikausbildung und fand auch Vergnügen an dramatischer Gestaltung. Er schloß sich in der Schule dem Schauspielkreis an und spielte in Stücken von Nikolaj Ostrowskij mit, in denen er auch zu singen hatte. So bot sich zum Beispiel in dessen Komödie „Armut ist keine Schande" Gelegenheit, zu spielen und zu singen, was ihm großen Spaß machte.

Zwei Jahre nach Kriegsende kehrte die Familie Fedosejew wieder nach Leningrad zurück, weil die Arbeitsstätte des Vaters wieder an die ursprüngliche Stelle zurückverlegt wurde. Doch das Haus der Familie war nicht mehr da – es war zerstört; somit mußte sie sich eine neue Bleibe suchen. Wladimir wuchs mit seiner um dreizehn Jahre älteren Schwester Raisa auf, die nun schon berufstätig war. Er selbst war ein Nachzügler, der seine Existenz indirekt seinem älteren Bruder verdankte. Vor Wladimir hatten die Eltern bereits einen Sohn, der jedoch mit sieben Jahren an Scharlach starb. Darunter litten sie so sehr, daß sie mit über vierzig Jahren doch noch einen Sohn haben wollten – „noch einen Wolodja", resümiert Fedosejew später. „Mich sollte es eigentlich nicht geben. Wäre mein Bruder am Leben geblieben – gäbe es mich nicht, ich wäre nicht auf die Welt gekommen. Er hieß ja auch Wladimir, und nach ihm wurde auch ich benannt …"

Mit seiner Schwester verband Wladimir nicht viel – der Altersunterschied war zu groß; aber auch ihre Interessen hatten keine Berührungspunkte: Raisa hatte Medizin studiert, Wladimir widmete sich der Musik. Seiner Mutter fühlte er sich am stärksten wesensverwandt – der Vater war streng und auch im Charakter dem Sohn ferne. Er war pflichtgetreuer Kommunist und glaubte an die Idee – ohne allerdings Parteimitglied geworden zu sein. Wladimirs Eltern starben Mitte der siebziger Jahre im Abstand von zwei Jahren, als er längst auf eigenen Beinen stand.

Schon in der Leningrader Musorgskij-Musikschule kam der junge Student erstmals mit dem Dirigieren in Berührung. Den ersten Unterricht dafür erhielt er von einer Frau, Vera Nikolajewna Iljina, im Hauptberuf Dirigentin. Ein von einer solchen Unterrichtsstunde noch existierendes Photo scheint die herrschende Atmosphäre zu treffen: da steht ein junger Mann, blond, groß und hager, in viel zu weiten Hosen – in diesen Nachkriegsjahren nicht allzu wohlgenährt; er steht in Dirigierpose da, daneben sitzt eine Korrepetitorin am Klavier – und eine Professorin verfolgt mit prüfendem Blick seine Gestik.

Welche Musik dem jungen Fedosejew damals besonders nahestand, steht für den Dirigent heute außer Frage:

„Tschajkowskij. Er hat in meinem Leben eine besondere Rolle gespielt – immer. Warum? Weil seine Musik sehr offen daliegt, voll Leidenschaft. Ich war selbst immer eher schüchtern, zurückhaltend. Ich fühlte mich Tschajkowskij wesensverwandt – auch er war schüchtern. Er hat sich sogar vor den anderen Kindern gefürchtet. Tschajkowskij ist sein Leben lang ein schüchterner Mensch geblieben. Dazu kam noch sein homosexuelles Problem. Aber in ihm lebten starke Gefühle, Leidenschaften …"

In der Tat sublimierte der Komponist all diese Leidenschaften, die er so nicht ausdrücken konnte, in seiner Musik. Eben das warfen ihm im übrigen manche Kritiker vor – diejenigen zumindest, die ihn wenig kannten. Anatolij Ljadow, selbst auch Komponist, äußerte sich zum Beispiel in einer Kritik über Tschajkowskij geradezu empört, dieser drücke seine Gefühle in der Musik „allzu schamlos" aus …

„So hat er sich vor den Freunden verborgen, überhaupt vor allen …" setzt Fedosejew hinzu, – „zu seiner Musik habe ich mich immer hingezogen gefühlt. Und dann ist da noch die Volksmusik, die er auch sehr geliebt hat. Gerade sie hat auch mir in meinem Leben so viel gegeben.

Meine Mutter hat immer Volkslieder gesungen, und so habe ich zu einer natürlichen Ausdrucksform gefunden. Volksmusik führt einen zum ganz natürlichen Wesensausdruck hin. Sie erzieht sozusagen den Geschmack, leitet die Emotionen – sie ist das Weiseste, was es gibt.

Das gilt auch für die russische Kirchenmusik. Das ist Weisheit, geschliffene Weisheit, konzentrierte Weisheit. Da ist alles enthalten, auf alle Fragen gibt es Antworten. Leider wagen es manche Musiker – sogar sehr profilierte – nicht, sich dazu zu bekennen oder einzugestehen, wieviel sie aus der Volksmusik geschöpft haben. Ein großer Fehler.

Sie wird sogar als minderwertige Gattung angesehen. Ein kolossaler Irrtum. Denn allein die Tatsache, daß ich sogar ziemlich lange mit Volksmusik gearbeitet und mich eben von dieser Folklore genährt habe, gibt mir bis heute alle Möglichkeiten für das Verständnis symphonischer Musik. Warum? Echte Musik kommt ja aus der Tiefe der Seele. Wie Glinka sagte: ‚Nicht wir schaffen Musik, sondern das Volk – wir bearbeiten sie nur.' Das ist genial ausgedrückt – nicht wir, sondern das Volk. Anders gesagt: Wir nehmen einen Stein und fassen ihn für einen Ring. So wird er klassisch. Aber die Quelle ist die Natur. Deshalb gab es auch so große Sänger bei uns. Ich habe auf meinem Lebensweg viele Sänger getroffen, und sie haben mir viel gegeben. Denn der Gesang an sich ist das höchste musikalische Element. Das höchste Instrument jedes Symphonieorchesters ist die menschliche Stimme. Davon wird man immer berührt werden."

Zur Bedeutung der Folklore als Quelle der Inspiration auch für arrivierte russische Künstler – durchaus auch für die russische Malerei bis hin zur Avantgarde gültig – bekannte sich auch der russische Sänger Sergej Lemeschew. Er hatte immer wieder Fedosejews Weg gekreuzt und ihm gegenüber einmal eingestanden, selbst als er schon berühmt war und das Publikum ihm zu Füßen lag, sei er vor jeder Vorstellung zu seiner Mutter ins Dorf gefahren und habe zugehört, wie sie die Lieder sang. Das habe er dann, erzählte er, innerlich mit auf die Opernbühne genommen.

Fedosejews Überzeugung von der Volkskunst als Basis im russischen Kulturschaffen läßt sich auch an Beispielen in der russischen Literatur, angefangen von Klassikern wie Alexander Puschkin, nachvollziehen, der Stoffe der Volksdichtung gesammelt und dichterisch verarbeitet hat; erst recht finden sich solche Spuren mitunter sogar als Leitmotive in der Musik der russischen Romantik des neunzehnten bis hin ins zwanzigste Jahrhundert von Glinka und Rimskij-Korsakow bis Tschajkowskij und darüber hinaus. Auch in den Klavierkonzerten Rachmaninows ortet Fedosejew russische Volksweisen und zieht daraus die Konsequenz:

„Es war für mich daher nur ein richtiger und natürlicher Weg, von den Wurzeln auszugehen, von da, wo man herkommt, aus dem Volkstümlichen. Und wenn man dann professioneller Musiker wird, lernt man dazu, verfeinert sein Wissen und integriert alles – das ist der natürliche Weg. Ich hatte Glück, daß ich diesen Weg gegangen bin und nicht umgekehrt, das heißt, schon aus einer musikalisch gebildeten Familie zu kommen und erst zu den Wurzeln zurückfinden zu müssen. Mich hat man zwar nicht mit vier oder fünf Jahren ans Klavier gesetzt oder mir eine Geige in die Hand gedrückt – mein Weg war länger, aber für mich ist er vollkommener."

Für Musorgskij, den Namensträger der Musikschule und wohl einen der am tiefsten aus den volkstümlichen Traditionen schöpfenden russischen Komponisten, hat sich der junge Wladimir Fedosejew damals kaum interessiert – vom gerade zum jungen Starkomponisten aufsteigenden Dmitrij Schostakowitsch ganz zu schweigen.

„Ich habe damals vieles nicht verstanden. In diesem Alter kann man auch nicht alles verstehen, das ist ganz natürlich. Was Schostakowitsch betrifft – seine Musik war mir anfangs völlig unverständlich. Das war ein schwieriger Prozeß …"

Gewiß hat sich der junge Dirigierschüler damals nicht träumen lassen, daß ausgerechnet ihm einmal ein Werk dieses Komponisten zur Uraufführung übertragen würde.

2. Alle Wege führen nach Moskau

1951 – Fedosejew war neunzehn – beendete er die Musorgskij-Musikschule in Leningrad. Ein Jahr später ist er in Moskau. – „Alle zog es nach Moskau", versucht er zu erklären. Dort begann seine fünfjährige Ausbildung am Gnesin-Institut.

Der junge Fedosejew hatte dort eine Menge Fächer zu studieren, aber das Hauptfach war und blieb Dirigieren. Das war genau das, was er von Anfang an wollte: Dirigieren und nichts anderes.

Sein Lehrer war Nikolaj Pantelejmonowitsch Resnikow, – „ein Dirigent der alten Schule", wie sich Wladimir erinnert und betont: „Ein sehr guter Lehrer. Er hat mir das Handwerk beigebracht. Eben die visuelle Technik. Und dann hat er mich zur Oper hingeführt. In jenen Jahren hat er mir viele Arien oder Ensemblearbeiten zu dirigieren gegeben. Dabei hat er mich angehalten, mitzusingen. So habe ich all diese Partien gesungen und dirigiert. Das war schon eine Vorbereitung auf die Gattung Oper. Das war es auch, was er mir mitgeben wollte – er war ja selbst Operndirigent."

Darin mag der Grund für das charakteristische Cantabile, den „Belcanto-Effekt" liegen, der sich immer wieder einstellt, wenn Fedosejew dirigiert; dabei fühlt er sich wesensverwandt mit dem Pianisten Wladimir Horowitz, der ebenfalls einmal den Belcanto, das gesangliche Spiel auf dem Instrument, als eines seiner wichtigsten Stilmittel bezeichnet hat.

Noch während des Studiums in Moskau begann Fedosejew, regelmäßig ein Orchester zu dirigieren. In seinem letzten Studienjahr wurde ihm die Leitung eines Ensembles russischer Volksinstrumente im Moskauer Rundfunk übertragen – offizieller Titel „Orchester für Volksinstrumente des Allunions-Rundfunks und -Fernsehens". Eben dort hat sich Fedosejews Belcanto-Stil zu entfalten begonnen. Er verlangte beispielsweise den Streichern ein so feines und dichtes Tremolo ab, daß ein Klang wie aus einer Stimme entstand, mit der das Orchester „sang".

Der Komponist und Musikkritiker Leonid Sidelnikow erinnert sich an diese Jahre, in der Fedosejews Tätigkeit begann:

„Das war der Beginn seiner künstlerischen Tätigkeit, als er noch als junger Dirigent am ‚großen Pult' stand und die Leitung dieses Orchesters erhielt. Ich glaube, diese Tätigkeit wird bei der Betrachtung seines Lebenswegs immer noch unterschätzt. Trotz aller Rezensionen in der sowjetischen und ausländischen Presse, die ein vielfältiges Bild der reichhaltigen Tätigkeit des Orchesters zeichnen, bleibt das Wichtigste unerwähnt: nämlich daß unter der Führung von Wladimir Fedosejew das Kollektiv im wahrsten Sinne des Wortes einen künstlerischen Höhenflug erlebte und zu einem besonderen Phänomen im kulturellen Leben unseres Landes wurde."

Damals wurde dieses bis dahin kaum beachtete Orchester für sein Timbre bekannt. Man bemerkte hier neue oder neuartige Interpretationen speziell von Musik des russischen Repertoires. Die Musiker erzielten nicht nur weitaus intensiveren Ausdruck als bisher von einem Klangkörper dieser Art gewohnt, sondern auch einen für dieses Instrumentarium ungewöhnlich „symphonischen" Klang.

Zuerst setzte Fedosejew den Schwerpunkt auf russisches Repertoire mit Glinka, Musorgskij, Borodin, Rimskij-Korsakow, Ljadow und Tschajkowskij. Die Konzerte wurden live im Rundfunk, später auch im Fernsehen übertragen.

Nach und nach wurde das Programm jedoch auch um moderne sowjetrussische Komponisten bereichert. Das Ensemble hatte aufhorchen lassen. Und immer mehr zeitgenössische russische Musiker entdeckten durch die Spielweise von Fedosejews Orchester die Möglichkeiten, die auch in einem Ensemble mit Volksinstrumenten steckten, und bedachten es mit Auftragskompositionen. Auf diese Weise wurden Fedosejews Orchester seinerseits auch die Ästhetik und der Experimentiergeist neuerer Musik erschlossen.

Bestes Indiz für Prominenz und Popularität des Orchesters war jedoch das Phänomen, daß immer mehr durchaus bereits bekannte Solisten und Sänger von sich aus ihre Mitwirkung bei Konzerten von Fedosejews Orchester anboten.

Dieses Folklore-Ensemble war quasi das Sprungbrett der Karriere für den jungen Dirigenten. Er übernahm nach seinem Studienabschluß dessen ständige Leitung und arbeitete in der Folge nicht nur am Ensemble, sondern zugleich auch an sich selbst.

Wenige Jahre nach Übernahme des Folklore-Orchesters durch Fedosejew hatte es auch über die Grenzen der Sowjetunion hinaus Berühmtheit erlangt, was dem Ensemble Einladungen zu Tourneen ins damals „kapitalistische" westliche Ausland bescherte.

„Eben damals" – erinnert sich Fedosejew – „hatte ich bei meiner Arbeit mit diesem Orchester viel mit Sängern zu tun, mit den damals besten Sängern unseres Landes. Sie wollten alle mit mir singen. Wir machten phantastische Konzerte zusammen. Wir spielten nicht nur russische Volksmusik, sondern auch georgische, litauische – ja sogar lateinamerikanische; natürlich auch die aller unserer ‚Republiken' wie der Ukraine, Moldawien; das hat uns sehr inspiriert – alle haben davon profitiert."

Zu diesen Sängern gehörten unter den bekannteren der schon erwähnte und von Fedosejew besonders geschätzte Sergej Lemeschew, Irina Archipowa, Boris Schtokolow, Tamara Milaschkina und Irina Bogatschowa. Von ersterem, der älter als Fedosejew war, ging die Inspiration für jene typischen Klang- und Timbre-Modulationen aus, für die Lemeschew als Sänger bekannt war. Fedosejew versuchte, das Orchester mit dessen Gesangskunst wetteifern zu lassen.

Im übrigen ging Fedosejew durchaus über das üblicherweise einem solchen Ensemble zur Verfügung stehende Repertoire hinaus. Er transkribierte und orchestrierte

Werke der internationalen Musikliteratur für seine Musiker wie solche von Grieg, Beethoven, Mozarts „Deutsche Tänze" und überraschte damit das Publikum in Rußland bzw. der Sowjetunion und bei Tourneen, zu denen er bald mit seinem Ensemble auch in Westeuropa eingeladen war; naheliegend waren freilich Bearbeitungen von Romanzen beispielsweise von Sergej Rachmaninow, die beim Publikum besonders gut ankamen. In Spanien ließ er sein Orchester sogar spanische Themen spielen.

In dieser Zeit hatte Fedosejew nicht nur zu transkribieren und orchestrieren begonnen, sondern auch selbst zu komponieren.

„Das kam so" – erklärt er amüsiert: „Immer wieder brachten mir meine Musiker verschiedene Partituren, Musik, die sie selbst geschrieben hatten; aber die Musik war schlecht – fand ich jedenfalls. Weil ich aber diese Leute nicht kränken wollte, die mit mir arbeiteten, überlegte ich, was ich tun sollte, daß sie aufhörten zu komponieren.

So habe ich beschlossen, selbst zu schreiben. Ich zeigte einfach, daß ich es besser machen kann, aber nicht vorhabe, es auch zu tun – ich habe gar nicht die Gabe dazu. Komponist zu sein, ist eine besondere Gabe. – Wenigstens haben sie aufgehört zu komponieren. Ich habe in meinem ganzen Leben nur diese einzige Komposition geschrieben!"

Genaugenommen waren es mehrere, aber nur eine hat der junge Maestro auf Platte aufgenommen. Sein Ziel war ja erreicht, unter dem Motto: Wenn ich auch komponieren kann – und womöglich besser als ihr –, aber damit aufhöre, dann solltet auch ihr das tun.

Die eine Komposition – offiziell also die einzige aus Fedosejews Feder –, von der es eine Rundfunkaufnahme gibt, heißt „Fantasie für Orchester". Es handelt sich – wie könnte es anders sein – um eine Fantasie über russische Themen, geschrieben für gemischtes Orchester von Volks- kombiniert mit klassischen Instrumenten wie zum Beispiel Oboe, Flöte, Kontrabaß.

Sergej Lemeschew war im übrigen in jenen Jahren einer der ersten, der in Fedosejew mehr sah als den Leiter des Volksmusikensembles; er spürte, daß in diesem jungen Musiker ein seiner breitgefächerten Begabung und seinem untrüglichen Stilgefühl ein Symphonie- und Operndirigent steckte und versuchte, ihn in diese Richtung zu lenken.

Doch die Arbeit, die Fedosejew technisch und künstlerisch mit dem ihm angetrauten Ensemble geleistet hatte, brachte auch jene Ernte an Erfolgen ein, die ihn von selbst in eine neue Etappe seiner Karriere führen sollten. Die hohen sowjetischen Auszeichnungen, der Staatliche Glinka-Preis der (damals noch) Russischen Föderativen Sowjetrepublik (RSFSR) und der Titel „Volkskünstler der RSFSR", die Fedosejew als jungem, sogar noch in Ausbildung befindlichem künstlerischem Leiter des Orchesters für Volksmusikinstrumente zuerkannt wurden, bedeuteten auch die offizielle Anerkennung für seine Leistung. Im übrigen weist auch Fedosejews Aufnahme in die „Aspirantur" – einer Art Dozentur im westlichen akademischen Bereich vergleichbar – auf seine besondere Begabung als junger Musiker hin. Denn unter durchschnittlich fünfundzwanzig Absolventen seines Studienzweiges wurden nur zwei bis drei Anwärter für die Aspirantur aufgenommen – darunter Fedosejew.

Die über mehr als ein Jahrzehnt währenden Jahre mit dem Volksmusikensemble bedeuteten nicht nur für Orchester und Publikum, sondern auch für Fedosejew selbst eine künstlerische Bereicherung. Er hatte sich musikalisch weiterentwickelt, seinen psychologischen Zugang zur Musik vertieft, sein symphonisches Repertoire aufzubauen begonnen, berufliche Erfahrung gesammelt und war auch schon in der Konzertroutine versiert.

Im übrigen sollte dieses Ensemble nach Fedosejews Abgang verfallen; sein Nachfolger konnte das erreichte Niveau nicht halten, Musiker verließen das Orchester, schließlich wurde es irgendwann aufgelöst.

Die Arbeit mit dem Orchester im Moskauer Rundfunk hatte für Fedosejew jedoch auch persönliche Konsequenzen, die sich schon während seines ersten Engagements auch für seine Karriere auswirkten. Denn hier lernte er seine spätere Frau Olga kennen. Olga Dobrochotowa studierte damals – das war im Jahre 1957 – noch Musikwissenschaft in Moskau, als ihr schon eine Mitarbeit im Moskauer Rundfunk angeboten wurde; später leitete sie im Fernsehen eine eigene Sendung, in der sie nicht nur Musiker, sondern auch Tänzer und verschiedene, oft noch kaum bekannte, später prominente Künstler und Kulturschaffende dem Publikum präsentierte. Sie war *die* Musikmoderatorin der Nation – und durch den damaligen Einheitssender Ostankino in der gesamten Sowjetunion bekannt.

Olga betreute anfangs als Musikredakteurin auch jenes Orchester, das Fedosejew dirigierte.

„Ich hatte sofort den Eindruck, einen außergewöhnlich begabten Menschen vor mir zu haben" – erinnert sich Olga später. – „Und mir schien, man müßte ihm in jeder Weise helfen, Boden unter den Füßen zu bekommen. Ihm helfen, seinen Namen zu machen …" Fedosejew selbst gesteht auch Jahrzehnte danach ein, sich selbst „nie für besonders begabt gehalten" zu haben. –

„Er war immer sehr, zu sehr bescheiden" – setzt Olga fort. – „Er hat immer versucht, im Hintergrund zu bleiben, wollte am liebsten weder gesehen noch gehört werden. Und er ist immer noch genau so …" – Dazu zieht sie ein in Rußland populäres Zitat aus der Bibel heran: „Der Mensch kann durchs Feuer gehen – das ist nicht zu schwer; durchs Wasser – auch das ist zu schaffen; aber durch eherne Trompeten" – eine Metapher für den Ruhm –, „das ist wahrlich schwierig …" Und dabei man selbst zu bleiben, soll hier ergänzt werden, gelingt nur wenigen.

2. Beim traditionellen russischen Pilzesuchen im Ostankino-Park mit Olga (rechts)

Olga und Wladimir verstanden einander auf Anhieb – künstlerisch und persönlich. Aber es dauerte zehn Jahre, bis sie im Jahre 1967 heiraten sollten. Wladimir war bereits eine Ehe eingegangen. In der damaligen Sowjetunion heirateten viele junge Menschen schon in frühen Jahren, um sich beinahe ebenso leichtfertig auch wieder scheiden zu lassen; Fedosejew wurde jedoch schon bald nach seiner ersten Heirat Vater von zwei Kindern.

Obwohl ihn mit seiner Frau weniger zu verbinden schien als mit Olga, hatte Fedosejew nicht an eine neue Ehe gedacht. Zeitpunkt und Wahl seiner frühen Eheschließung waren eher zufällig als zwangsläufig gewesen. Der junge Musikstudent war allein in Moskau, irgendwann hatte er Irina kennengelernt und sie gleich geheiratet. Dann kamen die Kinder.

Fedosejews Sohn Michail, der dem Vater im Wesen sehr ähnlich wurde, entfaltete im übrigen künstlerische Begabung, besuchte später die Stroganow-Kunstakademie und arbeitete dann als Freskenrestaurator in Kirchen. Nebenbei gilt er heute selbst als begabter Maler. Tochter Irina geriet sehr verschieden vom Vater und setzte sich beruflich und privat im kommerziellen Milieu fest; mit ihr pflegte Fedosejew später weniger Kontakt als mit seinem Sohn.

Aber auch Olga war bereits verheiratet – ebenfalls in einer „zufälligen", jung geschlossenen Ehe – mit einem Ballettänzer. Sie hatte früh ihre Mutter verloren und sehnte sich nach einer Familie. Die Eltern ihres Mannes ersetzten ihr ihre eigenen – Olga heiratete eigentlich nicht ihren Mann, sondern dessen Eltern. Im täglichen Leben trat jedoch die Verschiedenheit der beiden Partner zutage und die ihrer Interessen. Den weiten Horizont seiner Eltern, den Olga so sehr schätzte, konnte sie zudem in ihrem jungen Ehemann nicht entdecken.

Da war nun Wladimir – ein begabter Musiker und ein gewinnender, sensibler und doch charakterstarker junger Mann. Die Romanze begann. Die künstlerische Übereinstimmung von Olga und Wladimir und deren beharrliche Unterstützung für ihn festigten ihre Beziehung. Fedosejew hatte vieles davon in seinem bisherigen Privatleben vermißt, aber es dauerte lange, bis er daraus die Konsequenz zog. Und wenn man ihn heute fragt, warum er ein zweites Mal geheiratet hat, antwortet er ganz einfach: „Aus Liebe."

Die Ehe mit Olga wurde 1967 – zehn Jahre nach ihrer ersten Begegnung – geschlossen, Wladimir war fünfunddreißig Jahre alt. An Kinder aus dieser Verbindung mit Olga zu denken kam damals allerdings nicht in Frage. Zum ersten war es finanziell unmöglich – das junge Paar lebte von Olgas Einkommen, denn Wladimirs ging zur Gänze für den Unterhalt seiner Kinder auf; zum zweiten nahm Olga seine Karriere in die Hand und meinte, er sollte sich auf zusätzliche Studien – die Aspirantur – konzentrieren können, statt sich mit weiteren familiären Verpflichtungen zu belasten.

Olga setzte ihre Pläne, Wladimirs Arbeit durch die Publizität ihrer Sendungen zu fördern und seinen Namen bekanntzumachen, in die Tat um. Als er – noch „Aspirant" – während des Engagements mit seinem Folkloreorchester im Jahre 1965 wie bereits erwähnt den Titel „Verdienter Künstler der Sowjetunion" erhielt, war er mit seinen dreiunddreißig Jahren einer der jüngsten Träger dieser Auszeichnung überhaupt – die im übrigen auch vielen seiner älteren Kollegen gar nie zuteil wurde.

Drei Jahre später, 1968 – Fedosejew war indessen geschieden und nunmehr bereits seit einem Jahr mit Olga verheiratet – traf ein Brief mit einer großen Überraschung ein: Fedosejew wurde von Jewgenij Mrawinskij, dem wie ein Gott verehrten Dirigenten, eingeladen, dessen Orchester – die berühmten Leningrader Philharmoniker – zu dirigieren.

3. Mit Olga, 1985

Es kam in der Tat selten vor, daß der unumstrittene Herrscher des damaligen sowjetischen Musiklebens einen anderen Dirigenten – und dazu noch einen mit sechsunddreißig Jahren relativ jungen – einlud, sein Orchester zu dirigieren. Und ausgerechnet dem künstlerischen Leiter eines Volksmusikensembles wurde diese Ehre zuteil!

Fedosejew nahm an. Er dirigierte ein Tschajkowskij-Programm – die Kombination eines kaum bekannten Frühwerks mit einem prominenten späten: die Vierte Symphonie und davor das Symphonische Poem „Der Feldherr". Bei letzterem handelt es sich um selten aufgeführte Fragmente einer Oper aus der Jugendzeit des Komponisten; Tschajkowskij selbst war mit seiner Arbeit an diesem Werk nicht zufrieden und verbrannte die Partitur. Lediglich die Ouvertüre und einige symphonische Fragmente waren übriggeblieben. Sie wurden zusammengefügt, und Fedosejew holte dieses kaum bekannte Arrangement aus den erhalten gebliebenen Teilen der vernichteten Opernpartitur aus der Versenkung – direkt an sein Dirigierpult.

Und Mrawinskijs Reaktion? Immerhin wohnte er dem Konzert bei, was selten vorkam, denn er hörte sich kaum andere Dirigenten an, noch dazu wenn es sich um noch kaum bekannte handelte. Würde dieser strenge, reservierte Maestro überhaupt einen Kommentar abgeben?

Olga erinnert sich an die denkwürdigen Worte, die ihr Mrawinskij nach dem Konzert sagte, als wäre es gestern gewesen:

„Es war eine unglaubliche Aussage. Er sagte mir: ‚Dein Mann ist ein begabterer Dirigent als ich'…"

Fedosejew blieb mit Mrawinskij bis zu dessen Tod verbunden. Wenn dieser nach Moskau kam oder über Moskau eine Reise unternahm, trafen sie einander und verbrachten einen Abend zusammen. Journalisten gewährte der große Maestro selten ein Interview. Olga durfte jedoch eine Serie von Sendungen mit ihm produzieren. Dabei gestand er ihr gegenüber ein, er fühle sich von Gott nicht so reich beschenkt wie er es sich wünschte, und das Dirigieren ginge ihm weniger leicht von der Hand als viele meinten.

Zwei Jahre später wurde Fedosejew zu zwei Produktionen eingeladen, die sein Debüt als Operndirigent markierten. Debüt in den zwei bedeutendsten, miteinander konkurrierenden Opernhäusern der damaligen Sowjetunion und des heutigen Rußland: im Leningrader Kirow-Theater, das nach 1991 wieder seine ursprüngliche Bezeichnung Marinskij Teatr (nach Zarin Maria Fjodorowna) zurückerhalten hatte, dirigierte Fedosejew mit Rimskij-Korsakows „Zarenbraut" die allererste Opernvorstellung seiner Karriere.

Kurz darauf erreichte ihn die Einladung, in Moskau am Bolschoj Theater Tschajkowskijs „Eugen Onegin" zu dirigieren.

Bei dieser Vorstellung war der gesamte Künstlerische Rat des Theaters anwesend. Ihm gehörten Sänger wie Wladimir Atlantow, Tamara Milaschkina, der Dirigent Boris Immanuilowitsch Chajkin und andere an. Hatte man mit Fedosejew etwas vor?

In der Tat war geplant, Fedosejews Debüt am Bolschoj als Prüfstein für ein ständiges Engagement am diesem Opernhaus zu betrachten. Das war 1972.

Und Fedosejew bestand diese Prüfung: der „Rat" faßte einstimmig den Beschluß, ihn ans Bolschoj Theater als Chefdirigent zu binden.

Doch es kam anders. Nach dem Gast-Debüt im Dezember 1972 und der Mitteilung des erwähnten Beschlusses wartete Fedosejew auf das Engagement. Er wartete ein ganzes Jahr, bis Ende 1973 – vergeblich. Zwar hatte die Kunst entschieden – gehandelt wurde jedoch an höherer Stelle, in der Politik. Und die hatte sich eines anderen besonnen.

In jenen Jahren – die Breschnjew-Ära der siebziger Jahre galt als politische Stagnation nach der liberalen Phase der sechziger Jahre – war der Politkarrierist Wasilij Feodosjewitsch Kucharskij Stellvertretender Kulturminister. Und dieser setzte als Künstlerischen Leiter des Bolschoj Theaters kurzerhand Alexander Lasarew ein, der übrigens seinerzeit gemeinsam mit Fedosejew am Konservatorium im gleichen Lehrgang studiert hatte. Lasarew galt als Kucharskijs Protektionskind – und als dessen unehelicher Sohn. Tatsächlich sehen die beiden einander sehr ähnlich.

Kucharskij ist indessen gealtert – immerhin ist das dreißig Jahre her – „aber er lebt noch und kommt in meine Konzerte" – amüsiert sich Fedosejew heute, – „und jedes Mal überschüttet er mich dann mit Komplimenten. Jetzt geht er schon am Stock. Aber ich bin ihm dankbar. Er hat mein Leben dadurch in die richtige Richtung gelenkt, daß ich seinetwegen nicht ans Bolschoj gekommen bin ..."

Andererseits ist es schon deshalb zu bedauern, weil damals kurze Zeit später erstmals Prokofjews Oper „Der Spieler" am Bolschoj produziert wurde, und zwar in der Fassung des Komponisten von 1927, die er nach dem Durchfall der ersten am Marijnskij Teatr überarbeitet hatte und die in Brüssel uraufgeführt worden war. Dies wäre die erste Aufführung dieser Oper am Bolschoj gewesen, für die Fedosejew gewiß prädestiniert gewesen wäre.

Doch so war dies Alexander Lasarew vorbehalten, von dem wir die meisten Aufnahmen kennen, die es von Produktionen des Bolschoj im Laufe langer Jahre gibt.

Kein Wunder: wenige Jahre nach Beginn seines Engagements wurde er von Jegor Ligatschow, dem Chefideologen der Kommunistischen Partei, zum Chefdirigenten des Bolschoj Theaters befördert. Die Kulturszene war und blieb in den Händen der politischen Elite, Experten des Marxismus-Leninismus. Diese Elite zog die Fäden in Theater, Musik, Literatur und Kunst, bis die Sowjetunion und die Ideologisierung der Kulturszene aufhörten zu existieren.

Fedosejew kommentiert diese Rochade nachträglich mit einem ehrlichen „Gott sei Dank" – weil sich sonst eine andere, für ihn weit bedeutendere Fügung kaum ergeben hätte: die Übernahme eines der besten Orchester der Welt.

Die Zeit war für Fedosejew allmählich für einen Etappenwechsel reif. Doch davor kam es noch zu einer denkwürdigen Begegnung, die Fedosejew auch als symphonischen Dirigenten fest im Moskauer Musikleben verankern sollte: seine Begegnung mit Dmitrij Schostakowitsch. Die Bekanntschaft ergab sich bei einem Konzert, bei dem im Moskauer Kleinen Saal des Konservatoriums ein Zyklus von Romanzen nach Gedichten von Sascha Tschernyj in der Vertonung von Schostakowitsch uraufgeführt wurde. Solistin war eine Sängerin aus Leningrad, und Schostakowitsch wohnte dem Konzert bei. Danach wurde Fedosejew dem Komponisten vorgestellt.

Wenig später sollte Fedosejew erstmals eine Symphonie Schostakowitschs, die Fünfte, mit dem Radio-Symphonieorchester in Moskau zur Aufführung bringen. Der Komponist war auch bei diesem Konzert anwesend und sprach anschließend mit dem Dirigenten darüber. Über die Wiedergabe sagte er Fedosejew, sie sei „außergewöhnlich" gewesen und fügte hinzu: „Es war außerordentlich interessant, Ihnen zuzuhören … " – Diese Fünfte war die erste Schostakowitsch-Symphonie, die Fedosejew in seinem Leben dirigierte.

Schostakowitsch war sichtlich alt und schwerfällig geworden. Obgleich erst Anfang sechzig, bereitete es ihm bereits offenkundig Mühe, seine Hände beim Versuch, zu applaudieren, zu koordinieren.

Am nächsten Tag rief Schostakowitschs Frau bei Fedosejew an. Sie bat ihn im Namen von Dmitrij Dmitrjewitsch, diesen wissen zu lassen, wenn er wieder ein Werk von ihm dirigiere.

Was klang bei Fedosejew so anders als bei anderen Dirigenten?

„Die Zeit, die Sowjetära hat Schostakowitsch einen Stempel aufgedrückt", versucht Fedosejew zu erklären, – „den des Pompösen, des Lauten. Aber ich habe diese Musik gleich ganz anders aufgefaßt – eher tragisch, zutiefst tragisch. Ich habe nichts Pompöses in der Partitur gesehen. Das ist meiner Meinung nach überhaupt erst durch Interpretationen hineingebracht worden. So zum Beispiel der Marsch am Schluß der Fünften Symphonie. Mrawinskij und andere Dirigenten haben ihn sehr pompös und heroisch – feierlich, würde ich sagen – gespielt – und Schostakowitsch hat diese Interpretationen sogar angenommen! Aber ich habe diesen Marsch gleich beim ersten Mal als tragischen Marsch dirigiert. Als Marsch mit der Vorahnung des Endes. Als Marsch, der zu einer Tragödie hinführt, oder zur Folge einer Tragödie …"

Als Schostakowitsch seine Musik so hörte, fragte er Fedosejew anschließend, ob er Mrawinskijs Interpretation kenne, was dieser bejahte. „Und wissen Sie, daß Sie das ganz anders spielen?" – „Ich weiß", gestand Fedosejew. Mehr sagte Schostakowitsch nicht – jedenfalls kein Wort des Widerspruchs oder der Kritik – und erst später sollte Fedosejew ihn verstehen.

Als das Wolkow-Buch über Schostakowitsch erschien – Wolkow selbst hatte sich bereits ins Ausland abgesetzt –, war darin folgende Äußerung Schostakowitschs zu lesen: „Mrawinskij, den die Zeit groß gemacht hat, hat meine Musik überhaupt nicht verstanden …"

Das sind zwei Personen – der offizielle Schostakowitsch, der auf der Bühne Mrawinskij umarmte und glücklich schien – und der private, der Komponist, mit seinen ganz persönlichen Gefühlen. Ein Mann, der in zwei Dimensionen lebte, die scheinbar nichts miteinander zu tun hatten – die offizielle und seine innere.

Das scheint sein Werk zu bestätigen. Denn immerhin gibt es Kompositionen wie Operetten zu sowjetischen Themen wie „Moskau – Tscheremuschki" und ähnliches.

Hat er damit seinen Respekt verwirkt?

„Nicht deshalb", verteidigt ihn Fedosejew. – „Er hat eine Reihe von Kompositionen dem Zeitgeist geopfert, so zum Beispiel feierliche Ouvertüren, die bei allen kommunistischen Sitzungen der Partei erklungen sind. Damit hat er ihnen nur einen Knochen hingeworfen – das heißt, ihnen etwas zu kauen gegeben, damit sie ihn in Ruhe ließen und er arbeiten konnte, wie er wollte. In seinen Symphonien – wenigstens in fast allen – war er immer ehrlich. Er mußte einfach nur dem Regime seinen Tribut zollen, damit man ihm nichts anhaben und er sich materiell über Wasser halten konnte. Das muß man auch berücksichtigen. Damit hat er seine Seele für ernste Arbeiten befreit. Das betrifft besonders seine Symphonien. Sogar in jenen wie der 11. und 12. Symphonie, die er dem ‚Oktober' gewidmet hat, also offizielle Arbeiten, gibt es Seiten im Inneren, wo er ganz er selbst ist. Er konnte er selbst bleiben – das ist das Interessante an Schostakowitsch."

3. Es muß nicht immer Karajan sein

Was war es, das Mrawinskij, den Künstlerischen Rat des Bolschoj Theaters und jene, die musikalisch kompetent waren – und nicht zuletzt das Publikum selbst – schon damals, Anfang der siebziger Jahre, aufhorchen ließ, wenn Fedosejew dirigierte? Worin bestand das Geheimnis seines Erfolges, das den hemmenden politischen Konstellationen zum Trotz ihn stark genug machte, diese und andere Hürden zu überwinden, die noch in seinen Weg gelegt würden?

Fedosejew selbst denkt dabei noch Jahrzehnte später dankbar an die Lehrer zurück, die ihn in jene Phase technischer Arbeit an der Partitur und ihrer Interpretation geführt haben – und an die Vorbilder, die er damals als Ideal vor Augen hatte.

Da ist der Lehrer am Moskauer Konservatorium, in dessen Klasse für Symphonie- und Operndirigieren er 1967 als Aspirant eingetreten war – Lew Morizowitsch Ginsburg:

„Ich studierte bei einem sehr guten Pädagogen, der heute nicht mehr am Leben ist. Er hat noch selbst vor dem Krieg die ‚Deutsche Schule' gelernt, als er in Deutschland studierte. Und diese hat er uns am Konservatorium vermittelt, wo auch ich bei ihm die Hochschulausbildung absolvierte …"

Akademisch betrachtet stand dieser Kurs zumindest einen Grad höher als eine Hochschulausbildung, war dementsprechend anspruchsvoll und nur wenigen Auserwählten zugänglich: wie an früherer Stelle erwähnt, wurden im Schnitt nur zwei bis drei Kandidaten aus etwa fünfundzwanzig Bewerbern pro Lehrgang aufgenommen.

Ginsburg nahm sich von Anfang an Fedosejews besonders an, der im Laufe der Zeit zu seinem Lieblingsschüler avancierte. Er hielt den jungen Mann für besonders begabt, sagte ihm eine große Zukunft voraus und mochte ihn auch persönlich gut leiden. Den anderen Studenten stellte er Fedosejew als Beispiel hin und forderte sie auf, zu sehen, wie er es machte.

Ginsburg führte Fedosejew in die Welt der großen musikalischen Formen ein, ließ ihn bald umfangreiche Kompositionen von der Messe bis zum Requiem dirigieren. Er achtete dabei vor allem auf die formale Gestaltung. So beschreibt Fedosejew auch das Spezifische der „Deutschen Schule", wie Ginsburg sie ihm vermittelte, im Unterschied zur russischen:

„Das ist das Erfassen der großen Form, der Konstruktion eines Werkes. Es ist etwa in den Symphonien Anton Bruckners oder Gustav Mahlers sehr schwierig, den inneren Zusammenhang der oft riesenhaften architektonischen Konstruktionen zu erfassen. Das gilt natürlich auch für die Beethoven-Symphonien, die wohl weniger lang dauern, aber nicht minder kompliziert aufgebaut sind.

Dazu half mir Ginsburg, den Stil der verschiedenen Komponisten zu erfassen – den der romantischen, den der klassischen Meister. Sich dieser Differenzierung bewußt zu werden, ist eine ernstzunehmende Schule für sich. In dieser Hinsicht scheint mir die deutsche Dirigierschule die allerbeste. In Rußland gab es doch überhaupt keine derartige Schule, es gab auch keine Methode, die Unterschiede wahrzunehmen. Alles kam in dieser Beziehung aus Deutschland."

In der Tat waren Elemente der deutschen Schule schon durch die Brüder Rubinstein nach Rußland gebracht worden, wo die beiden Russen an der Spitze der im wahrsten Sinne tonangebenden Musiklehranstalten standen: Anton Rubinstein führte sie in Petersburg ein, Nikolaj in Moskau. Noch heute ziert ein Porträt-Medaillon den Großen Saal des Moskauer Konservatoriums, das die Bedeutung des Namens Rubinstein für die russische Musikgeschichte in Erinnerung ruft. Anton war der bedeutendere der Brüder, ursprünglich virtuoser Pianist, ehe er als Komponist – im übrigen Lehrer Tschajkowskijs – auch größer besetzte Werke schuf, zu dessen berühmtesten die Oper „Der Dämon" gehört. Mitte des 19. Jahrhunderts führte er nach seiner Rückkehr aus Deutschland in Petersburg die „Universitätskonzerte" ein, in denen er besonders das klassische Repertoire mit Werken Mozarts, Haydns, Beethovens, Schuberts und Webers pflegte.

Doch auch diese Lektionen in westeuropäischer Stilistik konnten nicht verhindern, daß selbst namhafte russische Dirigenten, die durch diese Schule gegangen waren, deutsche Werke unter ihrer Leitung russifizierten, indem sie ihnen den klanglich-stilistischen Stempel ihrer Heimat aufdrückten. Das scheint nur die von Fedosejew getroffene Aussage über die Bedeutung einer gründlichen, nachhaltigen Schulung zu bestätigen.

In diesen Jahren, die seiner Ausbildung den letzten Schliff verleihen sollten, öffnete sich Fedosejews Blick für Beethoven. Unter Ginsburgs Führung wurde Beethoven sofort sein Favorit unter den westeuropäischen Komponisten. Dank seinem Lehrer entwickelte er ein sicheres Gespür und Stilgefühl für die Musik dieses Meisters. Anfangs ließ Ginsburg seinen Schüler Beethovens Ouvertüren dirigieren, allmählich größere Werke – und schießlich die neun Symphonien. Von da an war Fedosejews Begeisterung für die deutsche und österreichische Musikliteratur nicht nur besiegelt, sondern auch auf eine solide Grundlage gestellt. Sie begann mit Beethoven, führte ihn zu Mozart und schließlich – mit einigem zeitlichen Abstand – zu Bruckner.

Von Anfang an kam es ihm darauf an, das Orchester, das Fedosejew immer als „ein Instrument" betrachtete, auf *einen* Klang, *ein* Timbre einzustimmen – „wie eine Stradivari". Das konnte freilich nicht auf einmal geschehen, sondern erforderte konstante Arbeit. Auf die war sein Augenmerk gerichtet. Was etwa den Klang einer Symphonie der Wiener Klassik oder der deutschen Romantik betraf, versuchte Fedosejew, sie vom bombastischen Pomp der russischen Manier freizuhalten.

Er versuchte – immer ausgehend von der Partitur und der Sinngebung, die er in und zwischen den Zeilen las – den Klang stilistisch dem Werk anzupassen, indem er die einzelnen Instrumentengruppen entsprechend ausbalancierte. Zwar sah er auch im symphonischen Schaffen der Klassik und Romantik österreichischer und deutscher Provenienz Züge jenes glorifizierenden Stils, wie er in der sowjetrussischen Kultur seiner Zeit praktiziert wurde. Aber er hatte eine persönliche Abneigung gegen alles Schrille entwickelt, insbesondere gegen die von vielen russischen Dirigenten forcierte Dominanz des Blechs oder der Bläser überhaupt. Diese Sensibilität kam dem Geist der Partituren der Klassiker und Romantiker von Mozart bis Schumann und Brahms entgegen.

Auch die Praxis der Rundfunkaufnahmen, die unausgewogene Klangbilder schärfer als in einem direkten Konzerterlebnis hörbar machen, schulte Fedosejews Gefühl für Risken und Erfordernisse der Klanggestaltung.

Das Ergebnis war für viele Hörer neu und verblüffend. In Fedosejews Brahms-Aufführungen klang das Waldhorn kraftvoll, ohne grell zu wirken, bei Bruckner hingegen voll und abgerundet und nie die ferne Erinnerung an die Orgel in der Kirche verleugnend, die für Bruckners Instrumentationstechnik bis zuletzt grundlegend war.

Manchmal änderte Fedosejew gewohnte Sitzordnungen, plazierte Musikergruppen um, wenn es ihm zur Erreichung der nötigen Balance nötig schien – oder um einen „verdickten" Ton „schlank" zu machen; dazu nahm er sich speziell für Passagen wie die oben erwähnten bei Brahms oder Bruckner lange Zeit, um mit den Solisten zu arbeiten, bis ihm das Ergebnis entsprach. Insgesamt sollte jedes Werk „schön und ausdrucksvoll" klingen.

„Und das alles habe ich nicht auf russische Art gemacht", betont Fedosejew, „sondern versucht, in den Stil der großen deutschen Tradition einzudringen. Auch wenn ich es letztlich natürlich doch auf meine Art dirigiert habe."

Bei aller Verbundenheit Fedosejews mit seinen Wurzeln und dem ihm nach wie vor am nächsten stehenden russischen Repertoire: Nichtrussische Musik durfte auf keinen Fall „russisch" klingen: „Wenn Hermann aus Tschajkowskijs ‚Pique Dame' in guter italienische Manier singt", erklärt Fedosejew an einem Vergleich, „dann ist das schlecht, ist es falsch. Das war einmal in einer Rezension auf eine Aufführung dieser Oper zu lesen. Das heißt, der Sänger sang den Hermann nicht schlecht, aber in pseudoitalienischer Manier. Wenn man mir sagte, ich hätte Beethoven russisch gespielt, wäre das genauso schlimm. Aber das hat mir Gott sei Dank noch kein Kritiker gesagt."

In der Tat hat nach einer Aufführung Bruckners, Beethovens oder Mahlers noch nirgends – weder in Deutschland, noch in Österreich – jemand behauptet, Fedosejew hätte diese Komponisten russisch gespielt. Höchstens, wie in Rezensionen zu lesen war, „auf seine Weise", „sehr emotional", „mit viel Energie" oder „so, wie es in der

4. Der Dirigent Jewgenij Mrawinskij – Vorbild, Förderer, Freund

Partitur steht"; gewiß also „nicht traditionell wie unsere deutschen oder österreichischen Musiker".

Fünfundzwanzig Jahre später sollte Fedosejew sich mit dieser Schule einer großen Prüfung stellen – nicht mit einem deutschen Orchester, sondern als Dirigent des Moskauer Großen Radio-Symphonie-Orchesters: 1992 wurde er zur Teilnahme am Beethoven-Festival in die Geburtsstadt des Komponisten Bonn neben den namhaftesten Orchestern der Welt eingeladen. Fedosejew dirigierte Beethovens Siebente Symphonie, gefolgt von Mahlers Vierter. Das Ergebnis: Diese Aufführung wurde von der quasi als Jury fungierenden Kritik zur besten aller Darbietungen gekürt – für die Wiedergabe eines solchen Programms durch ein russisches Orchester unter der Führung eines russischen Dirigenten geradezu unglaublich.

Zu den kostbaren Entdeckungen und Einsichten, die Fedosejew noch in seinen „Aspirantur"-Jahren bei Ginsburg gewann, gehörte Mozart. Er begann, „die Schlichtheit dieses Komponisten" zu begreifen, der von den meisten russischen Dirigenten sentimental gespielt wurde oder noch wird, „wo die natürliche Einfachheit und mit ihr die (scheinbare) Leichtigkeit verlorengeht …"

„Viel, viel hat mir diese Lehrzeit gegeben", resümierte Fedosejew später, „sie hat für mich einen großen Sprung nach vorne bedeutet."

Zugleich blieb für Fedosejw Mrawinskij ein Leitbild als Dirigent, zu dem er sich nach wie vor bekennt:

„Ich hatte ja noch vor Beendigung der Aspirantur das Glück, Mrawinskij zu begegnen, als er mich einlud, in Leningrad zu dirigieren. Das war sicher eines der wichtigsten, mein Schicksal bestimmenden Ereignisse meines Lebens. Sein Beispiel war für mich immer das Maß aller Dinge. Seine Selbstaufgabe im Dienst der Musik, des Werkes und seine Konzentration auf das Ziel der Interpretation waren für mich immer vorbildlich. Er bestärkte mich auf meinem Weg als symphonischer Dirigent. Ich würde ihn nicht nur als meinen musikalischen Lehrer und Förderer, sondern auch als meinen geistigen Vater bezeichnen."

Und da waren noch die in Hinblick auf zeitliche oder lokale Distanz fernen Ideale von Dirigenten, die Fedosejew nur von Schallplattenaufnahmen her kannte und persönlich nie oder erst gegen Ende seiner eigentlichen Ausbildung live erlebt hatte: Arturo Toscanini und Herbert von Karajan.

Zu Toscaninis Lebzeiten regierte in der Sowjetunion Josef Stalin, das Land war hermetisch gegen den Westen abgeschirmt – und abgeriegelt. An die Reise eines gewöhnlichen Sowjetbürgers zu einem Konzert Toscaninis war nicht zu denken. Aber von den Schallplattenaufnahmen, die dem jungen Wladimir als Musikstudent von diesem Dirigenten zugänglich waren, fühlte er sich von Anfang an in Bann gezogen:

„Wenn ich Toscanini-Aufnahmen hörte – selbst wenn sie technisch nicht besonders gut waren – war ich vollkommen fasziniert vom gesanglichen Spiel seines Orchesters. Meiner Meinung nach hat er das singende Orchester schlechthin geschaffen. Er ist einfach vom Prinzip der menschlichen Stimme ausgegangen. Er konnte mit seinem Klangkörper einen leidenschaftlichen Ausdruck vermitteln.

Deshalb habe ich, als ich zu arbeiten begann, mir zum Ziel gesetzt, diesen Belcantostil zu finden, das Orchester zum Singen zu erziehen wie das höchste aller Instrumente, die menschliche Stimme. In dieser Hinsicht war ich von ihm begeistert.

Außerdem hat mich beeindruckt, daß er als Dirigent und als Musiker jenseits von Zeit und Raum stand. Es gibt Dirigenten und Musiker, die von einer bestimmten Zeit geprägt sind. Sie mögen gut sein, aber innerhalb ihrer Zeit, und haben den Rahmen dieser Zeit nicht gesprengt. Aber es gibt selten auch Musiker, die außerhalb eines solchen Rahmens stehen. Und zu ihnen gehört in erster Linie natürlich Toscanini – oder unter den deutschen Dirigenten Wilhelm Furtwängler. Andere Dirigenten sind dagegen nur historisch interessant. Man spürt in ihren Aufnahmen die Zeitumstände, vielleicht sogar die politischen Verhältnisse. Das ist ähnlich wie in der Architektur. Es gibt Baustile, die eine Epoche prägen. Mit einer neuen Epoche ändert sich auch der Baustil. In der Musik ist es genauso. Aber Toscanini und einige wenige andere Musiker bleiben außerhalb der Zeit, überzeitlich, egal was sich ändert – sie bestehen.

Da ist noch ein interessantes Phänomen: Oft klafft zwischen einem Live-Erlebnis und der Aufnahme, die es dokumentiert, ein enormer Graben. Manchmal wirkt ein Dirigent im Konzertsaal, wo man ihn auch sehen kann, mit seiner Interpretation überzeugender, weil man seine Gesten sieht und daher meint, seine Emotionen mitzuerleben, zu spüren, wie er das Orchester beherrscht. Die Aufnahme desselben Konzertes kann dann enttäuschen. Es fällt die Wirkung des Dirigenten als Persönlichkeit weg – und die Interaktion mit dem Publikum."

Fedosejew nennt als Beispiel dafür einen russischen Dirigenten, der auf das Publikum eine außergewöhnlich starke Wirkung ausübte, Nikolaj Golowanow – im Westen ein kaum bekannter Name. Doch er galt als Dirigent, der das Orchester geradezu hypnotisieren konnte – und ebenso seine Zuhörer, den ganzen Saal in Bann ziehen. Er war in der Stalinära einer der Stardirigenten, als pompöser Stil und machtvoller Klangrausch à la mode waren. Golowanow konnte diese überwältigende Klangentfaltung sehr überzeugend herbeiführen, und alle im Saal waren niedergeschmettert.

Beeindruckt mochte Fedosejew davon sein, beeinflussen ließ er sich jedoch von Golowanow nicht. Toscanini war jedoch vom erwähnten Prinzip her, aber auch von der Faszination, die seine Aufnahmen auf Fedosejew ausübten, schon früh ein Vorbild. Und das schon in den Jahren in der Musikschule, noch vor der eigentlichen Dirigentenausbildung auf dem Konservatorium. Damals, zu Beginn der fünfziger Jahre, gab es in der Sowjetunion noch keine Schallplatten zu kaufen, und die Musikstudenten montierten Tonbandaufnahmen zusammen.

Eine Aufnahme der „Aida" war das erste, was Fedosejew von Toscanini zu hören bekam; später sah er übrigens eine Videoaufnahme dieser konzertanten Produktion mit Herva Nelli und Richard Tucker – und war in gleichem Maße begeistert wie von der rein akustischen Wiedergabe.

In den Jahren nach Stalins Tod (1953) kamen verschiedene Gastdirigenten aus dem Westen nach Moskau. Der Kulturaustausch mit dem Westen kam allerdings erst in den sechziger Jahren, der „Tauwetterperiode" des milden politischen Klimas der Chruschtschow-Ära, in Schwung. Im Bereich der Musik kamen vor allem italienische Künstler – und dann Herbert von Karajan. Zuerst erschien er mit dem Orchester der Mailänder Scala, deren künstlerischer Leiter er damals war, in Moskau. Seinen ersten Eindruck von Karajan versuchte Fedosejew später zu analysieren:

„Von Karajan ging eine starke visuelle Wirkung aus. Er vermochte Musiker wie Zuhörer gleichermaßen magisch in seinen Bann zu ziehen. Das geschah unabhängig von seinem musikalischen Stil, sondern aufgrund seiner Willenskraft, die ihm von Gott gegeben war. So etwas muß nicht dem persönlichen Charakter des Künstlers entsprechen. Jemand kann privat sanft oder hart sein – hier geht es um die musikalische Willenskraft, und Karajan hatte eine kolossale Kraft dieser Art, die auf die Zuhörer wirkte."

Das zweite Mal kam Karajan mit den Wiener Philharmonikern und dirigierte unter anderem Schostakowitsch. Danach kommentierte der Komponist: „Endlich höre ich meine Musik …"

Allerdings soll er sich ähnlich mitunter auch nach Konzerten anderer Dirigenten geäußert haben.

Fedosejews Vorbilder Toscanini und Karajan waren sehr unterschiedliche Persönlichkeiten. Fedosejew sieht den einen zwar streng und diszipliniert, aber als Italiener mit dem entsprechenden Temperament. Der andere war in seinen Augen konzentriert, nüchtern, hart und anspruchsvoll in der Arbeit mit dem Orchester – und diese Ansprüche an die Musiker schienen unendlich, geradezu unerfüllbar zu sein.

„Deshalb hatte das Orchester damals auch ein so hohes Niveau", resümiert Fedosejew später. „Und beide Dirigenten, die für mich so beispielhaft waren, hatten etwas gemeinsam – eine äußerst starke Willenskraft bei ganz unterschiedlicher Form des Ausdrucks. Was im übrigen meinen eigenen Charakter betrifft – ich bin sehr anspruchsvoll, bringe meine Forderungen aber in einer sanften Weise zum Ausdruck. Weder werde ich grob noch brülle ich meine Musiker an …"

Den Unterschied zwischen Mrawinskij und Karajan, den beiden durch ihre unerbittliche Disziplin bekannten Dirigenten, sieht Fedosejew in der Askese des ersteren, die nur selten von Emotion oder künstlerischen Freiheiten gebrochen wurde. Wenn aber doch, „dann hatte das einen gigantischen Effekt". Dagegen stand „in seiner Leidenschaft und Lebensfreude völlig konträr Karajan, der diese sehr kunstvoll zum Ausdruck brachte. Mrawinskij war zudem – anders als Karajan – extrem selbstkritisch, und die Verantwortung des Dirigenten lastete schwer auf ihm. Wenn er sagte, er ginge zum Dirigentenpult wie zum Schafott, war das sein Ernst. Eine solche Ergebenheit und Verantwortung vor der Musik ist selten geworden.

Ich kenne heute nur einen, der ähnlich empfindet, und das ist Carlos Kleiber. Ich sah ihn einmal nur ein kleines Werk – aber bei einem großen gesellschaftlichen Ereignis – dirigieren, und davor war er so nervös, als wäre es eine große Herausforderung. Aber ich sehe das so, daß eben seine kreative Nervosität seine großen Interpretationen schafft …"

Für Fedosejew besonders erfreulich in Hinblick auf seine Wertschätzung für Kleiber ist die Tatsache, daß dies auf Gegenseitigkeit zu beruhen scheint, was unter anderem dadurch zum Ausdruck kam, daß Kleiber sich von Fedosejews Tschajkowskij-Aufnahmen mit dem BSO sichtlich angetan zeigte. Dabei ist Kleiber für Fedosejew „ein Vorbild für höchstes Dirigierniveau" , wie er bekennt, „weil er aus vollem Herzen, aber auf der Basis tiefer Kenntnis der Partitur augenblickliches Musizieren zustandebringt. So ein Musiker, der voll und ganz im Dienste der Musik und nicht des eigenen Namens oder des persönlichen Images steht, ist heute ganz selten."

Fedosejew verbindet eine freundschaftliche Beziehung mit seinem prominenten Kollegen – und er ist darauf stolz, daß Kleiber ihn vor fast zwanzig Jahren, als er ihn noch kaum kannte, der Mailänder Scala empfohlen hatte.

„Davon erfuhr ich erst viel später, als ich dort bereits Rimskij-Korsakows ‚Märchen vom Zaren Saltan' gemacht und Tschajkowskijs ‚Pique Dame' dirigiert hatte. Erzählt hat es mir erst der Dirigent Cesare Mazzonis, und ich habe mich natürlich sehr darüber gefreut.

Sehr schön für mich ist auch die Tatsache, daß Kleiber manchmal zu meinen Proben im Musikverein gekommen ist – und daß wir gelegentlich korrespondieren, wobei er seine Kenntnis der russischen Literatur entfaltet – und daß er von meinen Einspielungen eine hohe Meinung hat. Hoffentlich kann ich ihn bald wieder auf dem

Konzertpodium sehen – bis dahin genieße ich jedenfalls seine Aufnahmen, die ich mir immer wieder anhöre- und ansehe. Möge er gesund bleiben …"

Um zu den beiden so konträren Dirigentenpersönlichkeiten Mrawinskij und Karajan zurückzukehren – ihnen wie auch Toscanini attestiert Fedosejew immerhin eine gemeinsame Eigenschaft: „Sie alle waren strenge Diktatoren."

An Karajan wollte sich Fedosejew ein Beispiel in der Art der Probendisziplin nehmen, in der Detailarbeit, im Anspruch an die Phrasierung und an das übergeordnete künstlerische Konzept. Er studierte an einer Probe Karajans zur Aufführung einer Beethoven-Symphonie in Moskau, wie dieser das Gesamtkonzept gestaltete. Und wie er an Details feilte, wie das Timbre einer Note zum integrierenden Bestandteil der Dramaturgie wurde. „Kein Ton oder Klang stand abstrakt für sich, sondern jede Note erhielt einen tieferen Sinn und eine Funktion als notwendiger Baustein des ganzen Gebäudes", analysiert Fedosejew Jahre später.

Karajan sollte Fedosejew nicht loslassen. Er wurde zur Idée fixe für ihn.

Als Fedosejew Karajan zum ersten Mal in Moskau gehört und seine Probenarbeit mitverfolgt hatte, hatte er nur einen Wunsch: noch während seiner Ausbildung einen Sommer bei Karajan in Salzburg zu verbringen. Damals – Mitte der sechziger Jahre – galt in russischen Musikkreisen Salzburg als musikalischer Mittelpunkt der Welt. Während des zweiten Aufenthalts Karajans in Moskau lernte Fedosejew einen Mitarbeiter des Salzburger Festspielbüros kennen, der den Dirigenten nach Moskau begleitet hatte. Diesem eröffnete Fedosejew seinen Wunsch, einen Festspielsommer lang die Arbeit Karajans studieren zu können.

Kurze Zeit später traf bei Wladimir und Olga ein Brief ein. Der Absender: Büro der Salzburger Festspiele. Das Schreiben enthielt eine offizielle Einladung nach Salzburg für die beiden, die Reservierungsbestätigung für ein Hotel und den Zutritt zu allen Konzerten und Aufführungen unter Karajans Leitung – das alles für einen gesamten Festspielsommer.

Es war kaum zu fassen.

Die Ernüchterung folgte bald. Für eine Reise ins westliche Ausland mußte jeder Sowjetbürger damals Anträge an die Bezirkskommission der Partei stellen, die ihn dann zu einem Gespräch – genauer sollte es wohl heißen: zum Verhör – lud. Dem hatte sich jeder Reisewillige zu unterziehen. Die Fragestellungen hatten wenig mit Ziel oder Zweck der Reise oder dem beruflichen Bereich zu tun, mit dem die Kommissionsbeamten – meist pensionierte Parteigenossen – gewöhnlich ohnehin nichts anfangen konnten. Vielmehr trat schon bald nach der Eröffnung des Interviews die Absicht zutage, den Reisenden überhaupt von seinem Vorhaben abzubringen.

„Was wurde beim letzten Parteitag der Kommunistischen Partei beschlossen? Und beim vorhergehenden?" hagelte es Prüfungsfragen. Andere kamen dem realen Leben schon näher: „Wie viele Metrostationen gibt es in Moskau? Wie viele Straßenbahnlinien?" – Und wie um den Verhörten auf das vorzubereiten, was ihn im Gastland erwarten könnte: „Was kostet dort, wo Sie hinwollen, ein Kilogramm Brot?"

Der Fragenkatalog gestaltete sich auch für die Fedosejews zu einer Prüfung in Parteikunde und auf dem Gebiet der Errungenschaften des sowjetischen Arbeiterparadieses, ehe die zwar leichte, einem solchen Beamten jedoch schwer zu erklärende Frage kam:

„Warum wollen Sie nach Salzburg? Sie wollen was dazulernen? Wenn Sie nicht genug studiert haben, gehen Sie einfach noch einmal aufs Konservatorium! Und wenn es schon etwas Neues sein muß – fahren Sie in unseren Fernen Osten! Lernen Sie dort erst unser eigenes Land kennen, dann werden wir weitersehen …" – empfahl der Beamte der „Bezirkskomiteekommission der Altbolschewiken", wie der stolze Name dieser Behörde lautete. Ein Rat etwa unter dem einleuchtenden Motto: Es muß nicht immer Karajan sein!

Ob Fedosejew den wertvollen Rat beherzigen wollte oder nicht – aus Salzburg wurde jedenfalls nichts. Er hatte keine Lobby hinter sich, die ihn unterstützt und das Befragungszeremoniell überstimmt hätte, und kein Parteifunktionär schuldete ihm einen Gefallen – was angesichts der Abhängigkeit von der politischen Nomenklatura für Fedosejews Integrität spricht.

Besonders peinigend für Fedosejew war jedoch der Umstand, daß er nicht einmal absagen durfte. Nach dem Tag seiner geplanten Ankunft in Salzburg kam von dort ein Anruf. Man habe die beiden erwartet – warum sie nicht gekommen seien? – Doch Fedosejew durfte nicht die Wahrheit sagen – und auch sonst nichts, denn sein Telefon wurde, wie es damals üblich war, abgehört. Er konnte sich nur entschuldigen und in Aussicht stellen, „vielleicht morgen oder übermorgen" zu kommen; beim nächsten Anruf mußte er schon „erkranken" und damit ausschließen, der Einladung jemals Folge leisten zu können.

Somit schöpfte Fedosejew für seine Entwicklung als Dirigent weiterhin Anregungen aus dem eigenen Land. Umso dankbarer war er, daß kein Geringerer als der Chefdirigent der Leningrader Philharmonie, Jewgenij Mrawinskij, der an sich keine Schüler heranzog, ihm hilfreich seine Hand reichte und er dessen Probenarbeit verfolgen und sich mit ihm beraten durfte. Davon hat er sich die Pedanterie im Umgang mit seinen Orchestern – gepaart mit ewigen Selbstzweifeln und dem Bemühen, auch erfolgreich Erarbeitetes immer noch weiter entwickeln und noch besser machen zu wollen als bisher – erhalten.

Es mag überraschen, daß jedoch selbst ein auch international so renommierter Dirigent wie Mrawinskij – unter anderem Ehrenmitglied des Wiener Musikvereins, eingetragen in dessen Goldenes Buch – nicht davor gefeit war, im Zuge einer Einladung ins Ausland mit Ausreiseverbot belegt zu werden. Immerhin stand er die beispiellose Zeitspanne von vier Jahrzehnten an der Spitze ein und desselben Orchesters, der Leningrader Philharmonie, die er zum führenden Orchester der Welt machte.

Doch das schuf ihm auch Neider in seinem Land. Sie operierten auf damals übliche Weise – mit Denunziation. Da wurden einfach anonyme Briefe an jene Behörde, von welcher der Betreffende abhängig war, gerichtet; darin stand allerlei Negatives über ihn. Das geschah speziell vor einer Ausreise als Gastdirigent – zum Beispiel durch die Initiative eines anderen Dirigenten, der an seiner Stelle fahren wollte. Und tatsächlich: ungeachtet seines Rufes durfte Mrawinskij das eine oder andere Mal nicht fahren. Auch wenn sich später die Sache zu seinen Gunsten aufklärte – der Zweck der Initiatoren war erfüllt.

Doch Fedosejews Verehrung für Karajan blieb nach wie vor tief in ihm verhaftet – so tief, daß es weit später, an die zwanzig Jahre nach seiner ersten Begegnung mit Karajan, zu einem traumatischen Erlebnis kam, als er schon längst dem Ausbildungsstadium entwachsen und ein allseits anerkannter und erfolgreicher Dirigent geworden war.

Ein Jahr nach Karajans Tod – er starb 1989 – wurde Fedosejew nach Berlin eingeladen, um dort als Gastdirigent die Berliner Philharmoniker zu dirigieren. Für Fedosejew war es die erste Arbeit mit diesem Orchester, das mehr als dreißig Jahre lang Karajans Ensemble gewesen war.

Das Bewußtsein, nach einem solchen Dirigenten an dessen Pult vor dessen Orchester zu stehen, flößte Fedosejew, der bis heute auch vor weniger anspruchsvollen Konzerten nervös ist, ungeheuren Respekt ein. Das von den Veranstaltern nicht ganz glücklich zusammengestellte Programm beinhaltete das Erste Klavierkonzert von Johannes Brahms mit Radu Lupu als Solisten und die Zweite Symphonie von Alexander Borodin. Fedosejew sprang dabei als Ersatz für einen anderen Dirigenten ein.

Die Proben begannen. Doch der Gedanke an Karajan, der sich wie ein Gigant vor Fedosejews geistigem Auge aufrichtete, ließ ihn nicht los und schien ihn zu erdrücken. Seine Stimme versagte, seine Zunge war wie gelähmt, seine Hände lagen in Fesseln. Es war wie in einem bösen Traum.

Als Fedosejew dann vor dem Konzert Karajans ehemaliges Künstlerzimmer betrat, sein Klavier sah und einige andere seiner persönlichen Gegenstände oder solche, die der Maestro benutzt hatte, schnürte es ihm die Kehle zu. Der Gedanke daran, daß das Publikum, das jahrelang gekommen war, um Karajan zu hören, nun die gleichen Maßstäbe an ihn anlegen und von ihm quasi die Fortsetzung dieser Erlebnisse erwarten würde, lähmte ihn am ganzen Körper.

Wie er den Weg hinaus zum Podium fand, weiß er selbst nicht mehr zu sagen. Unter dem Druck des Anspruchs und dem Gefühl einer für ihn unüberwindbaren Barriere zwischen diesem Anspruch und seinem Vermögen war er wie ohnmächtig. Der Gedanke an Karajan lastete so bleischwer auf seinem Verantwortungsgefühl, daß er, wie von Geisterhand gefesselt, das ganze Konzert lang nicht imstande war, sich zu befreien und zu einem wie immer gearteten natürlichen Musizieren zurückzufinden.

Das Konzert war nach Fedosejews Meinung eine Katastrophe.

Bemerkenswerterweise gab es keine wie immer geartete Reaktion. Es erschien keine einzige gute oder schlechte Kritik.

Weder davor noch danach wurde der Dirigent je von einem solchen Zustand befallen. Doch ein Konzert mit den Berliner Philharmonikern hat er seither nie mehr dirigiert.

1. Nach der Premiere von „Die Legende von der unsichtbaren Stadt Kitesch", Bregenz 1995 (Fedosejew mit Intendant Alfred Wopmann, li. außen Samson Isjumow, hinten Mitte P. Daniljuk, rechts außen Alexandra Dursenjewa)

2. Premierenfeier von „Kitesch", Bregenz 1995 (v. li. n. re. S. Najda, W. Fedosejew, der Regisseur d. Inszenierung, Harry Kupfer, Jelena Prokina, P. Daniljuk)

3–6. Fedosejew bei einer Probe im Wiener Musikverein

7. „Chowanschtschina" am Zürcher Opernhaus, 2001 (mit Yvonne Naef als Marfa)

8. „Chowanschtschina" am Zürcher Opernhaus (mit W. Lutsjuk als Andrej Chowanskij, M. Volle, re. v. Fedosejew N. Ghiaurov als Dosifej)

9. Empfang nach der Premiere von „Kitesch", Bregenz 1995 (Mitte Dr. Franz Salzmann, Kfm. Dir. d. Bregenzer Festspiele, re. der deutsche Bundespräsident Dr. Roman Herzog)

10. Fedosejew mit dem Cellisten Mischa Maisky vor einem Konzert in Zürich, 1995

11. Fedosejew mit dem jungen Geigenstar Julian Rachlin, Wiener Konzerthaus

12. Wiener Konzerthaus 2000, nach einer Aufführung von Schönbergs „Gurre-liedern" mit Dietrich Fischer-Dieskau, Julia Varady, Wolfgang Bankl und Kurt Azesberger

13. Olga und Wladimir Fedosejew in Wien mit dem prominenten Maler und Mitbegründer des Phantastischen Realismus, Ernst Fuchs, im Jahre 2001

14. Fedosejew in Japan nach einem Konzert

15. Fedosejew beim Studium einer Partitur

16. Der Dirigent als Hobbykoch

17. Im Wiener Musikverein

18. Konzert auf Schloß Grafenegg, Niederösterreich, mit dem TSO im Rahmen des Russischen Festivals im Sommer 2001

19. Festkonzert im Moskauer Konservatorium anläßlich des 70-Jahr-Jubiläums von Fedosejews Tschaijkowskij-Symphonieorchester Moskau im Dezember 2000; Patriarch Alexij II. auf der Bühne segnet Orchester und Dirigenten

20. Nach einem Konzert, bei dem Fedosejew mit dem Orchester der RAI Rom die Glagolitische Messe von Leoš Janáček aufgeführt hatte, kam Papst Johannes Paul II. selbst auf die Bühne, um dem Maestro zu danken

21. 1993 dirigierte Fedosejew in Oslo das Requiem von Giuseppe Verdi mit seinem BSO und einem Chor von 2000 Sängern; einer der Solisten war Luciano Pavarotti

22. Fedosejew mit seiner Frau, der Musikwissenschafterin Olga Dobrochotowa, mit der er seit 1967 verheiratet ist

23. Der Dirigent privat

4. König über Nacht

Spätestens nach der Bolschoj Theater-Erfahrung, die ihm die letzten Illusionen für eine wirklich freie künstlerische Entfaltung in diesem Land genommen hatte, hielt es Fedosejew nicht mehr in Moskau. Er spürte, daß ihm in diesem Klima seine innere Unabhängigkeit zum Stolperstein werden konnte. Da er sich am Spiel um die Gunst der Mächtigen nicht beteiligte, konnte er nicht viel Unterstützung für seine Karriere erhoffen. Eine Ausnahme von dieser Regel wäre ein Wunder gewesen. An solche zu glauben hatte Fedosejew jedoch keinen Grund.

In dieser Stimmung suchte er nach seiner 1972 abgeschlossenen Aspirantur und dem Zwischenspiel mit dem Bolschoj, das ihn ein Jahr gekostet hatte, nach neuen Wegen.

Die Möglichkeiten, das Folklore-Orchester und dabei sich selbst künstlerisch weiterzuentwickeln, schienen ihm begrenzt – er hatte sie maximal ausgeschöpft. Als Musiker strebte er nach der symphonischen Form. Seine Präferenz für diese Musikgattung hatte ihn nie verlassen. Er selbst erklärt das so:

„Die große Form enthält die Besinnung auf Fragen, die eine ausführlichere und umfassendere Behandlung verlangen; das benötigt mehr Zeit und Raum als ein einzelner musikalischer Gedanke ermöglicht. Hätten die Probleme von Dostojewskijs ‚Brüder Karamasow' oder Tolstojs ‚Krieg und Frieden' etwa in einer Kurzgeschichte ausgedrückt werden können? Anders als der Leser von Romanen kann in der Musik der Hörer außerdem mehr von seinen Gefühlen in das Erlebnis einbringen. Doch könnten je Mahlers ‚Lieder eines fahrenden Gesellen' auch nur teilweise eine seiner Symphonien ersetzen oder selbst das ausdrucksvollste Klavierprélude Rachmaninows so viel sagen wie etwa seine ‚Symphonischen Tänze'?"

Fedosejew wollte weg, vielleicht irgendwo in der Provinz in einem Symphonieorchester unterkommen, um sich nur der unabhängigen und ungestörten Arbeit zu widmen.

Wie sehr die Abkehr und das Zurückziehen in die innere Emigration – unter anderem als Reaktion auf die Verletzung seines Selbstwertgefühls durch die Bolschoj-Affäre – Fedosejews Charakter und seinem inneren Stolz entsprach, illustriert eine Episode aus seiner Kindheit. Er war erst vier, als sich Nachbarn bei seiner Mutter beschwerten, weil er sie durch sein Lärmen gestört hätte. Tatsächlich war gar nicht er, sondern ein anderer Bub Ursache des Mißfallens gewesen. Wladimirs Mutter bestrafte ihn – und er nahm die Strafe an, ohne sich zu verteidigen und die Sache klarzustellen! Doch anschließend verschwand er spurlos und versteckte sich am Dachboden des Hauses. Tagelang hielt er es dort aus und ließ getrost die verzweifelten

Eltern überall nach ihm suchen. So drückte er seinen Protest gegen die falsche Beschuldigung und ungerechte Bestrafung aus – bis er nach zwei Tagen halbverhungert zurückkam. Indessen hatte sich die Sache aufgeklärt, und es war seine Mutter, die sich zerknirscht bei ihm entschuldigte.

Aber auch in späteren Jahren nahm er einmal reißaus, als auf ihn politischer Druck ausgeübt wurde. Drei Monate lang wußte niemand, wo er war. Tatsächlich hatte er sich durch das Land tingelnden Zigeunermusikern angeschlossen und tauchte eines Tages wieder auf, als ob nichts gewesen wäre. So hatte auch er Distanz gewonnen und – wie in alten Zeiten die Romanhelden von Puschkin bis Tolstoj – bei den herrlichen Gesängen jener Folklore, von der es kaum noch originale Aufnahmen gibt – „Erholung für die Seele" gefunden.

Nun hielt Fedosejew nach einem Posten irgendwo zwischen Uljanowsk und Sibirien Ausschau. Aber es kam anders. Moskau sollte ihn nicht loslassen. Kaum hatten Wladimir und Olga Vorbereitungen getroffen, der sowjetischen Hauptstadt den Rücken zu kehren, trat ein unerwarteter Umstand ein.

Genadij Roschdestwenskij schickte sich an, das Große Fernseh- und Rundfunk-Symphonie-Orchester, dessen Chefdirigent er seit 1962 gewesen war, zu verlassen. Er war damals schon international bekannt und hatte bereits ein Engagement als Chefdirigent nach Stockholm angetreten. So war es ihm unmöglich, auf die Dauer den Probenbetrieb und das Niveau seines russischen Orchesters aufrechtzuerhalten – was anläßlich der Tourneen in Europa und Japan auch schon von Kritikern registriert worden war.

Roschdestwenskij war sich dessen bewußt und hatte bereits zweimal in der Direktion des Moskauer Rundfunks- und Fernsehens, dem das Orchester angehörte, um Entlassung angesucht.

Doch der für das Orchester zuständige Direktor, Sergej G. Lapin, wollte ihn nicht gehen lassen, da er den prominenten Namen für diese Institution nicht verlieren wollte. Zweimal hatte Lapin abgelehnt. Der Abgang hätte Prestigeverlust bedeutet; Roschdestwenskij gehörte der musikalischen Elite im Lande an, war Aushängeschild der sowjetischen Kulturprominenz. Daß er überhaupt in jenen Jahren eine ständige Funktion im westlichen Ausland annehmen durfte, weist schon auf seine privilegierte Stellung in Moskau hin.

Beim dritten Versuch, sich von seiner Verpflichtung in Moskau entbinden zu lassen, soll Roschdestwenskij seine Mutter zu Lapin gesandt haben; sie war es – wird kolportiert –, die dem Direktor das Entlassungsgesuch ihres Sohnes überbrachte, während dieser im Ausland weilte. Darüber soll Lapin so verärgert gewesen sein, daß er – endlich – die Entlassung unterschrieb. Das war 1973.

Das Orchester blieb monatelang ohne Chefdirigenten. Lapin war selbst kein Musiker, und die Entscheidung über einen Nachfolger für Roschdestwenskij bedeutete für ihn keine leichte Aufgabe. Das Orchester war für Rundfunk *und* Fernsehen zuständig, seine Führung eine große kulturpolitische Verantwortung. Das läßt sich durch den privilegierten Stellenwert illustrieren, den das Orchester im kulturellen Leben der Sowjetunion einnahm. 1930 gegründet, war es eines von fünf aus der gesamten Sowjetunion ausgewählten besten Orchester des Landes, die der besonderen Unterstützung durch die staatlichen Institutionen für würdig befunden worden waren. Die anderen waren das des Bolschoj Theaters, des Kirow Theaters, der Leningrader Philharmonie und der Staatlichen Philharmonie Moskau.

Das Orchester mit dem offiziellen Titel „Großes Allunions-Radio- (später Fernseh- und Radio-) Symphonie-Orchester Moskau" bestand aus nicht nur bestqualifizierten, sondern auch gutbezahlten Musikern, die für ihre Einspielungen eigens honoriert wurden. Aus den Rundfunkaufnahmen entstanden die „Melodija"-Schallplatten, die von einer Kommission approbiert werden mußten, bevor sie in Umlauf gebracht wurden. Bis auf das Radio-Symphonie-Orchester entsprach die Auswahl dieser fünf begünstigten Institutionen übrigens jener unter den letzten Zaren – außer daß letztere deren Unterhalt nicht aus dem Staatshaushalt, sondern ihren privaten Mitteln finanzierten.

Nun brütete Lapin über der Frage einer würdigen Nachbesetzung Roschdestwenskijs. Er beriet sich mit führenden Persönlichkeiten des Musiklebens, darunter mit Mrawinskij in Leningrad und den offiziösen, aber angesehenen Komponisten Georgij Swiridow und Tichon Chrenikow in Moskau – letzterer galt auch als eine Art musikalischer Chefideologe. Was meinten die Befragten zu Fedosejew? Einmütig äußerten alle drei Zustimmung: „Ein begabter, vielversprechender Musiker ..."

Also lud Lapin Fedosejew zu einem Gespräch ein und fragte ihn, ob er diese Aufgabe übernehmen wolle. Fedosejew war wie vom Schlag gerührt. Die Verantwortung schien ihn zu erdrücken. Er erbat sich Bedenkzeit. Olga war zu diesem Zeitpunkt krank; durch die Aufregung stieg auch noch ihr Fieber in schwindelnde Höhen. Doch als sich Wladimir einen Tag später mit ihr im Krankenhaus nochmals beriet, sagte sie: „Versuch's."

Fedosejew nahm an.

Konnte er ahnen, daß sich ein Hexenkessel zusammenbrauen würde? Manche andere hatten es auf diesen Posten abgesehen gehabt, solche, die fest in der kulturpolitischen Nomenklatura verankert waren – oder wollten lieber einen aus „ihrer" Mitte an dieser Stelle sehen. Aber alles war so plötzlich passiert, daß es für eine andere Kandidatur zu spät war.

Die solcherart Überraschten trösteten sich mit der Gewißheit, der „Balalajkaspieler", wie manche Fedosejew spöttisch nannten, würde spätestens in einem Jahr durchgefallen sein. Die Angehörigen der offiziellen Kulturelite blickten auf Fedosejew und seine fünfzehnjährige Tätigkeit mit dem Folklore-Orchester geringschätzig herab –

trotz seiner Leistung innerhalb dieses Ensembles und der Anerkennung, die er dafür im In- und Ausland erworben hatte.

Stärker als all das wog, daß Fedosejew einfach nicht einer der ihren war und ihm ihrer Meinung nach eine derartige Prestigeposition wie die Leitung des Großen Radio-Symphonie-Orchesters nicht zustand. Einige hatten vor, für den Tag X einen noch jungen Geiger, Sohn eines prominenten Violinvirtuosen, als Dirigenten dafür aufzubauen. Denn daß Fedosejew seiner Aufgabe nicht gewachsen sein und in absehbarer Zeit scheitern würde, wurde in Moskau von kaum jemandem bezweifelt.

5. Das Geheimnis des Erfolges

Für Fedosejew jedoch hatte sich etwas erfüllt, von dem er damals nicht zu träumen gewagt hatte. Mit Ernst und Enthusiasmus nahm er 1974 seine Arbeit auf.

Doch während sich hinter seinem Rücken die Kräfte einer Jagdgesellschaft sammelten, die nur auf den geeigneten Zeitpunkt zum Abschuß warteten, sah sich der Dirigent auch einer sichtbaren Front von Gegnern gegenüber.

Denn die Musiker des „BSO" nahmen ihn keineswegs mit offenen Armen auf. Sie legten ihm gegenüber ein arrogantes Verhalten an den Tag, da er in ihren Augen der Leitung dieses Orchesters (noch) nicht würdig war. Mit einem Wort – dem Neuankömmling schlug eine feindliche Atmosphäre entgegen. Nachträglich resümiert er:

„Es war mir klar, daß ich hier auch in menschlicher Hinsicht viel zu tun hatte. Das Orchester mußte eine Familie werden, in der Zuneigung und Respekt zueinander herrschten – und Liebe zur Musik und zur Arbeit an der Musik! Jemand hat ihnen offenbar eingeimpft, sie hätten ein so hohes Niveau, daß sie Arbeit und Proben nicht nötig hätten …"

Fedosejew mußte sich hier erst die Hörner abstoßen. Denn das Moskauer Radio-Symphonie-Orchester war, als er dessen Leitung übernahm, ein hochrangiges Routine-Orchester. Verwöhnt von Einladungen in die ganze Welt und hymnischen Kritiken hatte sich jedoch eine gewisse Selbstherrlichkeit eingestellt, die zur Einstellung führte, man hätte Proben eigentlich nicht nötig, denn technisch beherrschten sämtliche Mitglieder ohnehin alles zur Perfektion. Anfangs wollten die Musiker schon nach einer halben Stunde Probe nach Hause gehen: „Sie werden sehen, Maestro, beim Konzert klappt alles wunderbar!", war die stehende Redewendung.

Die Arbeit in einer solchen pseudo-elitären Atmosphäre anzugehen, war für Fedosejew kein Honiglecken – zumal er nicht wie andere Dirigenten, die mit diesem Orchester arbeiteten, schon arriviert oder von einer Tätigkeit mit einem vergleichbaren Orchester gekommen war – und außerdem mit seinen immerhin schon zweiundvierzig Jahren jünger als die meisten Musiker, die im Orchester saßen. Die eineinhalb Jahrzehnte Arbeit mit einem Folkloreensemble, auf das auch diese Musiker geringschätzig herabblickten, nützten ihm für seine Autorität wenig. Er konnte auf keine langjährige symphonische Erfahrung verweisen – und damit basta.

Seine Antwort auf diese Herausforderung: erbarmungslose Arbeitsdisziplin. Jedoch nicht als Selbstzweck, sondern jenem konkreten Ziel untergeordnet, das er sich von Anfang an stellte: einen einheitlichen Klang und Stil zu schaffen.

„Ich mußte den Spielstil ändern. Mir stellte sich gleich zu Anfang das Klangproblem dar. Das Symphonieorchester war damals sehr gebildet, stand auf hohem Niveau, alle Musiker waren technisch ausgereift. Aber ein Orchester – und deshalb heißt es ja auch so – ist die Vereinigung von Musikern, die zu einem homogenen Klangbild sowohl der einzelnen Gruppen als auch insgesamt finden müssen. Das ist ein Organismus, der wie eine Farbe zum Ausdruck kommen muß – wie ein Chorgesang. Es wäre doch auch in einem Chor unzulässig, so zu singen, daß die verschiedenen Stimmen einzeln durchdringen. Aber damals waren das verschiedene Stimmen. Es gibt tiefe, hohe, mittlere Stimmen. Sie vereinen sich alle zu einer einzigen Klangpalette. Für mich war die menschliche Stimme gleichsam ein Symbol für das Symphonie-Orchester. Daher strebte ich danach, es zu einer menschlichen Stimme zu machen."

Fedosejew ging an die Arbeit. Es war freilich nicht leicht, sein Vorhaben umzusetzen, denn er sah sich beträchtlichem Widerstand gegenüber: „Den Musikern war bisher keine derartige Aufgabe gestellt worden. Jeder hatte die Noten gespielt, wie sie dastanden – nichts anderes …"

Fedosejew hatte sich schon früher gerne zur Aufgabe gemacht, wenn er im Rundfunk symphonische Musik hörte, das Orchester zu erraten, das gerade spielte. Wenn Toscanini dirigierte, fiel es ihm nicht schwer, das zu erkennen, wenn etwa das Boston Symphony Orchestra es war, wußte er auch das sofort. Für ihn galt das als Maßstab: das Gesicht eines Orchesters mußte identifizierbar sein – nicht nur handwerklich, sondern auch in seiner Färbung.

„Eben die eigene, individuelle Stimme des Orchesters, sein Timbre", führt Fedosejew weiter dazu aus, „das vereinigte Timbre ist es, das sich seinen Weg in die Herzen der Zuhörer bahnt, für die das Orchester Musik macht. Die Musik existiert ja für die Menschen, die sie in sich aufnehmen. Doch ein Mensch wird eher durch ein Timbre oder einen schönen Klang berührt als durch eine technisch virtuose Passage. Mir war das immer klar, und ich begann daran zu arbeiten …"

Damals gab es am Moskauer Konservatorium zwei Musikprofessoren, die Kurse eigens für Orchestermusiker, im besonderen für Streicher, abhielten, in denen es speziell um das Spiel im Orchester ging. Es wurde das Ensemblespiel trainiert, das Eingehen auf den Klang des anderen und das, was man im wahrsten Sinne des Wortes Einklang nennen könnte. Einer der Lehrer war Professor Boris Wladimirowitsch Belenkij, der eine Plejade von Schülern heranzog, aus denen er nicht Geiger oder Cellisten, sondern Musiker, und nicht Solisten, sondern Ensemblespieler machte. Ein Einzelkämpfer im Heer derjenigen, die ihre Schüler ehrgeizig für die ersten Plätze bei internationalen Wettbewerben heranzogen und Generationen von sowjetischen Preisträgern züchteten. Einer von Belenkijs Schülern ist der in Wien tätige Professor Boris Kuschnir, der hier eine Klasse mit bereits in jungen Jahren vielbeachteten Schülern führt.

Belenkij verkörperte eine höhere Auffassung von Musizieren, wo es um das Aufgehen im Ganzen eines Klangkörpers im Sinne der gemeinsamen musikalischen Gestaltung ging.

„In der alten russischen Schule" – erklärt Fedosejew dazu – „hatten die Lehrer versucht, ihren Schülern zuerst das Werkverständnis zu vermitteln – jene Einsicht in den Sinn einer Komposition, die einem jungen Menschen ohne Lebenserfahrung nicht gegeben ist. Dabei wurde die technische Beherrschung als zweitrangig betrachtet." – Das änderte sich in den Jahren, in denen Fedosejew studierte, so radikal ins Gegenteil, daß man sich wiederum nur auf die technische Seite konzentrierte. „Das kommt auch bei Dirigenten vor", fügt Fedosejew hinzu, „daß sie zwanzig Jahre lang Beethovens Neunte dirigieren und nichts verstehen – daher auch nichts in ihre Interpretation hineinlegen können, weil sie keine Lebenserfahrung haben, noch nichts erlebt, nicht gelitten und so weiter, und keiner ihnen etwas vermittelt hat, das diese Erfahrung ersetzen könnte …"

Also ging es nun darum, den technischen Musterschülern im Orchester ein Klanggefühl beizubringen. Fedosejew engagierte einige Musiker von Belenkij direkt in sein Orchester.

Daneben mußte er darum kämpfen, ihnen die Idee auszutreiben, Probenarbeit so gut wie kaum nötig zu haben, und beizubringen, daß nur dort das entsteht, was beim Konzert vermittelt werden soll.

Der Umstand, daß viele Musiker dieses Orchesters schon so langgedient waren und Kritik oder Belehrungen nicht nötig zu haben meinten, hatte jedoch auch einen Vorzug: Sie standen schon mehr oder weniger kurz vor ihrer Pensionierung und machten so allmählich jungen Musikern Platz, mit denen Fedosejew ohne Vorbedingungen zu arbeiten beginnen konnte.

Darüber hinaus lösten sich die Probleme mit weniger willigen Musikern, die gottlob nur einen Teil des großen Ensembles ausmachten, auch auf andere – allerdings nicht gerade konfliktfreie Weise, die Fedosejew in der Durchsetzung seiner Vorhaben einigen Mut abrang und ihn noch teuer zu stehen kommen sollte.

Als Fedosejew nämlich feststellte, daß die Sitzordnung der Musiker nicht deren jeweiligem Niveau entsprach, begann er sie entsprechend zu verändern. Das traf sogar einen Konzertmeister, der nach Fedosejews Meinung nicht gut genug für diese Position war; er war angeblich nur dorthin gelangt, weil er mit dem früheren Chefdirigenten gut befreundet war. Bezeichnenderweise landete jener Musiker in der Moskauer Philharmonie, in die er sich begeben hatte, auf einem der hinteren Plätze. Es gab auch andere, die beispielsweise an den vorderen Pulten der ersten und zweiten Geigen saßen, aber nach Fedosejews Meinung weniger gut waren als die Musiker hinter ihnen.

So versetzte Fedosejew munter eine ganze Reihe von Musikern auf die ihnen seiner Meinung nach zustehenden Plätze. Als viele von ihnen erwartungsgemäß protestierten, schlug er vor, ein Probespiel zu veranstalten, nach dessen Ergebnis der Platz des jeweiligen Musikers bestimmt würde.

Darauf ließen sich aber keineswegs alle ein. Es waren an die fünfzehn Musiker verschiedener Instrumente, die davon betroffen waren und sich weigerten, sich einem Vergleich zu stellen, weil sie von sich fester überzeugt waren als vom Potential des neuen Dirigenten. Dazu gehörten nicht nur Streicher wie der Konzertmeister Tschernjachowskij, sondern auch andere wie der erste Flötist Kornejew und der Hornist Afanasjew. Sie zogen es mit einer ganzen Gruppe anderer vor, das Orchester zu verlassen. Damit gaben sie zugleich den Weg für Musiker frei, die Fedosejew neu engagierte.

Auch hier brach Fedosejew mit einer alten Tradition. Gewöhnlich wurden in dieses sein neues Orchester nur erfahrene Musiker aufgenommen, die sich bereits anderswo hochgedient hatten. Junge Absolventen mußten erst in „schlechten" Orchestern oder Ensembles beginnen, ehe sie in ein prestigeträchtigeres aufsteigen konnten. Fedosejew hielt das für falsch. Er veranstaltete Vorspiele mit potentiellen Kandidaten, die er sich anzuhören die Zeit nahm. Dazu besuchte er Unterrichtsstunden im Konservatorium, wo er sich nach Belieben Musiker herauspickte, die ihm begabt oder interessant schienen, selbst wenn sie noch über keinerlei Erfahrung verfügten. Sie lud er ein, in sein Orchester zu kommen. Dieses System sollte sich bewähren und den Grundstein für seine erfolgreiche Arbeit in den nächsten Jahren bilden.

Es erwies sich nicht nur für das nun verjüngte Orchester als Gewinn, sondern auch für die Musiker selbst, die sich nicht wie üblich in einem minderwertigen Ensemble hochdienen mußten.

Fedosejew half ihnen zusätzlich, indem er ihnen Lehrer beistellte, die ihnen „Nachhilfe" in den praktischen Fragen des Orchesterspiels boten, wodurch sie die fehlende Erfahrung aufholen konnten.

Diese Methode des Rekrutierens behielt Fedosejew auch später bei. Auf diese Weise schuf er neue Generationen von Musikern, „neue Seelen", wie er sich ausdrückt, die er im Geist der Traditionen des Orchesters erzog. Ihm selbst bereitete dieser Vorgang des Heranziehens von Musikern nicht weniger künstlerische Befriedigung als das Erarbeiten von Partituren. So konnte er arbeiten und mit seinen Musikern an einem Strang ziehen, und jede Probe machte Spaß.

Die Probenarbeit war ergiebig und die Ergebnisse konnten sich schon bald sehen und hören lassen, wie an den Reaktionen der ersten gemeinsamen Auftritte zu sehen war. Klang, Timbre, Bogenführung – alles war unverwechselbar „BSO" (so die russische Abkürzung für Großes Symphonie-Orchester). Natürlich ging diese Identität von den Streichern aus, auf die sich Fedosejews Arbeit konzentriert hatte. Bei den Bläsern oder anderen Instrumenten(gruppen) war eine solche Methode nicht anzuwenden, und meist arbeitete Fedosejew mit ihnen individuell.

5. Konzertante Aufführung von Pietro Mascagnis „Cavalleria rusticana" mit Irina Archipowa und Wladimir Werebnikow, Moskau 1976

„Wenn er mit den Blechbläsern arbeitete", erinnert sich ein Orchestermusiker, „wurde er nie müde, sie an die Schönheit des Klangs zu erinnern und zu ermahnen, daß schrille Töne selbst bei einem dreifachen Forte nie existieren dürften – und überhaupt unästhetische Klänge keine Existenzberechtigung hätten. Dasselbe betraf die Holzbläser. Den Solisten am Konzertflügel, an der Celesta, an der Harfe bis hin zum Schlagzeuger wurden ähnliche Anweisungen erteilt …"

Fedosejews nächste Aufgabe galt der Erweiterung des Repertoires. Das Orchester hatte sich immer mehr der Moderne zugewandt – Roschdestwenskij war ein engagierter Förderer der zeitgenössischen Komponisten seines Landes gewesen –, nach Fedosejews Ansicht waren dabei Klassik und Romantik vernachlässigt worden. Das widersprach seinem künstlerischen Grundprinzip: „In der Klassik entsteht schließlich die Basis für die Moderne. Die Klassik erzieht die Musiker. Davon war aber in diesem Orchester wenig zu spüren."

Er versuchte, eine Balance aus Klassik – russischer und westlicher Musik – und der Romantik zu schaffen. Vor allem in den ersten Jahren bemühte er sich, das Repertoire proportional auszubalancieren. Er wählte nur Werke aus, die dazu angetan waren, Klang und Stilgefühl des Orchesters in diesem Sinne zu entwickeln.

So „verordnete" er in jenen Jahren viel Musik von Joseph Haydn – zugleich aber auch Rachmaninow. Allerdings war er nicht so ganz frei in seiner Wahl, denn er mußte auch hin und wieder zeitgenössische Komponisten, die Günstlinge der politischen Führung waren, ins Repertoire nehmen – so etwa Dmitrij Kabalewskij, von dem er später sagen sollte: „Heute ist er tot", und das war in künstlerischem Sinn gemeint.

Fedosejews Zugang zur Klassik und zu Haydn beschreibt der litauische Komponist Donatas Katkus: „Die Form als Konzentration der Aussage. Die Einheit des Ganzen als Schlüssel der Mitteilung der Komposition – Klassik und Klassizismus sind für jeden Interpreten eine Herausforderung. Wladimir Fedosejew hat seine künstlerischen Spitzenleistungen nicht durch Stilisierung der Aufführungstradition einer fernen Vergangenheit erreicht. Er bietet keine Abziehbilder von Interpretationen, wie sie von Vorbildern geschaffen wurden. Klassische Werke klingen in seiner Interpretation einfach frisch, als wären sie aktuelle, moderne Musik.

In dieser Hinsicht ist Haydn besonders erwähnenswert.

Traditionell wird dessen Musik, je nachdem in welcher Lebensphase des Komponisten sie entstanden ist, stilisiert oder als romantisch behandelt. Oder man unterschiebt dem Komponisten Kontrastwirkungen mit Effekten, die seinem Wesen fremd waren. Fedosejew dagegen unterstreicht bei Haydn in erster Linie die ideale Balance zwischen Melodie, Harmonie und Rhythmus, die für den Komponisten zur unerschöpflichen Quelle wurden, aus der er mit phänomenalem Erfindungsgeist schöpfen konnte. (…)

Doch das ist nur ein Aspekt von Fedosejews Haydn-Interpretation. Er horcht tief in den transparenten Klang der Musik jener Zeit hinein, in den Charakter seiner volkstümlichen Quellen. Er geht bewußt anti-intellektuell an sie heran. So wird die Musik einfach, aber lebendig und ungewöhnlich weise …"

Ähnlich beurteilt der Musiker und Musiktheoretiker Fedosejews Zugang zu Mozart – als „natürlich und ohne stilisierende oder künstliche Pose in der Behandlung von Mozarts freier und polyphoner Melodik …"

Auch Fedosejews Beethoven-Interpretation bezeichnet Katkus als „unkonventionell" und „jenseits der Mythen, die gewöhnlich der Dechiffrierung der Botschaften des großen Meisters zugrunde liegen …"

Daneben entwickelte Fedosejew das russische Repertoire des Orchesters weiter und bereitete die Ergebnisse für Rundfunkaufnahmen vor: Werke von Rimskij-Korsakow, Tschajkowskij, Musorgskij, Glinka, Schostakowitsch und Skrjabin. Eines seiner Konzerte mit Beethovens Klavierfantasie und Fragmenten aus Balletten von Tschajkowskij besuchte die Direktorin des Tschajkowskij-Museums in Klin (in der Nähe von Moskau), des letzten Wohnsitzes des Komponisten. „Sein Tschajkowskij hat mich einfach begeistert. In der Musik, die ich ja schon zur Genüge gehört hatte, war es dem Dirigenten gelungen, etwas Neues, Faszinierendes zu finden. Mir war klar, daß hier ein neuer, origineller Interpret dieser Musik aufgetaucht war", erinnert sie sich später.

Nach dem Konzert gratulierte sie ihm und lud ihn ein, in Klin zu dirigieren. Fedosejew war sofort einverstanden und schlug gleich Programm und Datum vor. Das war der Anfang einer langjährigen Freundschaft und vieler Auftritte in Tschajkowskijs einstigem Landhaus. So etwa dirigierte Fedosejew zu einem der Geburtstage des Komponisten Mozarts Symphonie Nr. 40, gefolgt von Tschajkowskijs Fünfter Symphonie – danach wurde er vom Publikum gefeiert und mit Blumen überhäuft.

Eine besondere Atmosphäre herrschte beim Konzert, das Fedosejew anläßlich des 85. Todestages des Komponisten im Jahre 1978 – vier Jahre nach Übernahme des BSO – in Klin gab. Hier erklang zum ersten Mal das Werk, an dem Tschajkowskij an seinem letzten Schaffenstag, dem 3. Oktober 1893, an diesem Ort gearbeitet hatte. Es war das 3. Klavierkonzert, das er nicht mehr vollenden konnte. Der junge Pianist Michail Pletnjew spielte zum ersten Mal in der Öffentlichkeit den Klavierpart, und für alle Anwesenden und selbst die Kuratoren des Tschajkowskij-Hauses war es berührend, dieses Werk an der Stätte zu erleben, wo es kurz vor dem Tod seines Komponisten niedergeschrieben worden war. Später nahm Pletnjew übrigens mit Fedosejew alle Klavierkonzerte und die Klavier-Fantasie Tschajkowskijs auf Platte auf.

Pletnjew, der indessen internationale Karriere gemacht hat, beschreibt seine Eindrücke von Fedosejew so:

„Wenn er langsame Musik dirigiert, scheint Fedosejew der Klangbewegung durch seine Gestik die Konturen zu geben, er verleiht der musikalischen Substanz ein klares Profil, das einmal weicher oder härter ausfällt. Das ist besonders effektvoll bei seiner Wiedergabe russischer Musik, in der er der beste Interpret und auch für sich am besten ist. Bei Glinka, Glasunow, Tschajkowskij, Rachmaninow, Skrjabin und Strawinskij ist er unerreicht.

Ich erinnere mich an eine Tournee, bei der er in einer Provinzstadt auch eine Symphonie von Tschajkowskij dirigierte. Es war ein großer Erfolg. Am nächsten Tag berief er für das Orchester überraschend eine Probe ein, die er mit folgenden Worten einleitete:

,Bei allem Applaus gestern muß ich sagen – wir haben die Symphonie schlecht gespielt. Die Gastfreundschaft und warme Aufnahme des Publikums hat uns schlampig gemacht – und das ist eine Schande. Fangen wir die Arbeit von vorne an! …'"

Somit waren schon die ersten Jahre mit dem BSO reich an Aktivitäten auch außerhalb des angestammten Orchesterbereichs in Moskau; schon 1975/76 reiste Fedosejew mit den Musikern ins westliche Ausland. Im gleichen Jahr dirigierte er erstmals in seiner Geburtsstadt Leningrad, die er seit seinem Karrieresprung auf das Podium des BSO nicht gesehen hatte. Die Programme der vier Konzerte dort enthielten Werke verschiedener Stilrichtungen und reichten von Beethoven, Schubert über

Ravel, Brahms, Sibelius bis Tschajkowskij, Rachmaninow, Skrjabin, Strawinskij und Prokofjew. Die Stadt begrüßte ihren prominenten Ehrenbürger mit Begeisterung. Am Abschluß jedes Konzertes verabschiedete sich Fedosejew vom Publikum mit dem zarten, wehmütigen „Echo eines Walzers" aus Swiridows Zyklus „Schneesturm", der die gleichnamige Novelle Alexander Puschkins illustriert – des zwar in Moskau geborenen, jedoch vor allem in Petersburg wirkenden und dort bei einem Duell getöteten Nationaldichters der Russen. Seit dieser Zeit gehört dieses Stück zu Fedosejews bevorzugten Encores.

Das russische Nationalgefühl hat Fedosejew immer bewahrt und als Musiker auf seine Art kultiviert. Schon in seiner Ausbildungszeit hatte er innerhalb der nationalen Musiktradition auch Skrjabin für sich zu entdecken begonnen und Mrawinskijs Proben verfolgt, wenn die Symphonien dieses Komponisten auf dem Programm standen.

Nun nahm er sich mit dem BSO zuerst die Dritte Symphonie – auch „Le divin poème" genannt – vor. Vielleicht, vermuten Zeitgenossen, die seine Konzerte damals gehört hatten, identifizierte sich Fedosejew mit der philosophisch-religiösen Botschaft dieses Werkes, das im Oeuvre des Komponisten einen zentralen Stellenwert einnimmt.

Hier wird besonders deutlich ein Kampf zwischen „finsteren" und „hellen" Kräften ausgetragen, und letztere dominieren als Symbol für die Befreiung schöpferischer Kräfte in Überwindung all dessen, was der freien Entfaltung des Menschen im Wege steht. Ähnlich mächtig kommt dieses Thema in der von Fedosejew anschließend erarbeiteten Zweiten Symphonie zum Ausdruck. Er äußerte damals, Skrjabin sei „sein" Komponist. War es der Triumph der inneren Freiheit, den er aus dieser Musik als Botschaft für sich persönlich und für das Rußland jener Jahre heraushörte?

Die kraftvoll ausgetragenen Konflikte von Skrjabins Zweiter Symphonie, die enormen emotionalen Spannungen sind ungeübten Ohren schwer nahezubringen. Zwar können sich diese von den gewaltigen Steigerungen dann bei den großzügigen Kantilenen erholen, die auf russische Volksweisen zurückgehen, aber insgesamt stellt die Wiedergabe dieses Werkes und das Vermitteln seiner Bedeutung an den Hörer sehr hohe Ansprüche an einen Dirigenten.

Wie verschieden das Ergebnis ausfallen kann, zeigen die Beschreibungen des Skrjabinschen Poème-Zyklus durch westliche Rezensenten (die sich nicht auf eine Wiedergabe durch Fedosejew beziehen): Hier werde, heißt es, die Musik auf eine erotisch-sinnliche Komponente mit Darstellung orgiastischer Erlebnisse reduziert. Eine philosophische oder gar religiöse Dimension bleibt solchen Analysen verborgen. Tatsächlich liegt etwa dem solcherart ausgelegten „Poème de l'extase" folgendes, das Schöpferische im Menschen zur Entfaltung aufrufende Epigramm zugrunde:

„Euch, ihr furchtsamen Keime,
die ihr das Leben so fürchtet,
Euch, die ihr in den dunklen
Tiefen des schöpfenden Geistes versunken,
Euch, die strebend nach Leben,
will ich zum Leben erwecken."

Fedosejew hat sich mit seinen Skrjabin-Wiedergaben nicht nur in Rußland einen Namen gemacht, wo er diesen Komponisten in jenen Jahren regelrecht popularisierte; davon zeugen noch Aufnahmen und die Besprechungen seiner Konzerte. Er wurde mit Skrjabins Dritter Symphonie auch in zahlreiche Länder eingeladen. Tourneen führten ihn mit seinem Orchester durch die Länder Osteuropas, nach Westeuropa von Dänemark, Norwegen über Italien und Spanien bis Österreich, wo er 1978 beim Avantgardefestival „steirischer herbst", das in jenem Jahr Skrjabin gewidmet war, in Graz dirigierte. Auf dem Programm standen Skrjabins Zweite und Dritte Symphonie, sein Orchesterstück „Träume" sowie „Memorial" – ein aus Fragmenten einer unvollendeten Komposition erstelltes Orchesterwerk. Übrigens nur ein Beispiel dafür, daß Fedosejew von Anfang seiner Tätigkeit an – wie schon sein Dirigierdebüt bei Mrawinskijs Leningrader Philharmonikern gezeigt hat – bei der Erstellung von Programmen im In- und Ausland immer bemüht war, Populäres mit weniger oder gar nicht Bekanntem zu mischen und auch mit ungewöhnlichem Repertoire Interesse zu wecken.

Es galt jedoch, sich in Moskau durchzusetzen. Hier maß man Fedosejew an großen Vorbildern, hier mußte er Skeptiker mundtot, sein Ruf ihn stärker als seine Gegner machen. Eine Feuerprobe war sein erstes, live über den Rundfunk ins ganze Land übertragene Konzert.

Der relativ kleine Saal war voller Mikrophone und faßte etwas mehr als zweihundert Personen, bei denen es sich größtenteils um Kritiker handelte – es waren allerdings auch Freunde wie der Sänger Sergej Lemeschew da. Mit feierlicher Miene nahmen die Musiker ihre Plätze am Podium ein, und kurz darauf trat Fedosejew ans Pult. Wie umfangreich und vielfältig das Programm war, geht aus der Besprechung des Konzertes in „Sowjetskaja kultura" hervor, in der es heißt:

„Im Musikleben unserer Hauptstadt fand ein bemerkenswertes Ereignis statt. Es handelt sich um das erste Konzert des Großen Gosteleradio- (Staatlichen Fernseh- und Rundfunk-)Symphonie-Orchesters unter der Leitung von Wladimir Fedosejew. Es soll erwähnt werden, daß das Programm so verschiedenartige Werke enthielt wie Liszts Symphonische Dichtung ‚Orpheus', Glinkas ‚Jota' und die Ouvertüre zu ‚Ruslan und Ludmilla', Tschajkowskijs Ouvertüre-Fantasie ‚Romeo und Julia', vier Fragmente aus Verdis ‚Othello' und ‚Macbeth' sowie Tschajkowskijs ‚Pique Dame' und ‚Eugen Onegin'.

Das Konzert hinterließ einen höchst positiven Eindruck, was ganz besonders ‚Orpheus' betrifft – ein kompliziertes Werk, das seinerzeit so vorzüglich von Nikolaj Golowanow dirigiert wurde. Melodiosität, Sinn für Phrasierung, sanfte Übergänge und Präzision in Steigerungen und Klimax zeichneten die von Fedosejew gebotene Interpretation von ‚Orpheus' aus.

Ich fragte nach den Plänen des Orchesters und seines Chefs und fand diese sehr anspruchsvoll und interessant …"

Zu Jahresende 1974, wenige Monate nach Beginn seiner Arbeit mit dem BSO, dirigierte Fedosejew ein vielbeachtetes, da viele Neuigkeiten enthaltendes Konzert in der Säulenhalle des Komponistenverbandes mit Erstaufführungen von Werken Swiridows, des 1950 geborenen Komponisten Andrej Eschpaj (dessen Dritten Symphonie) und der Zweiten Symphonie von Sergej Tanejew.

Schon im Folgejahr unternahm er mit seinem Orchester eine Tournee nach Japan mit Konzerten in über zehn Städten, in denen er unter anderem Werke von Glinka (Ouvertüre zu „Ruslan und Ludmilla"), Musorgskij („Bilder einer Ausstellung" in der Bearbeitung Ravels), ferner Tschajkowskijs Fünfte und Sechste Symphonie und das Erste Klavierkonzert mit Wladimir Krajnew und Schostakowitschs Fünfte Symphonie dirigierte.

Das Orchester bereitete nicht nur Konzerte für Rundfunkübertragungen, sondern – wie sein Name schon sagt – auch für Fernsehsendungen vor. Es war daher nur eine Frage der Zeit, bis auch Olga innerhalb ihrer Arbeit als Musikkommentatorin in dieser Institution eine besondere Aufgabe zukam: ab Herbst 1976 leitete sie die Sendereihe „Stunde des BSO". Darin wurden Konzerte mit diesem Orchester live übertragen und von ihr kommentiert. Das verlieh Fedosejew und dem Orchester weitere Bekanntheit und Popularität – und für die Musiker bedeutete der direkte Kontakt mit einem so ungeheuer großen Hörer- und Seherkreis eine große Herausforderung, die sie stimulierte und motivierte.

Fedosejew erarbeitete für diese Zyklen eigene Programme. Das erste Fernsehkonzert in dieser Reihe fand am 9. September 1976 statt und enthielt Tschajkowskijs Phantasie-Ouvertüre „Romeo und Julia" und eine Symphonie von Mozart. Über dem Genuß des Schönen durfte auf höhere Weisung allerdings die politische Erziehung nicht vergessen werden: so erklang auch das anläßlich des 70. Jahrestages des „Arbeiteraufstandes in Moskau 1905" verfaßte gleichnamige Dramatische Poem des längst wieder in der Versenkung verschwundenen Komponisten Lew Solin. Publizität hatte in jenen Jahren eben ihren Preis.

Fünf Jahre später – 1980 – dirigierte Fedosejew das Jubiläumskonzert zum 50jährigen Bestehen „seines" Orchesters. Anscheinend waren der Dirigent und das Orchester nunmehr tatsächlich zusammengewachsen, wie ein Zuhörer kommentierte. Gespielt wurde Beethovens Neunte, und der Komponist Leonid Sidelnikow erinnert sich im Pathos jener Zeit an die Atmosphäre bei jenem Konzert:

„Dank der gedeihlichen Zusammenarbeit zwischen Dirigent und Orchester hat letzteres in einem weitgefächerten klassischen und modernen Repertoire zu seinem individuellen Ausdruck gefunden und zu einem unverkennbaren Aufführungsstil, der von emotionaler Sonorität, natürlichem und weichem Timbre der Instrumente und dem melodischen Aufbau der Details gekennzeichnet ist. Diese Qualitäten – um nur einige Facetten dieses harmonisch und künstlerisch hochentwickelten Ensembles zu nennen – traten auf brillante Weise beim Konzert in der Großen Säulenhalle zutage, wo das Orchester seinen fünfzigsten Geburtstag feierte.

Beethovens Neunte Symphonie, dieses große Monument eines schöpferischen Geistes, war verklungen, die Musik verstummt. Die mächtigen Klänge des Finale mit Schillers ‚Ode an die Freude' wirkten noch nach. Eine Spannung herrschte im Saal, als hielte das Publikum den Atem an. Momentelang völliger Stille – und plötzlich brach tosender Applaus aus. Die Ovationen wollten kein Ende nehmen. Das Orchester erhob sich und feierte mit dem Publikum den Dirigenten, rief ihn immer wieder auf das Podium und demonstrierte seine tiefe Verbundenheit mit ihm …"

Auch die offizielle Führung schien an dem Konzert Gefallen gefunden zu haben. So wurde das Orchester anläßlich seines Jubiläums per Erlaß des Präsidiums des Obersten Sowjets der UdSSR „für Verdienste um die Entwicklung der sowjetischen Musikkunst" mit dem „Orden des Roten Arbeiterbanners" ausgezeichnet. – Hauptsache, es blieb fest in der Kulturszene verankert, und Fedosejew mit ihm – was zwar auch manche (politische) Pflichten, aber noch mehr Rechte und Privilegien mit sich brachte.

So zum Beispiel keine Probleme bei der Ausreise zu Konzerten ins Ausland. Auch im Jubiläumsjahr reiste Fedosejew mit seinem Orchester auf einer längeren Tournee durch zahlreiche Städte der Bundesrepublik Deutschland, wo er vor allem Werke von Tschajkowskij und Skrjabin im Gepäck und Michail Pletnjew als Solisten bei sich hatte.

Fedosejew hatte somit den Dressurakt mit dem Großen Symphonie-Orchester geschafft. Doch es warteten noch andere Herausforderungen an ihn. Denn es gab einige, die ihm alles verziehen hätten – außer den Erfolg.

6. Russisches Roulette

Fedosejew hatte erreicht, was er sich vorgenommen hatte, und das Ergebnis gab ihm recht.

„Man muß nach seiner Überzeugung Taten setzen, nach seinem Credo leben. Wenn man durch seine Taten überzeugt, dann war alles richtig so. Der erste, der darüber urteilt, ist das Publikum …"

Dabei habe ihm das westliche Publikum geholfen, resümiert Fedosejew später; erst durch dessen Unterstützung und die westliche Presse habe er sich auch in Rußland seine Position festigen können, denn auch in Rußland heißt es: „Der Prophet gilt nichts im eigenen Land …"

Wie sehr er diese Unterstützung „von außen" nötig hatte, zeigte sich schon bald. Denn gerade dadurch, daß Fedosejew die Pläne anderer damit zunichte machte und ihre Erwartungen eines Besseren belehrte, baute sich eine Front von anfangs unsichtbaren Gegnern auf. Sie formierte sich aus den enttäuschten Angehörigen einer Clique in der alteingesessenen Kulturelite des Landes, emigrierten oder abgesprungenen Künstlern im Westen, die naheliegenderweise allem kritisch gegenüberstanden, was in Moskau geschah – und aus frustrierten ehemaligen Musikern des BSO.

Von letzteren ging das aus, was man als eine im wahrsten Sinne des Wortes konzertierte Aktion bezeichnen kann.

Ehemalige Mitglieder des Orchesters, die Fedosejews Bedingungen bei dessen Übernahme (Probespiele für die adäquate Plazierung der Musiker) nicht akzeptiert und es vorgezogen hatten, das BSO zu verlassen, suchten Fedosejews Namen zu diskreditieren. Dabei fanden sie bei führenden Persönlichkeiten des kulturellen Lebens nicht nur in Moskau, sondern auch in der Emigration ein offenes Ohr, indem sie sich beschwerten, Fedosejew hätte die besten Musiker verjagt und zerstöre so dieses Orchester. Schlimmer noch: er hätte das getan, weil er Antisemit und den Behörden hörig sei.

Ohne Möglichkeit, dies zu überprüfen, ließen sich manche prominente Musiker im Ausland zu öffentlichen Stellungnahmen hinreißen – sei es aus Unkenntnis und Sympathie für die vermeintlichen Opfer, aus Naivität – oder aus Opportunismus mit der öffentlichen Meinung, in der durch die Nachricht über skandalöse Vorgänge die Vorstellung über die Zustände in Moskau bestätigt werden sollte. Tatsächlich hatte, wie berichtet, Fedosejew keinen einzigen Musiker entlassen; er wollte sie lediglich einer neuen, dem jeweiligen Niveau der Musiker entsprechenden Sitzordnung unterziehen. Denen, die das nicht akzeptieren wollten, schlug er ein Probespiel vor; daraufhin verließen diejenigen, die sich dem nicht unterziehen wollten, von sich aus das Orchester – jüdische und nichtjüdische Musiker gleichermaßen.

Doch die mehrfach widerlegbaren Behauptungen über die angeblichen Gründe für den Wechsel des Chefdirigenten des BSO und für den Musiker-Exodus hatten sich sogar in ein Buch über Wladimir Ashkenazy, das von dessen englischem Agenten verfaßt wurde, verirrt und wurden daher kritiklos weiter übernommen. So machten sie die Runde.

Proportional zu Fedosejews Erfolgen entspann sich also die Kunst byzantinischer Intrige, wie sie in Rußland dank ihrer tausendjährigen Tradition besonders hoch entwickelt ist. Ihre Speerspitzen sollten Fedosejew stets unerwartet treffen. Besonders jede Tournee ins Ausland gestaltete sich zu einem russischen Roulette, dessen Ausgang offen war.

So konnten die Hörer des amerikanischen Senders „Voice of America" in Washington, D.C., aus dem Mund eines weltberühmten Cellisten hören, die Zerstörung der Moskauer Erlöserkirche (sie wurde unter Stalin gesprengt und geriet, erst kürzlich unter Luschkow wieder errichtet, quasi zum zweiten Wahrzeichen Moskaus) sei „ein weniger großes Verbrechen" gewesen „als die Art und Weise, wie Fedosejew das BSO, eine Kulturinstitution ersten Ranges, zerstört …"

Kein Wunder, daß eine Einladung in die USA nicht in Frage kam oder umgehend zurückgezogen wurde. Abgesehen davon entfaltete diese Aussage auch in Rußland ihre Wirkung, zumal das russische Programm der „Voice" in die damalige Sowjetunion gesendet wurde.

Frankreich: Eine der ersten Rundfunkaufnahmen, die Fedosejew noch als Gastdirigent bereits 1972 mit dem BSO aufgenommen hatte, war von der staatlichen Firma Melodija auf Platte gepreßt worden. Es handelte sich um die Einspielung von Nikolaj Rimskij-Korsakows Oper „Mainacht". In Frankreich wurden damals von der Produktionsfirma Chant du Monde, die 1944 von der Komponistin Elsa Barraine gegründet worden war, viele Aufnahmen von Melodija übernommen. Manche Platten wurden auch gleich bei der französischen Firma eingespielt, so etwa von David Oistrach, der mit deren Präsident Jean Roire befreundet war und später von ihm eine „Goldene Schallplatte" erhielt.

Fedosejews Aufnahme gelangte auf diese Weise in die Auswahl eines französischen Platten-Wettbewerbs, bei dem Musikexperten die beste Aufnahme des Jahres ermitteln, deren Künstler dann von der Académie française mit der Trophäe „L'Orphée d'Or" bedacht werden.

Die „Mainacht" wurde zur besten Aufnahme des Jahres 1976 gekürt und Fedosejew die Trophäe „L'Orphée d'Or" zuerkannt.

Doch der Dirigent erfuhr nichts davon. Erst viel später – und das nur durch einen Zufall. Kurz vor seinem Tod schrieb der langjährige Dirigent des Bolschoj Theaters, Boris E. Chajkin, der zuvor am Kirow Theater tätig gewesen war, seine Erinnerungen nieder. Darin berichtete er, anläßlich eines Gastkonzerts in Paris hätte er eine

Musikzeitschrift aufgeschlagen – und zu seiner Überraschung gelesen, Fedosejew sei die erwähnte Auszeichnung zuerkannt worden. Dazu kommentierte Chajkin abschließend:

„Der Name Fedosejew wurde in Rußland damals totgeschwiegen und es wurde dafür gesorgt, daß niemand – nicht einmal er selbst – davon erfuhr, daß er einen solchen Preis gewonnen hatte …"

Fedosejew nahm erst viel später anläßlich einer Tournee nach Paris Kontakt mit den Veranstaltern des Wettbewerbs auf und ließ sich die Urkunde des „Orpheus" aushändigen – die Trophäe selbst war und blieb verschwunden. Die prämierte Aufnahme wurde im übrigen später von der deutschen Plattenfirma Polydor nachgepreßt.

Als Fedosejew ein anderes Mal das Orchester von Radio France in Paris dirigieren sollte, schlug ihm eine merkwürdige, sogar feindliche Atmosphäre entgegen – die Musiker legten beinahe so etwas wie passive Resistenz an den Tag. Es stellte sich heraus, daß kurz davor ein russischer Dirigent, als er hier dirigiert hatte, den Musikern erzählt hatte, Fedosejew sei Antisemit und hätte alle jüdischen Musiker aus seinem Orchester entfernt. Dieser Makel klebte nun an Fedosejews Image wie Pech und Schwefel. Fedosejew hatte unter solchen Auspizien einige Mühe, die Proben und das Konzert zu leiten.

Italien: Fedosejew sollte in Mailand das RAI-Symphonieorchester dirigieren. Dabei setzte er auch Werke von Alfred Schnittke – darunter „Pianissima" – aufs Programm. Schnittke war in jenen Jahren unter anderem von Roschdestwenskij und Gidon Kremer im Ausland bekanntgemacht worden und galt als sowjetrussischer Vorzeige-Avantgardekomponist. Fedosejew hatte von einigen seiner Kompositionen eine hohe Meinung und wollte sie dem italienischen Publikum nahebringen.

Doch am Abend der ersten Probe erhielt Fedosejew einen Anruf vom Chefdirigenten des RAI-Symphonie-Orchesters: Schnittke habe sich aus Moskau gemeldet und ersucht, daß Fedosejew dessen Werke nicht dirigiere. Warum das? Weshalb? – Keine Antwort, keine Erklärung.

Fedosejew setzte die geplanten Werke ab und dachte nie mehr daran, Schnittke zu dirigieren. Der Komponist selbst hat ihm gegenüber nie eine Erklärung dazu gegeben – und Fedosejew hat das Gespräch mit ihm nicht gesucht.

Helsinki: Fedosejew war schon bald nach Übernahme des BSO eingeladen, mit diesem in der finnischen Hauptstadt zu gastieren. Es war das erste Mal, daß er sich mit diesem Orchester im Ausland präsentierte.

Am Tag des für den Abend geplanten Konzerts schlug er die Zeitung auf – und wollte seinen Augen nicht trauen über das, was er da las. Erst viele Jahre später vermochte er in einem Interview darüber zu sprechen:

„Es muß irgendwann ausgesprochen und beim Namen genannt werden. Veröffentlicht war in dieser führenden Zeitung der finnischen Metropole ein Interview mit

Genadij N. Roschdestwenskij – genauer gesagt: seine Antwort auf eine einzige Frage: Warum er das BSO verlassen habe und weshalb ich an seiner Stelle berufen worden sei.

Nach seinen Worten habe S. G. Lapin, der damalige Chef von Gosteleradio, dem das Orchester unterstand, Roschdestwenskij ersucht, alle jüdischen Musiker aus dem Orchester zu entfernen. Er, Roschdestwenskij, habe ‚selbstverständlich abgelehnt und deshalb das Orchester verlassen'. Zur Ausführung dieser von ihm zurückgewiesenen Anordnung sei – nach seinen Worten – ich ausgewählt worden, ‚ein völlig unbekannter Dirigent und Anfänger'. Ein sehr sympathischer Zug für Roschdestwenskijs Image im Westen – und ein echter Rufmord an mir!

Es war natürlich eine wissentliche Lüge. Denn Staatsbeamte wie S. G. Lapin waren mit einer gewaltigen Macht ausgestattet: Mit einem Federstrich hätte er das Orchester einfach auflösen können – schon deshalb, weil es im Rundfunk zwei gab; aber davon abgesehen war Lapin doch nicht dumm – und auch kein Antisemit.

Warum diese Verleumdung? Ob das Motiv möglicherweise nachträgliches Bedauern darüber war, daß er selbst den Schritt gesetzt hat, das Orchester zu verlassen, eine unbewußte Gemeinheit oder etwas anderes – ich weiß es nicht und will es auch nicht wissen. Ich will auch nicht mehr daran erinnert werden. Gott wird darüber richten.

Fest steht nur eins: diese Lüge hat den Grundstein für eine beharrliche Legende über meinen angeblichen Antisemitismus gelegt und für ein Jahrzehnt die Entwicklung meiner künstlerischen Laufbahn gebremst.

Aber wie viele Jahre sie mir von meinem persönlichen Leben genommen hat, weiß nur Gott. Und nur mein Schicksal, mein eigentlicher Lebensweg, wie er mir zugedacht war, meine unermüdliche Arbeit und meine Ehre, die niemals und niemandem gegenüber einen Kompromiß eingegangen ist, hat allmählich alles zurechtgerückt.

Irgendwo habe ich diese Zeitung aufgehoben – Sie haben mich mit Ihrer Frage daran erinnert. Wahrscheinlich mußte diese unerquickliche Geschichte einmal schwarz auf weiß klargestellt werden. Auch die unwahre Behauptung in jenem Buch, das Sie ansprechen, beruht auf dieser Lügenlegende …"

Die Rede war offenbar von der bereits erwähnten Biographie über Wladimir Ashkenazy – in welcher es heißt, die sowjetischen Behörden hätten als Revanche für die Emigrationswelle jüdischer Musiker in den siebziger Jahren beschlossen, Musiker dieser „Nationalität" – als solche galt die jüdische Abstammung in der Sowjetunion – auf die Straße zu setzen. Anschließend wird dann die oben zitierte Version Roschdestwenskijs über seine Ablöse durch Fedosejews als Faktum berichtet.

Dabei erhebt sich jedoch beispielsweise die Frage, warum der – folgt man der Roschdestwenskij-Version – auf Antisemitismus der Behörden begründete Abgang jüdischer Musiker, für den Fedosejew als Handlanger fungiert haben soll, nur jene im BSO betroffen haben soll und keine in einem der anderen Orchester?

Zuvor war Fedosejew im gleichen Interview mit einer russischen Zeitung auf einen Kommentar zu Roschdestwenskij und zum BSO angesprochen worden, wie er es von Roschdestwenskij übernommen hatte, noch ehe das Gespräch auf die vorhin erwähnte unschöne Angelegenheit kam; Fedosejew äußerte sich dabei über den Dirigenten so neutral wie möglich:

„Er war ein hochgebildeter, technisch glänzend ausgereifter Dirigent, der als progressiver Musikmacher in Erinnerung bleiben wird. Er dirigierte viele Werke von Prokofjew – so ist beispielsweise seine konzertante Aufführung der Oper ‚Die Liebe zu den drei Orangen' mit szenischen Elementen in Erinnerung. Er war wohl der erste, der in der Sowjetunion Musik von Carl Orff dirigiert hat. Sicherlich stand seine unbestreitbare Begabung der Funktion eines Chefdirigenten entgegen. Und so geschah es auch. Das ist eine allgemeine und objektive Ansicht. Ich möchte nicht ins Detail meiner persönlichen Meinung und Gefühle gehen. Sie verstehen sicher, warum …"

Doch die Zeitungsgeschichte, die Fedosejew in Helsinki wenige Stunden vor dem Konzert wie ein Schlag getroffen hatte, machte weiter die Runde. Das Gerücht hatte seinen Kreis bereits um ganz Europa von Paris über London bis Mailand gezogen, den Atlantik überquert – nun sollte der Kreis sich in Moskau schließen.

Eine beliebte Methode von Intrigen gegen unliebsame Personen in Rußland ist es, Petitionen gegen die Person in der Zielgeraden an höherer Stelle zu deponieren.

So regnete es im Büro von Staats- und Parteichef Breschnjew plötzlich Petitionen. In konzentrierter Abfolge trafen Telegramme ein, die etwa folgendes zum Inhalt hatten:

„Wie konnte es nur geschehen, daß ein Balalajkaspieler an der Spitze eines Orchesters mit solchem Prestige steht, während ein so großer Dirigent wie Kyrill Kondraschin ohne Orchester dasteht? Es ist dringend geboten, daß Fedosejew an der Spitze des BSO durch Kondraschin ersetzt wird …"

In der Tat war der langjährige Dirigent der Moskauer Philharmonie – einer der auch im Ausland prominentesten Musiker der Sowjetunion – zu jenem Zeitpunkt ohne Orchester. Er hatte nach internen Problemen im Orchester um seine Entlassung angesucht, und sie war angenommen worden. Fedosejew bot ihm – im übrigen als einziger – an, als Gastdirigent sein Orchester zu dirigieren, und Kondraschin dirigierte in der Tat einige Programme in Abonnementkonzerten des BSO. Konnte wirklich er (einer) der Urheber einer solchen Kampagne sein?

Unter den Telegrammen und Briefen standen die Namen von Kyrill Kondraschin, Jewgenij Swetlanow, der Komponisten Alexandra Pachmutowa und Rodion Schtschedrin – um nur einige zu nennen; jedoch auch Aram Chatschaturjan war darunter, was erstaunte, zumal Fedosejew ihm beruflich und persönlich nahestand. Er schwor im übrigen später, schon kurz vor seinem Tode, Fedosejew persönlich, niemals seinen Namen unter eine solche Petition gesetzt zu haben.

Fedosejws Schicksal schien besiegelt, ohne daß er etwas davon ahnte. Doch da kam ihm eine bürokratische Vorschrift zu Hilfe.

Bei Telegrammen, die an die Regierung gerichtet waren – oder an gar den Staatschef wie in diesem Fall – mußten die Unterschriften verifiziert werden. Das geschah auch in diesem Fall. Bis auf eine.

Das Ergebnis: es stellte sich heraus, daß die Unterschriften gefälscht waren. Die eine, über deren Authentizität man wohl nie Gewißheit haben wird, war jene von Jewgenij Swetlanow. Sie war angeblich nicht verifiziert worden. Damit ließ die Untersuchung die Urheberschaft der Kampagne offen.

Alexander N. Simjanin, Beamter im Zentralkomitee der Partei, der in einem der Vorzimmer des Staats- und Parteichefs saß, weiters im Politbüro für Ideologiefragen und auch noch als Kurator für Fedosejws Orchester zuständig, war verwirrt. Er zitierte Fedosejew zu sich, der nicht wußte, worum es ging.

Es wurde ein ausführliches Gespräch, das den Charakter eines großen, allumfassenden Interviews annahm. Simjanin fragte Fedosejew nach seiner Arbeit, ließ ihn davon berichten, fragte ihn nach seinem Wohlergehen, seinen Erfolgen, seinen Problemen – und Fedosejew erzählte. Von seiner Arbeit, den überwundenen Schwierigkeiten, den Erfolgen, den Einladungen ins Ausland.

Simjanin hörte aufmerksam zu und sah Fedosejew dabei nachdenklich an. Dann eröffnete er ihm den Grund der Vorladung und erzählte dem erstaunten Dirigenten von den Telegrammen.

Angesichts der erschrockenen Miene beruhigte ihn jedoch der Beamte. Es liege nichts gegen ihn vor – nur daß er ursprünglich in der Volksmusik tätig gewesen sei und jetzt eben Dirigent des BSO … – „Aber darin allein sehen wir noch kein Verbrechen."

„Deshalb", schloß der Beamte zufrieden, „ist Leonid Iljitsch (Breschnjew) der Meinung, Sie Ihres Postens zu entheben und durch einen anderen Dirigenten zu ersetzen, ist nicht erforderlich."

Was aber, wären die Unterschriften alle echt gewesen?

Das alles geschah 1975/76 – etwa eineinhalb Jahre nach Übernahme des BSO, in der Zeit, als Fedosejew die ersten Früchte seiner Arbeit erntete, mit seinem Orchester bereits zu Tourneen unter anderem nach Japan, Finnland, Jugoslawien, Österreich, Deutschland, Frankreich, England, Spanien eingeladen worden war und einige davon bereits erfolgreich absolviert hatte.

Gewiß hätten die sowjetischen Behörden aber auch nicht gerne auf das mit diesen Erfolgen verbundene Renommee für das sowjetische Kulturschaffen noch auf die damals begehrten westlichen Devisen verzichtet. So waren es diesmal die Beamten, die Fedosejew vor seinen Gegnern schützte.

Kurz darauf erschien in einer sowjetischen Zeitung eine hymnische Kritik von Fedosejews Plattenaufnahme mit Musik von Michail Glinka. Der Autor war kein anderer als Jewgenij Swetlanow.

Von diesem erhielt Fedosejew eines Tages einen Brief. Es war die Bitte um Entschuldigung.

7. Pflicht und Neigung –
und immer wieder Tschajkowskij

Die Anerkennung in Moskau begünstigte Fedosejews weiteren Aufstieg in seiner internationalen Karriere; seine Prominenz stärkte seine Position gegenüber dem Kulturministerium und der Willkür der staatlichen Konzertagentur Goskonzert sowie des KGB, die ihn nun kaum mehr hindern konnten, Einladungen ins Ausland mit oder ohne sein Orchester anzunehmen – auch wenn sie die damit verbundenen verhörartigen Interview-Prozeduren nach wie vor auskosteten. Doch während ihnen jede absolvierte Auslandsverpflichtung Fedosejews harte Devisen bescherte – von denen die Künstler lediglich einen Bruchteil erhielten –, bedeutete sie für Fedosejew einen weiteren Baustein auf seinem Lebensweg.

Bisher wurde er international vor allem als Experte für Tschajkowskij gehandelt; kaum eine Tournee, bei der nicht dessen Sechste oder Fünfte Symphonie auf dem Programm stehen mußten.

Doch Fedosejew war bemüht, mit seinem russischen Orchester das Repertoire mit vielen anderen wichtigen Werken der musikalischen Weltliteratur neu zu erarbeiten. Außer den russischen Komponisten widmete er sich – wie an früherer Stelle erwähnt – Haydn, Mozart, Beethoven und Brahms; von Beethoven nahm er sich die „Eroica", die Fünfte und die Neunte Symphonie vor und baute sie in die Konzertprogramme der Saison 1978/79 ein.

Weitere Schwerpunkte der ersten Jahre mit dem BSO bildeten unter anderem das Verdi-Requiem, Ausschnitte aus Musorgskijs „Boris Godunow" in der Urfassung, Tschajkowskijs Vierte und Fünfte Symphonie sowie dessen Erstes und Drittes Klavierkonzert, ferner unter anderem die Dritte Symphonie von Alexander Skrjabin, Gustav Mahlers lichte Vierte, aber auch die spröde, unnahbare Vierte Symphonie von Jean Sibelius.

Daneben widmete er sich freilich weiter dem russischen Repertoire – wie Strawinskijs Ballettsuite „Der Kuß der Fee", dessen Violinkonzert oder Schostakowitschs Erster und Fünfter Symphonie. Viel Raum gab er seit jenen Jahren seinem bevorzugten Zeitgenossen, Georgij Swiridow, dem „russischen Schubert", wie ihn seine russischen Verehrer nennen. Mit dessen „Frühlingskantate" fühlt Fedosejew sich ebenso sehr verbunden wie mit den musikalischen Illustrationen zu Puschkins Novelle „Schneesturm", in denen die Vorbilder alter russischer Volkslieder in neuem Gewand wieder aufleben.

Tribut hatte er jedoch – mehr oder weniger freiwillig – auch der offiziösen Musikliteratur der Sowjetunion zu zollen. Weniger freiwillig geschah das, wenn es sich um

Komponisten handelte, die er musikalisch nicht goutierte. Doch von einer offiziellen Institution, wie es das Orchester schon durch seine Position im staatlich organisierten Kulturleben darstellte, wurde auch eine gewisse Reverenz an gehorsame Untertanen der Politik erwartet – oder solchen, die ihre Notenfeder gelegentlich den erhebenden Anlässen der Partei widmeten.

Dabei versuchte Fedosejew nach Möglichkeit, sich an jene Werke zu halten, denen er musikalische Substanz abgewinnen konnte. Oder an solche, die zwar äußerlich dem sowjetischen Regime und dessen Errungenschaften zu huldigen schienen, zwischen den Zeilen jedoch eine Botschaft enthielten, die der Zensur der Behörden entging, weil sie für künstlerische Analphabeten nicht dechiffrierbar war.

Das war bei Schostakowitschs Vierter, Fünfter, Siebenter und Achter Symphonie der Fall, in denen Fedosejew hinter der offiziellen Fassade die Facetten des wahren innerlichen Ausdrucks des Komponisten von Ironie, Satire und Sarkasmus bis hin zur Tragik aufspürte. Die unselige Verquickung von Kunst und Politik im Sowjetstaat hat in diesen Werken besonders deutlich in die Musikgeschichte eingegriffen. Die vielschichtigen Strukturen der Vierten Symphonie, die Schostakowitschs radikalste Partitur darstellt, provozierte seinerzeit den Diktator Josef Stalin, der das Werk in seinem als Artikel publizierten Dialog mit Schdanow (Titel: „Musik statt Chaos") verurteilte und weitere Aufführungen untersagte.

Dennoch wurden Schostakowitsch wie auch Prokofjew und später Swiridow nicht gänzlich aus dem Musikleben der UdSSR verbannt. Man setzte die Komponisten zwar einem einmal mehr, einmal weniger drastischen psychologischen Terror aus, ließ sie aber weiter arbeiten. Man war sich der Bedeutung der Musik als einigende Kraft und Ausdrucksform bewußt. Diese international renommierten Komponisten konnten dem Regime behilflich sein, mit Auftragswerken das Gesicht zu wahren. Sie selbst kauften sich damit für ihr persönliches Schaffen quasi frei.

Wenn Fedosejew jedoch Dmitrij Kabalewskij dirigieren mußte, seufzte er. Dieser war Liebkind der Parteibonzen – was nicht unbedingt als künstlerisches Kompliment aufzufassen ist –, Träger des Titels „Verdienter Künstler der Sowjetunion" und aller erdenklichen Preise, Funktionär im mächtigen Komponistenverband – „nur leider", wie Fedosejew fand, „musikalisch unbegabt".

Jedenfalls noch weniger als Tichon N. Chrenikow, der dort jahrzehntelang den Vorsitz führte, nicht weil, sondern – man könnte beinahe sagen, obwohl – er anfangs zwar gefällige, aber nicht schlechte Gebrauchsmusik für Theater und Film und einige hübsche Lieder komponiert hatte. Durch seine privilegierte Position verfügte er über ein großes Budget und Macht über Komponisten, Musiker, Orchester, konnte Auftragswerke bestellen und Werke unliebsamer Personen mit einem kritischen Machtwort vernichten.

So nahm er großen Einfluß auf das Musikleben. Daß er dabei mit Auftragswerken sich selbst förderte, liegt wohl in der Natur der Sache. Dergleichen kommt auch im nichtkommunistischen Westen bei einer solchen Form von Interessenkollision vor. So konnte Chrenikov sich selbst seine Träume, Symphonien, Opern und Ballette zu schreiben, erfüllen – und kraft seiner Macht auch noch dafür sorgen, daß sie aufgeführt wurden. Schließlich genügten seine Werke allemal den Qualitätskriterien offiziellen Kunstschaffens. Sie erwiesen Lenin, dem Vater der Sowjetherrschaft, und deren stolzen Söhnen Reverenz und erfüllten die 1934 vom sozialistischen Paradeschriftsteller Maxim Gorkij aufgestellten Regeln des sogenannten „Sozialistischen Realismus" – zu denen „realistische Darstellung", „Werktätige als Helden" und „allgemeine Verständlichkeit" gehören.

Politischer Karrierist oder offiziell in Ehren zu sein bedeutete jedoch nicht automatisch einen Mangel an musikalischer Begabung. So mochte Fedosejew den armenischen, ebenfalls im Verband etablierten Komponisten Aram Chatschaturjan, in welchem er eine ausgeprägte musikalische Persönlichkeit erkannte. Dessen Werke sind auf der nationalen Musikkultur seiner Heimat aufgebaut – auch in seinem Violinkonzert verwob er traditionelle armenische Melodien. So lavierte Fedosejew zwischen Pflicht und Neigung und dirigierte offizielle oder offiziöse Komponisten, wenn es sein mußte, nahm sich dafür aber auch unbekümmert Werke vor, die „verboten" waren, weil sie sich nicht an die formalen Regeln hielten und daher meist mit dem Vorwurf der „Dekadenz" belegt waren.

Zwischen Gebot und Verbot herrschte wie überhaupt im Kunstschaffen der Sowjetunion jener Jahre eine Grauzone, in der sich auch einige interessante Persönlichkeiten bewegten. So hatte Schostakowitsch schon zu Lebzeiten Schüler im weitesten Sinn, und da gab es einige, die eine eigenständige Sprache entwickelt hatten und von Fedosejew geschätzt wurden. Dazu zählte er zum Beispiel Boris Tschajkowskij oder Mojsej Walder, die gefällig genug für die Obrigkeit, aber interessant genug waren, um der allgemeinen Beachtung wert zu sein.

„Rationaler" oder „mathematischer" Musik konnte Fedosejew nie viel abgewinnen. Doch unter den „rationalen" Musikern der jüngeren sowjetrussischen Avantgarde mochte er den lange Jahre verbotenen Edison Denisow – wohl wegen dessen Rückbesinnung auf russische Traditionen wie in seinem Symphonischen Poem „Altrussisches Gemälde"; er nahm sich dieses Werkes ungeachtet des ungeschriebenen Aufführungsverbotes mit seinem Orchester an. Von Schnittke war schon in anderem Zusammenhang die Rede, und seit dem berichteten Vorfall kümmerte sich Fedosejew nicht mehr um dessen Werke.

Als „ernsthafteste, tiefste Persönlichkeit der sogenannten russischen Avantgarde" empfand Fedosejew Sofija Gubajdulina, die anders als manche ihrer Kollegen fern der Spekulation oder Showsucht ständig nach neuen Ausdrucksformen suchte und mit ihnen experimentierte. Ihr Symphonisches Poem „Zaubermärchen" nahm er häufig auf

Tourneen mit und erntete damit regen Zuspruch. Die Künstlerin hat sich indessen längst in der internationalen Musikszene durchgesetzt.

In Hinblick auf die Rolle von Peter I. Tschajkowskij bei offiziellen Anlässen erlebte Fedosejew eine skurrile Episode, die beinahe ernste Konsequenzen für ihn gehabt hätte.

Bei Staatsbegräbnissen, deren Frequenz aufgrund des fortgeschrittenen Alters der Sowjetführer zur Zeit von Breschnjews Ableben stark anstieg, war es obligatorisch, Tschajkowskijs Sechste Symphonie zu spielen. Sie war neben der Fünften – speziell deren zweitem Satz – zur offiziellen Trauermusik bestimmt worden, und das Blech im Orchester mußte noch verstärkt werden, um sie dem kommunistischen Stil der Zeit anzupassen und eine noch niederschmetterndere Wirkung zu erzeugen. Zwar mußte der „marcia funebre"-Satz aus der b-Moll-Sonate von Frédéric Chopin den Takt für die Trauerprozession angeben, bei der eine politische Größe zu Grabe getragen wurde, doch Tschajkowskijs „Pathétique" blieb ein fixer Bestandteil der Inszenierung zur Erzeugung der nötigen Trauerstimmung.

Auch die Musik, die im sowjetischen Einheitsfernsehen der breiten Bevölkerung quasi das Signal für verordnete Staatstrauer gab, war reglementiert. Es existierte bereits ein fertiges, vor Jahrzehnten aufgenommenes und bereits sichtlich gealtertes Band, auf welchem die besagte Symphonie, eine Szene aus „Schwanensee" und Beethovens „Kreutzersonate" mit Valerij Klimow aufgenommen waren (im Rundfunk mußte auch Albinonis „Adagio" zur Vertiefung der Trauerstimmung herhalten). Später, als es nur mehr Farbfernsehen gab, wirkte der plötzlich schwarz-weiße erscheinende Bildschirm besonders bestürzend.

Vom Protokoll her war also seit sowjetischer Ewigkeit unverändert vorgesehen, daß beim Begräbnis der letzte Satz aus der erwähnten Sechsten Symphonie erklang – das Adagio „lamentoso", das solcher Anlässe würdig schien, von dem im übrigen Fedosejew später bei einem Blick in die Urfassung feststellte, daß es vom Komponisten als weniger getragenes „Andante" vorgeschrieben war.

Als nun Andropow starb und Fedosejew sich und sein Orchester bereits auf das obligate Begräbnisstück einstimmte, kam Andropows erwachsene Tochter auf den Dirigenten zu und bat ihn, nicht den letzten Satz zu spielen, denn „den ersten hatte Papa viel lieber!"

Fedosejew dirigierte also den ersten Satz, dessen Stimmung in seiner Einleitung ohnehin traurig genug für einen solchen Anlaß war. Nicht aber für die Beamten des Politbüros: sie luden Fedosejew wütend vor und inszenierten einen wahren Skandal, weil er sich über die geltenden Vorschriften hinweggesetzt hatte. Seine Erklärungen fruchteten nichts. An die lautstarken Auseinandersetzungen und Drohungen sollte er sich noch lange erinnern.

Er befaßte sich weiter mit seiner Arbeit, als wäre nichts geschehen, und nach einiger Zeit war auch die Angelegenheit begraben; dank dem verhältnismäßig jugend-

6. Rundfunkaufnahme in Moskau 1980,
   in Fedosejews Hintergrund J. Mrawinskij

lichen Alter des neuen Staats- und Parteichefs war gottlob nicht so bald ein Konflikt dieser Art zu befürchten.

In seiner täglichen Probenarbeit an neuem Repertoire bedauerte Fedosejew den Mangel an interessanter Moderne. Dann „oft bereichert mich solche Musik, der Weg zu ihrem Verständnis, ihrer Stilistik – überhaupt ihr Erfassen – in meinem Umgang mit der Klassik", wie er bekennt. „Es ist selbstverständlich auch umgekehrt der Fall – nämlich daß das Studium der Klassik die Grundlage für die Analyse der Moderne und das Aufspüren von deren Gehalt bildet". Doch zieht Fedosejew resigniert Bilanz: „Leider gibt es in der gegenwärtigen Avantgarde wenig inspirierte Werke, aber ich versuche dennoch immer wieder, etwas Neues zu finden …".

Die Interpretationen von Werken des klassischen und romantischen Repertoires, wie er sie in jenen Jahren erarbeitete, haben ihn nie losgelassen. „Keine Musik läßt mir für immer Ruhe …", bestätigt Fedoesejew selbst. Das gilt auch für jene Tschajkowskij-Symphonien, die er seit frühen Jahren seiner Tätigkeit mit einem Orchester „im Blut" hat. Keine Partitur, auch nicht die der Fünften, wurde zum „gelesenen Buch, das man im Regal abstellen konnte". Für Fedosejew lebt sie, will jedes Mal neu einstudiert werden, ist jedes Mal neu zu entdecken und zu erarbeiten.

Erst recht mußte das bei den Beethoven-Symphonien der Fall sein: nach einigen Jahren konnte der Dirigent von sich behaupten, etwa die Neunte schon sehr oft dirigiert zu haben – und doch zweifelte er jedes Mal von neuem, ob er „recht" hatte – oder bestimmte Passagen anders herausarbeiten sollte. So bildet bis heute jede Partitur auch (und gerade) des bekanntesten Repertoires jedes Mal eine neue Herausforderung für ihn – und birgt daher auch immer Überraschungen für das Publikum.

Dabei fühlt sich der Künstler immer jenem Werk am innigsten verbunden, das er gerade dirigiert. „In der Musik bin ich wie ein Don Juan", erklärte er auf die Frage nach seinem bevorzugten Werk. „Ich verliebe mich jedes Mal in die Frau, die gerade bei mir ist, und habe dabei das Gefühl, daß das jetzt meine einzige und wahre Liebe ist. So ist auch die Partitur, mit der ich mich gerade beschäftige und mich dabei hineinfühle, die Musik, die mir am nächsten steht."

Als er einstmal mit seinem BSO die Dritte Symphonie von Anton Bruckner vorbereitete, schien ihm, es wäre auf der Welt nie eine genialere geschaffen worden als diese. Fedosejew ging an Bruckner und Mahler im übrigen genauso heran wie an andere, ihm näher liegende Werke – von innen, nämlich ausschließlich von der genauesten Lesart der Partitur her. Der Komponist Boris Tschajkowskij besuchte regelmäßig Fedosejews Proben und faßt seine Beobachtungen über die Arbeitsweise zusammen:

„Jedes kleinste Detail ist bei ihm von größter Wichtigkeit. Alles, was in einer einzigen Note liegt, muß zum Vorschein gebracht werden. Fedosejews Begabung liegt dabei vor allem in seiner Fähigkeit, seine Intentionen überzeugend und präzis zu vermitteln. Seine Ausführung eines Pizzicato ist jenseits jeglicher Beschreibung. Auf meine Frage hin erklärte er mir, es gebe an die zehn Arten, pizzicato auszuführen.

Nicht ‚forte' oder ‚piano' lauten seine Anweisungen, sondern sie vermitteln das, was es bedeutet und was dahintersteht. Zudem sieht er sein Orchester nicht als unterwürfiges Instrument, sondern als Ensemble individueller, künstlerischer Persönlichkeiten, die aufgerufen sind, selbst ihre Initiative und emotionale Disposition einzubringen.

Sein wichtigstes Ziel bei der Probe gleich welchen Werkes war es, gleichgesinnte Musiker zu einem Ganzen zu binden, das einen einheitlichen Klang, kraftvoll und zugleich leicht schwingend, erzeugt.

Am eindrucksvollsten ist seine Art, ein echtes, tragfähiges Pianissimo zu erzielen. Wenn er seine Musiker dazu anhält, verlangt er zunächst völlige Stille. Er wird nicht müde, sie daran zu erinnern: ‚Musik entsteht aus der Stille' …"

Angesichts des eminent hohen Stellenwerts, den die Werke Gustav Mahlers im heutigen symphonischen Repertoire einnehmen, ist besonders spannend, wie Fedosejews Mahler-Interpretationen in Westeuropa angenommen wurden. Mancher mag sich an die Herausforderung erinnern, der sich Fedosejew beim Beethoven-Festival in Bonn mit seinem russischen Orchester zu stellen hatte. Damals konfrontierte er Beethovens Siebente mit Mahlers Vierter. Wie berichtet, wurde aus diesem Anlaß dem BSO unter all den namhaften anderen Teilnehmern der erste Rang für das beste Konzert zuerkannt. Mehr als eine solche Auszeichnung durch westliche Fachleute konnte sich Fedosejew kaum wünschen.

Etwa in jener Phase – also bereits Anfang der neunziger Jahre – präsentierte Fedosejew „seinen" Mahler auf dem diesbezüglich besonders glatten österreichischen Terrain, in der Heimat des Komponisten. Er führte Mahlers Vierte und Fünfte Symphonie in Konzerten der Wiener Symphoniker bei den Bregenzer Festspielen auf.

„Ganz einfach phänomenal" fand die Wiener „Presse" das erste Konzert und führte aus:

„Zu welchen Höhen sich die Wiener Symphoniker unter einem Dirigenten wie Wladimir Fedosejew aufschwingen können, weiß man spätestens seit den atemberaubenden ‚Bildern einer Ausstellung' im Wiener Musikverein vor einigen Monaten. Jetzt hat sich das überwältigende Ereignis an Symphonien Mahlers und Schostakowitschs im Bregenzer Festspielhaus wiederholt …"

Nachdem der Rezensent auf die Fehlbesetzung der Solistin mit Wilhelmina Fernandez eingegangen ist, die aufgrund ihrer viel zu schweren Stimme seiner Meinung nach in dieser Aufführung der Vierten Mahler nichts verloren hatte (Fedosejew hatte sich tatsächlich für den Finalsatz, in dem von den „himmlischen Freuden" gesungen wird, einen Knabensopran gewünscht!), führt er weiter aus:

„… Vor allem dann nicht, wenn sich die Dreiviertelstunde davor so fulminantes, in allen Phasen ausdrucksvolles, vielschichtiges Orchesterspiel ereignet hat wie diesmal. Fedosejew realisiert, was andere nur in Ansätzen zuwege bringen, souverän und scheinbar mühelos: Er entfettet den traditionell dicken, bedeutungsschwangeren Mahler-Ton. So durchsichtig und klar, bis in die kleinste Nebenstimme feinziseliert hört man dieses Werk nie, obwohl es als Mahlers lichtestes, im qualitätvollsten Sinne leichtestgewichtiges gilt. Was Fedosejew mit den Symphonikern zustandebringt, ist hohe Schule orchestraler Präzision und Ausdruckskraft. Kein falscher Espressivo-Druck, keine aufgesetzte Erzählgeste trübt die klare, ungeschminkte Entfaltung der kompositorischen Linien. Jede für sich aber, und alle miteinander erzählen dank größter Lebendigkeit der Phrasierung ihre Geschichte.

Das berührt, erschüttert, zuweilen amüsiert es den Hörer auch. Die Symphoniker brillieren als Vereinigung exzellenter Solisten, die gelernt haben, miteinander ganz feinsinnig Kammermusik zu machen. Folgerichtig tönt es auch dort, wo Mahler nach eigenen Worten ‚ins große Einmaleins' kommt, wohl austariert, niemals laut oder vordergründig dröhnend. Ein tiefer Eindruck, der nach der Pause von Schostakowitschs Sechster noch übertroffen wurde (…)

In Bregenz ging die Rechnung auf. Man hatte Symphonien Mahlers und Schostakowitschs wahrhaftig erlebt. Die Festspielleitung hat auf den Begeisterungssturm bereits reagiert: Fedosejew kommt nun Jahr für Jahr wieder …"

Zwei Tage später dann Mahlers Fünfte. Über diese Aufführung in Bregenz im August 1992 heißt es in der Zeitung „Voix de Luxembourg":

„… Zum Höhepunkt des Abends wurde nach der Pause Gustav Mahlers 5. Symphonie, ein Werk, das die komplexe Gefühlswelt des Komponisten widerspiegelt – Trauer, die ihn ständig begleitende Todesahnung, aber auch Liebesgefühle, die in dem wunderschönen Adagietto zum Ausdruck kommen. Dieser vierte Satz soll ja als Liebeserklärung an Mahlers spätere Frau Alma Schindler konzipiert sein.

Welche Kraft, welche Ausdrucksvielfalt, welche Kontraste arbeitete der russische Dirigent da heraus! Schon in den ersten Takten des Trompetensignals führte er eine große Steigerung herbei. Rhythmen – alles lockte Fedosejew mit äußerster Hingabe aus dem Orchester heraus. Dieses folgte ihm in einer wunderbar geschlossenen Streichergruppe (v. a. im Adagietto), in rein intonierten Bläsersoli, mit strahlendem Glanz in den Choralthemen der Blechbläser.

Die Spannung löste sich in jubelndem Beifall für einen höchst inspirierenden Dirigenten und ein glänzend disponiertes Orchester …"

Die „Neue Vorarlberger Tageszeitung" sah bzw. hörte die Wiedergabe von Mahlers Fünfter so:

„… Zum Höhepunkt des Abends wurde wohl die Symphonie Nr. 5 in cis-Moll von Gustav Mahler. Entstanden 1903, beginnt mit der Fünften ein neuer Mahler, eine Musik, die aus absolut musikalischen Impulsen hervorgeht und nicht von poetischen Vorstellungen in Bewegung gesetzt wird.

(…) Das Orchester der Wiener Symphoniker wurde von Wladimir Fedosejew hart gefordert. Es entwickelte unter seinen Händen einen flexiblen Klang, eine ausdrucksvolle Phrasierung in den einzelnen Stimmgruppen, so daß stets die Waage gehalten wurde zwischen Strenge und Biegsamkeit, zwischen Intellekt und Intensität."

Abschließend dazu der Rezensent der Wiener „Presse":

„Unter einem solchen Dirigenten erwacht sogar ein spürbar übermüdetes, vom Festspielbetrieb angestrengtes Orchester und läuft kurzfristig zu seiner Höchstform auf: Wladimir Fedosejew animierte die Wiener Symphoniker im Bregenzer Festspielhaus trotz überlangem Programm zu ekstatischen Klangeruptionen (…) Das Er-

7. Fernsehaufzeichnung des Brahms-Violinkonzerts mit Viktor Tretjakow, Moskau 1987

eignis: Mahlers Fünfte, von Fedosejew in unnachahmliche Gebärdensprache zum Leben erweckt, aus dem Orchester gestreichelt, gepeitscht, getanzt, je nachdem. All die scheinbar unvereinbare Lebensvielfalt, die da beschworen wird, ergibt, mit solchem Einsatz erzählt, tatsächlich eine Symphonie. Eine ‚ganz andere' halt.

(…) So atemberaubend ausbalancierte Übergänge, wie Fedosejew sie ihnen abverlangt, absolvieren diese Musiker selten, so samtweiche Pianophrasen auch, so behutsam aufeinander abgestimmte Schattierungen, oder, wo es darauf ankommt, niederschmetternde Entladungen.

Da bedarf es keines falschen Tränendrüsendrucks im schlicht und deshalb so groß ausmusizierten Adagietto. Und die Duftigkeit, zuweilen schwerelos schwebende Klanglichkeit des jauchzenden, überfröhlichen Finalsatzes scheint mir kongenialer nicht realisierbar zu sein …"

Zu diesem Zeitpunkt hatte Fedosejew seine westliche Feuertaufe mit österreichischem und deutschem symphonischen Repertoire der Klassik und Romantik bereits hinter sich; ob Beethoven, Brahms, Schumann, Mendelssohn oder Kontrastprogramme wie Ravels „Bolero", dem in einem Konzert neben Wagners „Tristan"-

Ouvertüre besonderer Erfolg beschieden war; ob mit dem BSO oder als Gastdirigent; ob in Österreich, Deutschland, England oder anderswo: Fedosejew befand sich auf einem Erfolgspfad, der von begeisterten Musikfreunden gesäumt war.

Wie sehr er sich somit von dem Tschajkowskij-Stempel, der ihn zugleich zu klassifizieren und limitieren drohte, gelöst hatte, zeigt das Interesse westlicher Konzert- und Opernhäuser, die ihn nicht nur für Konzerte mit diversifiziertem Repertoire einluden, sondern ihm auch Gelegenheit boten, sich auf dem Terrain bekannter wie neuer Opern zu erproben.

So wurde er nach einer Produktion von Paris, wo er am Theater Châtelet Tschajkowskijs „Eugen Onegin" dirigiert hatte, direkt nach Florenz geholt. Dort studierte er 1987 im Rahmen des Maggio musicale erstmals die Oper über deren stolzen Bürger „Benvenuto Cellini" von Hector Berlioz ein, die auch in der Heimatstadt des Helden noch nie vorher zu hören gewesen war. Dabei steigerte sich Fedosejew so sehr in die Begeisterung für diese Musik hinein, daß er sich lange in einer Art Berlioz-Phase befand. Ein Jahr später nahm er das Angebot an, an der Mailänder Scala Rimskij-Korsakows „Märchen vom Zaren Saltan" nach Alexander Puschkin zu dirigieren; danach folgte Musorgskijs „Boris Godunow" am Stadttheater Bologna.

Jahre später dirigierte Fedosejew „Boris Godunow" auch am Opernhaus Nizza, wobei er ebenfalls Musorgskijs Originalversion verwendete. Dies stieß beim Publikum auf Verwirrung und Unverständnis, wie aus der Rezension in „Nice matin" zu ersehen ist, zumal das Publikum gewohnt war, mit dem Tod des Zaren auch den Vorhang fallen zu sehen. Inszeniert wurde die Produktion von Yannis Kokkos, der sich auf originelle Weise über die Beengtheit der kleinen Bühne hinwegsetzte: er versuchte gar nicht erst, eine imposante Kremlarchitektur zu errichten, sondern ließ den Kreml als Miniaturmodell in den Mittelpunkt stellen, um den sich das gesamte Geschehen drehte. Ruggiero Raimondi als Boris allerdings wurde noch mehr seiner imposanten Erscheinung wegen als für seine stimmliche Leistung akklamiert, wie überhaupt das bunte szenische Spektakel mit den 350 Statisten für das Publikum in jenen Breitengraden wichtiger zu sein schien als die Musik.

Fedosejew hatte in dem Jahrzehnt seit seiner Übernahme des BSO die Konzert- und Opernbühnen Europas erobert. Auch kaum ein Festival schien mehr ohne ihn auszukommen. Vom erwähnten Grazer Skrjabin-Festival über das Linzer Bruckner-Fest, das Bonner Beethoven-Fest über, den Carinthischen Sommer in Villach oder den sommerlichen „Klangbogen" in Wien bis zu den Bregenzer Festspielen, für die sein Auftritt zum festen Bestandteil jeder Sommersaison wurde, Italien, England – ob mit seinem Orchester oder den Wiener Symphonikern, wo er eindeutig der Publikumsmagnet geworden war. Im Laufe der Jahre kamen noch andere Festspiele hinzu – zum Beispiel das Menuhin-Festival im Schweizer Gstaad.

Pflicht und Neigung – und immer wieder Tschajkowskij

Auch Salzburg, der Götterberg der Festspiele, wo über Sein oder Nichtsein so mancher künstlerischer Existenzen entschieden wird, hatte Fedosejew, den – wie an früherer Stelle berichtet – gemischte Gefühle mit dieser Stadt verbanden, zu einem Konzert eingeladen. Doch ungeachtet oder gerade wegen des Erfolges dort mit Sibelius' Violinkonzert und Tschajkowskijs Vierter sollte es bei dem einen Mal bleiben. Somit bestand kein Risiko, daß Fedosejew das sorgfältig aufgebaute Kartenhaus der in diesem Mikrokosmos konzipierten Star-Hierarchie zum Einsturz bringen konnte.

Denn immerhin hatte er 1988 – ein Jahr vor Karajans Tod – bei einem CD-Wettbewerb der zwanzig besten Orchester der Welt in Japan mit seinem Orchester den zweiten Platz, die „Silberprämie", gleich nach Herbert von Karajan mit dessen Berliner Philharmonikern errungen (Fedosejews Aufnahme enthielt Tschajkowskijs Sechste, jene Karajans die „Alpensymphonie" von Richard Strauss); ein Jahr später wurden er und sein Orchester von der Rundfunkgescllschaft des Medienkonzerns Asahi für das „beste Konzert der Saison" mit dem „Kristallpreis" ausgezeichnet (mit kurzen Werken von Bizet, Grieg, Wagner und Carl Maria von Weber vor Tschajkowskijs Fünfter Symphonie). Es war übrigens das gleiche Jahr, in welchem Fedosejew die Ehre zukam, anläßlich eines Kirchenrates vor dem Papst mit dem Orchester der RAI Rom Janáčeks „Glagolitische Messe" aufzuführen; anschließend wurde er vom Papst in Audienz empfangen. Drei Jahre später wurde seine Einspielung von Tschajkowskijs Sechster Symphonie in Tokio zur „besten der Welt" gekürt.

So viel Anerkennung in einer Stadt, die Jahr für Jahr so gut wie alle wesentlichen Interpreten klassischer Musik zu einer Art fortwährender Leistungsschau vereinigt, mußte diejenigen, die Karajans Erbe schon zu dessen Lebzeiten unter ihren Favoriten aufzuteilen begannen, beunruhigen. Also wurde dafür gesorgt, daß Fedosejew Salzburg nicht mehr allzu nahe kam. Davon profitierten Bregenz und Fedosejew selbst, dem bei dem Festival am Bodensee ideale Entfaltungsmöglichkeiten für Konzert- und Operntätigkeit geboten werden sollten.

Seit 1983 war Fedosejew außerdem regelmäßig Gastdirigent des Stockholmer Norrköping Symphonie-Orchesters, später auch jenes der Zürcher Tonhalle, und neben weiteren Verpflichtungen wurde er im Zuge seiner enormen Erfolge in Japan Erster Gastdirigent der Tokyoter Philharmonie.

Besonders viel bedeutete ihm eine Einladung aus Paris, das Orchestre Lamoureux zu dirigieren. Es war schon Fedosejews fünfte Einladung nach Paris – aber die erste als Gastdirigent eines französischen Orchesters. Und da wurde ihm ausgerechnet jenes anvertraut, das ein Jahrhundert zuvor von Peter I. Tschajkowskij dirigiert worden war. Später folgten dann auch Einladungen von anderen Orchestern, etwa dem Île de France. Und als er das nächste Mal als Gastdirigent des „Lamoureux" nach Paris kam, sah er, daß auf den Plakaten, die seine Konzerte ankündigten, bereits die Aufschrift „Ausverkauft" klebte. Eines davon hat er bis heute aufbewahrt.

Tschajkowskij schien also Fedosejews Schutzpatron zu sein, der über seinen musikalischen Lebensweg wachte.

Im Jahre 1993 erfuhr dieses weltweit akklamierte Nahverhältnis des Dirigenten zu diesem Komponisten eine offizielle Würdigung in seiner Heimat. Laut Erlaß des Ministerrats der russischen Regierung wurde seinem Orchester das Recht verliehen, sich (stark abgekürzt) „Tschajkowskij-Symphonieorchester" zu nennen. Das dazugehörige Dokument bringt diesen Staatsakt in der entsprechenden Form zum Ausdruck und liest sich nach dem Amtsrussisch so:

„Titel: Über die Verleihung des Namens P.I.Tschajkowskij an das Akademische Große Symphonieorchester der Fernseh- und Rundfunkanstalt Ostankino und das Recht, sich von nun an ‚Akademisches Großes Tschajkowskij-Symphonieorchester der Russischen staatlichen Fernseh- und Rundfunkanstalt Ostankino' zu nennen.
Regierungsnr.: 523-r
Dokumentenart: Verfügung des Ministerrats der Regierung der Russischen Föderation
Datum: 31. März 1993
Klassifizierung: Sparte Benennung und Umbenennung von Städten und Siedlungszentren, staatlichen Unternehmen, Einrichtungen, Organisationen sowie physisch-geographischen Objekten usw.; Musik.
Größe: 1.00

MINISTERRAT – REGIERUNG
DER RUSSISCHEN FÖDERATION

V E R O R D N U N G
Vom 31. März 1993 Nr. 523-r
Moskau

Der Vorschlag der Russischen staatlichen Fernseh- und Rundfunkanstalt ‚Ostankino', des Kulturministeriums Rußlands, der internationalen und russischen Musikgemeinde über die Zueignung des Beinamens P.I.Tschajkowskij und das Recht, sich ‚Akademisches Großes Tschajkowskij-Symphonieorchester der staatlichen Fenseh- und Rundfunkanstalt Ostankino' zu nennen an das Akademische Große Symphonieorchester wurde in Abstimmung mit dem Föderalen Informationszentrum Rußlands angenommen …"

Der Titel wurde nun zum äußerlich sichtbaren Markenzeichen für Fedosejews Orchester. Aber was seine Auslandstourneen anbelangt, hätte es dieser ehrenvollen Auszeichnung gar nicht bedurft: denn sosehr der Dirigent auch im nichtrussischen Repertoire zu reüssieren vermochte – das Publikum wünschte sich immer wieder Tschajkowskij von ihm.

Daran hat sich auch zwei Jahrzehnte nach Übernahme der Leitung des BSO (bzw. nun: TSO) durch Fedosejew nichts geändert. Warum auch? mochten sich die Veranstalter fragen, wenn sie zum Beispiel die Konzertkritiken durchblätterten, die allein bei einer England-Tournee 1995 anfielen. Vielleicht lüften diese Kommentare das Erfolgsgeheimnis, wie Fedosejew mit Tschajkowskijs nach Schostakowitschs Sechster selbst den kühlen Briten einzuheizen verstand:

Cambridge:

„… Mr. Fedosejew kennt seine Musiker so gut, daß er sie beim Konzert gar nicht visuell zu führen braucht; er hat so gründlich geprobt, daß er sie einfach spielen läßt und sich lediglich ein paar Andeutungsgesten für die großen Steigerungen vorbehält.

(…) Die Symphonie unterstrich die Leuchtkraft der BSO-Holzbläser und des Blechs, besonders in den raschen Passagen, während die Streicher – besonders die Celli (wieviele mochten Rostropowitschs Schüler sein?) mit ihrer präzisen und tiefschürfenden Tonqualität hervorstachen.

(…) Die Wiedergabe der ‚Pathétique' zeigte wieder einmal, wie überlegen diese Künstler sind; sie spielten ‚geradeheraus' mit struktureller Integrität, Subtilität, Intensität und Engagement und erinnerten daran, daß das Werk einer der Höhepunkte des symphonischen Schaffens des 19. Jahrhunderts ist …"

Kritik vor dem Lob äußert der Rezensent der „Yorkshire Post" nach dem Konzert in Leeds, wo vor Tschajkowskijs Fünfter Swiridows „Schneesturm" und Tschajkowskijs Erstes Klavierkonzert zu hören war:

„Zweieinhalb Stunden Musik von Moskaus berühmtem Orchester mag vom Preis her wie ein gutes Geschäft klingen, aber der Quantität entsprach nicht immer die Qualität. Das lange Programm wurde von Swiridows ausführlicher Suite ‚Der Schneesturm' eröffnet, einer Musik, die 1965 für einen Film geschrieben worden war – und dort besser hätte bleiben sollen. Gewiß, eine anziehende Melodie in der Walzerfolge, die zweifellos versiert die Filmaktion ergänzen mochte, aber es war nicht mehr als guter, ehrlicher, kommunistisch geprägter ‚massengefälliger' Kompositionsstil.

Tschajkowskijs Erstes Klavierkonzert mit Christian Blackshaw erklang als Abfolge höchst reizvoller Episoden, jedoch Solist und Dirigent (Wladimir Fedosejew) schienen einigermaßen verschiedene Auffassungen vom Werk zu haben.

Es war sehr überzeugend in den ruhigeren Passagen, und der stürmische Applaus zeigte, daß Blackshaw das Nötige getan hatte, ein möglichst breites Publikum zufriedenzustellen.

Die beste Wiedergabe des Abends kam bei Tschajkowskijs Fünfter Symphonie. Hier kombinierte Fedosejew einen traditionellen Zugang mit Augenblicken purer Entdeckung, während das Orchester mit einem weit raffinierteren Spiel reagierte, als wir von Rußland zu erwarten gewöhnt sind …"

Weitere Titel und Schlagworte zu den Konzerten, in denen Tschajkowskijs „Pathétique" erklang, sind auch ohne Übersetzung verständlich:

Nottingham – „Muscovite's magic", Birmingham – „Thrilling treat", „Vladimir steals the show", „Power, passion, pace and pathos", „Delight of twin sixths" – um nur ein paar Beispiele zu nennen. Mit den „twins" war die Kombination von Tschajkowskijs Sechster Symphonie mit jener von Schostakowitsch gemeint, bei deren Wiedergabe die Rezensenten den Solisten des BSO spezielles Lob zollten.

Die Londoner „Times" sieht Fedosejews Qualitäten in seiner „Phrasierungskunst und Dynamik", die „Financial Times" in der „leuchtenden Mischung aus klaren Orchesterfarben, wie sie für die verschiedenen Bereiche des Moskauer Orchesters charakteristisch sind …". Der „South Wales Argus" hebt in einer Besprechung eines Konzertes beim Cardiff Festival die „technische Expertise und vollkommene Musikalität" hervor, „die von allen Instrumentengruppen her in ein Ganzes verschmelzen, wo herrlicher Ton und präzise Disziplin Hand in Hand gehen. In diesem Spiel liegt reiche Humanität, ein Sinn von warmer Spielfreude …"

In Japan absolvierte Fedosejew im selben Jahr eine Tournee – die dritte dort mit seinem Orchester – in sieben Städten mit elf Konzerten, bei denen er wahlweise Tschajkowskijs Fünfte mit Werken Glinkas, Mozarts, Rossinis, Griegs, Bizets oder Wagners kombinierte, die Sechste mit der Polonaise aus „Eugen Onegin" und dem Violinkonzert desselben Komponisten. Nachdem „The Japan Times" ausführlich auf einzelne Werke vor der Symphonie und deren Wiedergabe eingegangen war, bekennt sie:

„… Tschajkowskijs Symphonien müssen bei jedem Gastspiel des Orchesters auf dem Programm stehen. Die Wiedergabe war von echter Schönheit in vieler Hinsicht, persönlich und reif. Das Orchester war mit dieser Interpretation weitergewachsen und hatte davon profitiert. So etwas kann sich nur als Produkt einer langjährigen und fruchtbaren Beziehung zwischen einem hervorragenden Dirigenten und einem ebenso guten Orchester einstellen. Die Musiker hatten wirklich großes Glück."

Wie sehen die Musiker des BSO das?

In einer Probenpause konnte man sie das fragen.

„Unsere Aufführungspraxis unterscheidet sich grundlegend von der in anderen Orchestern. Unser Orchester hat seinen eigenen Stil …" – meint einer, und ein anderer ergänzt: „Fedosejew erreicht beim Orchester eine hohe Musikalität und eine starke Plastizität im Orchester … " – „An erster Stelle steht bei ihm der Klang, dann die Phrase, wieder der Klang, wieder die Phrase …" – „Die Melodie …" – „Er ver-

8. Mit dem Maler Ilja Glasunow in dessen Atelier, Moskau 1987

steht es ganz besonders gut, das Orchester auszubalancieren, sodaß es abgerundet und weich klingt. Dadurch entsteht nie ein schriller oder scharfer Klang wie bei vielen anderen Orchestern …" – „Fedosejew ist selbst eher sanft und von einer inneren Klugheit – und das überträgt sich auf das Orchester …"

„Jeder Dirigent hat seine eigenen Anforderungen, aber er ist weit anspruchsvoller als die anderen …" – „Wir dürfen jetzt den Beinamen ‚Tschajkowskij'-Orchester tragen, denn bei Fedosejew klingt Tschajkowskijs wie bei keinem anderen Orchester; seine Interpretation ist werktreuer und dem Geist Tschajkowskijs näher, und das erzielt er mit dem Klang."

Der Konzertmeister kommt hinzu und faßt zusammen:

„Die Arbeit mit Wladimir Iwanowitsch ist natürlich grundsätzlich anders als mit anderen Dirigenten. Da ist vor allem der Versuch, tief in das Werk einzudringen; er fordert aber auch von uns die totale Hingabe. Er verlangt, daß wir nicht nur seine Wünsche erfüllen, sondern selbst mitdenken. Wir müssen künstlerisch mitarbeiten und auch unser Inneres mit einbringen. Darin – scheint mir – unterscheidet sich die Arbeit mit Wladimir Iwanowitsch von der mit anderen Dirigenten."

Fedosejew selbst antwortet auf die Frage nach dem Unterschied zwischen seinem Orchester und anderen knapp:

„Die russische Schule, die Technik und – wir spielen mit der Seele. Vielleicht kommt das vom tragischen Schicksal unserer Heimat, das wir alle in uns tragen …"

Und dann verweist er auf seine hervorragenden Solisten: sein Hornist zum Beispiel gilt als der beste der Welt, und ähnliches könne er auch von einigen anderen Musikern sagen.

Niemand anderer als Fedosejew war eingeladen, in Frankfurt nach der Eröffnung einer Tschajkowskij-Jubiläumsschau einen Tschajkowskij-Zyklus mit sämtlichen Symphonien, Klavierkonzerten und den Rokoko-Variationen zu dirigieren, ehe er nach München zu einem Prokofjew-Festival weiterreiste. Der Zyklus von sechs Tschajkowskij-Abenden – auch auf Video aufgezeichnet und von BMG/Ariola vertrieben – wurde in der Wiener „Presse" als „Tschajkowskij-Sensation", „völlig neue Sicht" und „letzte Instanz" bezeichnet.

Davor antwortete Fedosejew auf die Frage, wie man nun Tschajkowskij dirigieren soll:

„Einfach. Die vermeintliche ‚Mentalität' und Herkunft des Komponisten vergessen. Schlicht und unsentimental an die Partitur herangehen – wie an Mozart. Tschajkowskij war schlicht und bescheiden, als Musiker und als Mensch. Im übrigen verehrte er auch Mozart sehr – mochte aber Brahms nicht, vielleicht, weil zwei gleichzeitig lebende Genies nicht koexistieren können.

Man muß maximal herauslesen, was in der Partitur steht und sich von allen Aufführungstraditionen lösen. Selbst von der eigenen!

Einmal hörte ich beim Autofahren im Radio eine Tschajkowskij-Symphonie und dachte mir: sehr interessante Aufnahme – vermutlich ein westliches Orchester, ein westlicher Dirigent, denn alles war anders als bei üblichen russischen Interpretationen. – Dabei war ich es selbst! Der Grund: Ich habe Traditionen gebrochen, die andere ängstlich konserviert haben."

Dann kam Fedosejew auf Tschajkowskijs Lehrer Anton Rubinstein zu sprechen, den er auch als Komponist schätzt: so etwa seine hier kaum bekannte Oper „Dämon" mit Elementen des Faust und Byronscher Helden. Mahler hatte diese Oper vor hundert Jahren in Wien dirigiert. Rubinstein, der in Rußland als westlicher, im Westen als „typisch russischer" Komponist gilt, hatte auch dirigiert – aber nie etwas von seinem Schüler Tschajkowskij, auf den er eifersüchtig war; dabei galt er als angesehener Pianist und als Konkurrent von Franz Liszt. Seine Verehrung Schumanns hat sich nach Meinung Fedosejews auch auf den Orchesterstil seines Schülers Tschajkowskij ausgewirkt.

Und wie erklärt sich Fedosejew nun seinen Erfolg als Tschajkowskij-Interpret?

„Ich habe kein Geheimnis und keine spezielle Methode. Ich versuche nur, seine Partitur genau zu lesen und genau die Angaben und Anmerkungen zu respektieren, die man dort findet. Nicht sehr zahlreich, aber sie sind vorhanden.

Ich glaube, bei Tschajkowskij verwechselt man oft Offenheit mit Sentimentalität. Ich halte das für den Hauptfehler. Bei ihm gibt es kein Sentiment. Das hat nur die Interpretationsmanier mit sich gebracht – sogar in unserem Land. Er war reich an Emotionen – aber solche Menschen verschließen sich gerne der Außenwelt und ziehen sich zurück. Er liebte die Einsamkeit. Dafür drückte er alle Leidenschaften in der Musik aus – ohne sentimental zu sein."

Dann erzählte er, daß mitunter Tschajkowskij den Dirigenten dirigiere und nicht umgekehrt. So hatte Fedosejew einmal eine Produktion von „Pique Dame" an der Mailänder Scala von Seiji Ozawa übernommen, der die Vorstellungen nach der Premiere nicht dirigieren konnte. „Pique Dame" – Fedosejews Lieblingsoper, die er als Höhepunkt von Tschajkowskijs Schaffen und eine der bedeutendsten in der Opernliteratur sieht, denn „wenn man den Text eliminieren würde, wäre dennoch alles aus der Musik herauszulesen – alles ist da." Er hatte aber auch Ozawas wegen zugesagt, den er schätzte und der für die weiteren Abende verhindert war.

„Es war das erste Mal, daß ich in eine Produktion einstieg", erinnerte sich Fedosejew. „Ich war bei der ersten Probe dabei, als Ozawa noch mit einem Korrepetitor am Klavier und dem Regisseur Kontschalowskij probierte. Und mir schienen die Tempovorgaben Ozawas völlig unpassend. Ich vergöttere Tschajkowskij, daher schmerzte mich das sehr. Vielleicht hatten die viel zu raschen Tempi mit der Regie zu tun – ich glaube mich zu erinnern, daß man auch Striche gemacht hatte.

Meiner Meinung nach war das falsch und klang sehr merkwürdig. Dann fuhr ich weg – ich hatte in Wien ein Konzert zu dirigieren – und kam zur Premiere wieder. Und siehe da – alles stimmte plötzlich! Das Tempo war, wie es logisch sein mußte – Tschajkowskijs Tempo. Das heißt also: Tschajkowskijs Musik hat sich selbst durchgesetzt – und Ozawa zum richtigen Tempo geführt. Alles war perfekt, ich war glücklich, denn damit konnte ich etwas anfangen."

Mit deutscher Gründlichkeit – aber so lebendig, daß man dabei gleichsam die Entstehung der Musik miterlebt – analysierte der Musikredakteur Michael Schwalb in der Sendereihe einer deutschen Rundfunkanstalt „Hörproben – Neue CDs" Fedosejews Tschajkowskij-Interpretation anhand einer CD-Aufnahme von Tschajkowskijs Vierter Symphonie. Die Moderation ist dermaßen lebendig und plastisch, daß sie hier komplett wiedergegeben sei. Wer mag, kann die entsprechenden Ausschnitte der Aufnahme dazu abhören, wie sie damals zwischen den Texten eingespielt wurden.

„Track 1 – Beginn der Symphonie ...

Tschajkowskijs Vierte Symphonie wird in ihrem musikalischen Eigenwert selten erkannt, allzu oft wird sie als bloßes Schaustück von Tourneeorchestern zu Tode geritten und auch von westlichen Spitzenorchestern zu einer reinen Demonstration virtuoser Potenz mißbraucht.

Umso mehr läßt denn die vorliegende Neuproduktion aufhorchen, da sie die beschriebenen Untugenden eben gerade nicht aufweist, aber auch nicht ins Gegenteil, das Bad im reinen Schönklang, verfällt. Hören wir noch einige Minuten in diese völlig uneitle Interpretation des Dirigenten Wladimir Fedosejew und seines Tschajkowskij-Symphonieorchesters von Radio Moskau.

* Vierte Symphonie, erster Satz wieder im Vordergrund bis 6´ 05" ... Ganz abgründig wird diese Musik auf einmal, ein Walzer, der auf sehr dünnem Eis kreist!

Was sofort ins Ohr springt, sind die gehaltenen, überhaupt nicht verhetzten Tempi Fedosejews – im virtuosen Scherzo und im Finale ist diese gezügelte Kraft besonders auffällig. Diese ungewohnte Verhaltenheit entspringt aber nicht mangelndem dirigentischem oder orchestralem Funkenschlag, sondern macht mit ihrer kalkulierten Energie jede dynamische Steigerung, jedes Accelerando oder Rallentando nur umso eindrücklicher. Außerdem kommt dieser kontrollierte Wechsel von Spannung und Entspannung, von Emphase und Resignation Tschajkowskij und seinem Charakter eher nahe als ein extrovertiertes orchestrales Feuerwerk. Aus des Komponisten eigener Feder wissen wir, wie sehr seine Symphonien auch Psychogramme eines manisch-depressiven Menschen sind, wie symphonische Wellen geradezu die Schübe eines Krankheitsbildes nachzeichnen.

Ich verhehle nicht, daß mich dieser Interpretationsansatz sehr gefangennimmt, gerade weil Fedosejew nie effekthascherisch daherkommt. Und ich mag sehr seine ganz traditionelle russische Orchesterpflege mit den dunkel abgetönten Blechfarben und den beinahe swingenden Holzbläsern.

Hören wir dieser wunderbaren Klangfarbenmischung noch ein wenig nach am Anfang des zweiten Satzes – ‚Andantino in modo di canzona'. Hier läßt Fedosejew sein Orchester zauberhafte Klangfäden spinnen, aus der Verschmelzung von Tongebung und vibrato entstehen Linien eines beinahe schon strukturalistischen Klanggeflechts.

* zweiter Satz, ausblenden bei 6´ 32" ... Eine Einspielung von unerhört suggestiver Eindringlichkeit, die Fedosejew mit seinen Moskauer Rundfunkmusikern hier hinlegt. Auf einmal klingt die Symphonie nicht mehr abgedroschen, sondern auf dem scheinbar so bekannten und oft abgeschrittenen Weg erwartet uns hinter jeder Biegung eine neue Überraschung, die man so noch nicht gehört zu haben meint.

Was mich bei dem Dirigenten Fedosejew, den ich oft bei Proben und in Konzerten erleben durfte, immer fasziniert hat, ist die absolute musikalische Ehrlichkeit seines Musizierens und seine völlig uneitle Haltung. Obwohl von charismatischer Aus-

9. Mit dem Schauspieler Inokentij Smotkunowskij in einer Fernsehsendung, Moskau 1989

strahlung auf Musiker wie Publikum, ist er kein Pultstar, sondern sieht sich im Orchester als primus inter pares. Fedosejew hat in den schwierigen Jahren des russischen Umbruchs sein Orchester aus rein staatlicher Trägerschaft, die für die Musiker die sichere Arbeitslosigkeit bedeutet hätte, gelöst und zeitweise mit seinen Devisenhonoraren aus Gastdirigaten bei Westorchestern die Musikergehälter aus eigener Tasche bezahlt. So hat er die ansonsten in Rußland überall zu sehende Ausblutung der Orchester, deren gute Musiker in den Westen abgewandert sind, verhindern können.

Und die Umbenennung vom ehemals ‚Staatlichen Symphonieorchester des sowjetischen Rundfunks', als das Fedosejew dieses Orchester vor genau 25 Jahren von seinem Vorgänger Roschdestwenskij übernahm, in die heutige Bezeichnung mit der Reverenz an Rußlands größten Symphoniker hat sicher auch marktstrategische Gründe. Heute ist das Orchester neben seiner Rundfunkaufgabe auch ein russischer Exportschlager und neben Pletnjews Nationalorchester sicherlich das beste russische Konzertorchester.

Der Name Pletnjew läßt natürlich an direkte Konkurrenzeinspielung zu der hier erklingenden denken: Pletnjews Herangehensweise war stählern unerbittlich, von extrovertierter Musikkraft und demonstrativer Innerlichkeit. Fedosejew läßt selbst ein Showstück wie das Pizzicato-Scherzo mit gebremstem Schaum abrollen, kann dafür aber auch jedes Detail umso wirkungsvoller modellieren und ausmusizieren – bis hin zu den Girlanden der Piccoloflöte, den Probespielstellen im Trio.

* dritter Satz, komplett …

Ehe ich die Sendung gleich mit dem Anfang des Finalsatzes beschließe, bleibt noch nachzutragen, daß neben Tschajkowskijs Vierter Symphonie auf der CD noch seine ‚Francesca da Rimini', die Symphonische Phantasie nach Dante, enthalten ist – dieses selten aufgeführte Werk ist ein Grund mehr, diese CD, die ich nur heftigst empfehlen kann, zu erwerben.

(…) Nun noch ein paar Minuten vom Finalsatz der Vierten, einem bestechenden Beispiel, wie Fedosejew und sein Orchester ein symphonisches Schlachtroß nicht auf die Zielgerade prügeln, sondern in motivischer Kleinarbeit die große melodische Linie Tschajkowskijs als den Widerstreit von Vitalität und Lebensüberdruß modellieren.

… "

8. Wiener Blut

Fedosejews wichtigste Begegnung mit Wien – oder Wiens aufregendste Begegnung mit Fedosejew fand im Jahre 1987 statt.

Gewiß, er war bereits im März 1976 erstmals hier aufgetreten, als er mit seinem russischen Orchester auf Tournee war. Damals dirigierte er im Musikverein mit Gidon Kremer als Solisten das Violinkonzert von Peter I. Tschajkowskij und dessen Sechste Symphonie.

Ein Jahrzehnt später sprang der berühmte Funke über, als Fedosejew – wieder mit seinem Orchester, das er indessen weiter geformt hatte – in Wien nicht nur auf Begeisterung im Publikum stieß, sondern auch die Wiener Kritiker aufhorchen ließ.

Welch tiefen und nachhaltigen Eindruck Fedosejew etwa auf Wilhelm Sinkovicz hinterließ, hat dieser ja bereits im Vorwort dieses Buches geschildert. Das Konzert Wladimir Fedosejews mit seinen „Moskauern" 1987 im Rahmen der Jeunesse, bei dem Prokofjews Ballett-Suite „Romeo und Julia" in Fedosejews Zusammenstellung, Tschajkowskijs Klavierfantasie in G-Dur mit dem Solisten Michail Pletnjew und Rachmaninows Symphonische Tänze auf dem Programm standen, war für Sinkovicz ein positives „Schockerlebnis", auf das er nach eigenen Worten nicht vorbereitet war – nämlich die Mischung aus höchster Perfektion und packender Emotionalität. Nach diesem Schlüsselerlebnis wurde Wilhelm Sinkovicz nicht müde, den Namen Fedosejew auch in Wien und Österreich gebührend bekanntzumachen. Mit Erfolg, wie sich schon nach kurzer Zeit herausstellte. Konzerte bei den Bregenzer Festspielen mit Skrjabins „Poème de l'extase", beim Wiener Sommer, beim Carinthischen Sommer, bei den Salzburger Festspielen, und immer wieder mit den Wiener Symphonikern sollten folgen.

Drei Jahre später, am 28. Jänner 1990, dirigierte Fedosejew im Wiener Musikverein die Wiener Symphoniker mit einem Programm, das unter dem Motto „Inspiration Shakespeare" – oder, wie Fedosejew kommentierte, „Thema der Liebe" – stand. Es war interessant und effektvoll angelegt und bot ihm optimale Möglichkeit, sich musikalisch und persönlich zu entfalten:

P. I. Tschajkowskijs Phantasie-Ouvertüre „Romeo und Julia", Leonard Bernsteins Symphonische Tänze aus „West Side Story" sowie Sergej Prokofjews Sieben Stücke aus dem Ballett „Romeo und Julia" opus 64. Die Konzertfassung hatte Fedosejew aus Prokofjews Erster und Zweiter Suite, die der Komponist selbst aus der Ballettmusik hergestellt hatte, wie folgt kombiniert:

1. Julia – 2. Romeo und Julia – 3. Tybalts Tod – 4. Masken – 5. Pater Lorenzo – 6. Montecchi und Capuleti – 7. Romeo an Julias Grab.

Fedosejew war mit seiner Frau Olga in Wien aus Basel angereist, wo er zuvor dirigiert hatte. Dort waren beide an Grippe erkrankt. Doch eine Absage kam für ihn nicht in Frage. Mit vierzig Grad Fieber stellte er sich morgens um halbzehn Uhr ans Pult, dirigierte die Probe und abends das Konzert.

Die Reaktion?

Wieder soll ein Ausschnitt aus Wilhelm Sinkovicz' Erinnerung an jenes Konzert zitiert werden, nachdem dieser Musikkritiker Fedosejew nun seit Jahren gründlich studiert hatte:

„… Ein Konzert mit dem Symphonikern mit ‚Romeo und Julia' – und in der Mitte Bernsteins ‚West Side Story'. Alle haben gesagt: Was soll das – ein Russe und die Wiener mit diesem Stück?

Und es war ein rauschender Erfolg! Eine Aufnahme zeugt noch davon – und wenn man sie jemandem vorspielt, würde der Hörer nie auf die Idee kommen, daß es sich hier um einen Russen und um Wiener handelt!

(…) Die Kritiker – zumindest diejenigen, die ehrlich schreiben, was sie denken – haben auch allmählich reagiert. In Wien war bald klar, was da los ist…"

Wenige Monate später, im Juni 1990, war Fedosejew von den Wiener Festwochen engagiert worden, das ORF-Symphonie-Orchester zu dirigieren. Auf dem Programm standen Tschajkowskijs Erste Symphonie in g-Moll, Igor Strawinskijs Violinkonzert mit dem jungen Preisträger des Tschajkowskij-Wettbewerbs Sergej Stadler und Alexander Borodins „Polowetzer Tänze".

Es war für Fedosejew und seine russische Heimat der Beginn einer schwierigen Zeit. Der Zusammenbruch des Sowjetregimes unter Gorbatschow zeichnete sich ab und ließ auch das kulturelle Leben nicht unberührt.

In einem Interview mit der „Presse" zog der Dirigent anläßlich dieses Wiener Konzertes Zwischenbilanz seiner Tätigkeit und der Situation in Rußland. Über einige im Interview angesprochenen, hier noch bevorstehende Ereignisse wurde bereits an früherer Stelle berichtet (z. B. die Mahler-Konzerte oder das Konzert bei den Salzburger Festspielen). Das im folgenden zitierte Resümee aus Gespräch und Bericht erschien am am 15.6.1990, dem Tag des Konzertabends:

„Während der letzten Monate haben der russische Dirigent Wladimir Fedosejew und sein Symphonieorchester des Moskauer Rundfunks ihr internationales Renommee durch einige fulminante Konzerte ausbauen können. Das Publikum in der Londoner Royal Festival Hall dankte den Gästen für ihre Darbietungen mit Standing ovations. Die Auditorien, die in Italien, Frankreich und Deutschland – zum Teil erstmals – mit dem musikalischen Vulkan aus Moskau konfrontiert waren, reagierten ähnlich enthusiasmiert.

Österreichs Musikfreunden ist Fedosejew schon seit einiger Zeit ein Begriff. Auch hier war man über die einzigartige Mischung aus technischer Perfektion und höch-

Wiener Blut

10. Fedosejew in seiner Heimatstadt Leningrad an der Mojka

stem Ausdruck erstaunt, die dieser Dirigent seinen Musikern abzutrotzen vermag. Mittlerweile hat man ihn auch schon für Auftritte mit den Wiener Symphonikern engagiert, was sowohl in Bregenz als auch im Wiener Musikverein für atemberaubende Ereignisse sorgte. Heute, Freitag, dirigiert Fedosejew erstmals das ORF-Symphonieorchester im Musikverein.

‚Auch mit diesen Musikern kann man sehr gut arbeiten', erzählt der russische Musiker im Gespräch. Wobei das Wort Arbeit in diesem Zusammenhang voll und ganz zutrifft. Ein kurzer Besuch im Funkhaus beweist dem Probenkiebitz, wie unerbittlich dieser Dirigent auf der Realisierung seiner Vorstellungen besteht: Allein die ersten beiden Takte von Tschajkowskijs Erster Symphonie läßt er so lange wiederholen, bis sich die zunächst viel zu brutal attackierenden Tremolotöne der Streicher in jene sanft schwebenden, irisierenden Harmonien verwandeln, über denen sich das zarte Hauptthema duftig entfalten kann.

Jedes Detail der Phrasierung wird penibel ausgefeilt. Wo einzelne Töne großzügig behandelt zu werden drohen, beharrt der Dirigent auf höchster Akkuratesse. Erst daraus kann sich jener in allen Stimmen expressive Orchesterklang entwickeln, der ihm offenkundig immer vorschwebt.

Die interpretatorischen Höhen, die er mit seinem Orchester, dem er seit sechzehn Jahren vorsteht, erreicht hat, dienen ihm wohl stets als Richtmaß. Nicht umsonst gelten Schallplattensammlern die exzeptionellen Darstellungen vor allem von russischer Musik, die Fedosejew mit dem Moskauer Rundfunkorchester eingespielt hat, als konkurrenzlos.

Daß all das während der letzten Jahre vor dem Hintergrund steigender Unzufriedenheit abgelaufen ist, verhehlt der von seinem Staat mehrfach ausgezeichnete Künstler nicht: ‚Die paar Jahre Perestrojka haben für die Bevölkerung der Sowjetunion jedenfalls keine merkbare Verbesserung gebracht.' Das Moskauer Kulturleben scheint ihm in eine bedenkliche Krise geschlittert zu sein: ‚Fernsehen und Rundfunk strahlen fast nur mehr Pop- und Rockmusik aus. Das war am Anfang eine Sensation. Mittlerweile haben die Leute aber die Lust daran verloren. Ich merke das vor allem, wenn wir einmal im Jahr unsere Tournee durch die Provinz antreten: dort stürmen die Leute die Säle und wollen viel Klassik hören.'

Nur Moskau macht in dieser Hinsicht eine Ausnahme. Fedosejew: ‚Dort verlieren die Leute das Interesse an der Kultur ganz. Sie sind viel zu sehr damit beschäftigt, genug zu essen zu bekommen …'

In einem solchen Klima lassen sich Konzertprogramme maximal einmal verkaufen. Ein Wiederholungskonzert, wie es in Europa üblich ist, würde schon vor halbleerem Saal stattfinden. Zu allem Überfluß wird jetzt nach dem Tschajkowskij-Wettbewerb auch noch der Konservatoriums-Saal für drei Jahre gesperrt. Er muß renoviert werden – ‚und ist doch der einzige gute Saal in der Stadt', gibt sich der Dirigent verzweifelt. ‚In den letzten achtzig Jahren ist ja nichts Vergleichbares aufgebaut worden.'

‚Mein Orchester', – erzählt Fedosejew, – ‚lebt eigentlich nur auf den Tourneen richtig.' Solche sind dank dem wachsenden Interesse des Publikums im Westen zahlreich in Planung.

München und Frankfurt werden im kommenden Jahr Schauplätze eines Zyklus sein, in dem Fedosejew an sechs Abenden alle Symphonien und zahlreiche andere Werke Tschajkowskijs aufführen wird. Auch verschiedene Festivals in Großbritannien, Deutschland und Frankreich bereist das Moskauer Rundfunkorchester mit seinem Chef.

In Österreich wird nur heuer Station gemacht: Am 17. August kommen bei den Salzburger Festspielen Sibelius' Violinkonzert und Tschajkowskijs Vierte zur Aufführung, zwei Tage später im Wiener Konzerthaus das Tschajkowskij-Violinkonzert und Schostakowitschs Fünfte.

Die 1988 begonnene Zusammenarbeit Fedosejews mit den Wiener Symphonikern wird 1991 übrigens nicht nur in Bregenz fortgesetzt, wo am 12. August Schuberts Zweite und Mahlers Vierte Symphonie (‚wenn sie einen Knabensopran finden, sonst spielen wir die Fünfte') auf dem Programm stehen. Der große Erfolg des Symphoniker-Konzertes im Februar dieses Jahres im Musikverein hat Fedosejew eine ganze

Tournee mit diesem Orchester eingebracht, die ihn im Herbst 91 in verschiedene italienische Städte führen wird. Auf dem Programm stehen zur Abwechslung keine russischen Kompositionen, sondern ein Mozart-Klavierkonzert mit Walter Klien und Beethovens ‚Eroica'. Diese Symphonie stand im Vorjahr auf dem Tourneeprogramm der Moskauer und war auch im Konzerthaus zu hören.

‚Wir haben das nicht ohne Zittern aufs Programm gesetzt', erzählt der Dirigent, ‚schließlich ist das nicht so einfach für einen Russen, in Österreich – oder auch in Deutschland – Beethoven zu dirigieren. Da gibt es doch eine große, von der russischen sehr verschiedene Tradition.'

Der Erfolg des Konzertes gab ihm damals jedoch recht: Fedosejews Beethoven war schwergewichtiger, als die schlanke Musizierhaltung es vorschreibt, die seit Jahrzehnten in Mitteleuropa en vogue ist. Dafür aber getragen von einer mitreißenden Leidenschaftlichkeit, die dank ihrer überzeugenden Ehrlichkeit jede Kritik im Keim erstickt. Das hat wohl die Verantwortlichen bewogen, die ‚Eroica' auch auf das Symphoniker-Programm zu setzen.

Auf diese Auseinandersetzung darf man jedenfalls ebenso gespannt sein wie auf die Ergebnisse, die in der harten Probenarbeit mit dem ORF-Symphonieorchester in dieser Woche gewonnen werden konnten: Heute abend stehen im Musikverein neben Tschajkowskijs Erster Symphonie noch Strawinskijs Violinkonzert (mit Sergej Stadler) und Borodins ‚Polowetzer Tänze' auf dem Programm."

Fünf Jahre später kam Fedosejew wieder mit seinen Moskauern nach Wien und zeigte selbstbewußt, daß er sich nicht einmal an von ihm entworfene Muster hält. Nichts ist ewig gültig, alles einer möglichen Revision unterworfen. Vor Tschajkokwskijs Fünfter Symphonie betraf das Liszts „Totentanz"-Paraphrase über das Dies-Irae-Thema mit dem Pianisten Michail Arkadjew.

In der Kadenz dieses Liszt-Klavierwerkes war plötzlich – hat man richtig gehört? – ein Thema aus Musorgskijs Zyklus „Lieder und Tänze des Todes" angeklungen.

„Das haben wir gemeinsam beschlossen", erklärt Michail Arkadjew später. „Immerhin war diese Liszt-Komposition damals in Rußland bekannt – ich glaube, Bülow hat sie auf einer Konzerttournee bei uns bekanntgemacht. Natürlich kannten auch Musorgskij und sein Kreis dieses Werk, das großen Eindruck auf sie gemacht hat. Darauf wollten wir anspielen …"

Ähnliches plante Arkadjew wieder mit Fedosejew mit einer Liszt-Bearbeitung von Schubert. Diese Mischung aus gewissenhafter Werktreue und kreativer Innovation findet Arkadjew an Fedosejew typisch.

Das Konzert erfreute sich großen Erfolges und hymnischer Kritiken – hat es schon einmal andere als solche Stimmen gegeben, wenn Fedosejew speziell mit seinen Moskauer Musikern aufgetreten ist?

Die Erfolge im Konzertsaal mußten in Wien bald die Frage nach sich ziehen, wann Fedosejew endlich auch in der Staatsoper ans Pult treten würde. Das Haus am Ring gilt ja auch international als das eigentliche Zentrum des Wiener Musiklebens. Die Sterne schienen zunächst günstig zu stehen, neigte sich doch die Direktionsära Claus Helmut Dreses dem Ende zu, die vor allem nach den Wünschen des musikalischen Direktors, Claudio Abbado, ausgerichtet war und wenig Spielraum für andere Dirigenten ließ. Die Wiener Kulturpolitik hatte sich darauf geeinigt, in der Saison 1991/92 eine Kehrtwendung vollziehen zu lassen und die Staatsoper durch eine Wiederbelebung des alten Ensemblegedankens zu erneuern.

Was lag da näher, als einen alten Vertreter des legendären Wiener Opernensembles, den Bariton Eberhard Waechter, zum neuen Direktor zu machen? Zumal Waechter seit vielen Jahren Ambitionen zeigte, die führende Position im Wiener Musikleben einzunehmen. Als Leiter der Wiener Volksoper hatte er genügend Lorbeeren geerntet, daß man ihm die Übernahme der Amtsgeschäfte in der Staatsoper zutraute.

Waechter wählte als Kompagnon den Sängeragenten Ioan Holender, der sich von seiner mächtigen Künstler-Agentur trennte, um als Generalsekretär ins Haus am Ring einzuziehen.

Ein tragisches Schicksal wollte es, daß Eberhard Waechter wenige Monate nach seinem Amtsantritt einem Herzschlag erlag. Er durfte nicht einmal das Finale der ersten von ihm geplanten Spielzeit erleben. Ioan Holender übernahm die Führung der Direktionsgeschäfte im Frühjahr 1992 allein und konnte sich, gewiegter Taktiker, bald zur grauen Eminenz der österreichischen Kulturpolitik entwickeln. Sein Vertrag wurde nach und nach immer wieder verlängert, zunächst bis 2002, dann bis 2007, was ihn zum längstdienenden Chef des Hauses avancieren ließ.

Die erste Spielzeit der Ära Waechter/Holender begann mit einem Paukenschlag. Denn das Duo verkündete zum Erstaunen der internationalen Presse keine Premieren, sondern wollte die gesamte Energie des künstlerischen Potentials der Erneuerung des Repertoires widmen. Dieses Repertoire, davon war Waechter überzeugt, sei der Humus, auf dem ein erstklassiger Spielbetrieb überhaupt erst wachsen konnte.

Einer der neuen Köpfe, auf die Waechter und Holender vertrauten, war der Mann aus Rußland, der in den Wiener Konzertsälen dermaßen Furore gemacht hatte, daß er zum Publikumsliebling avanciert war. Man plante in Anlehnung an eine der fulminantesten Produktionen der frühen achtziger Jahre ein Remake von John Neumeiers Doppel-Ballettabend mit Maurice Ravels „Daphnis und Chloé" und Igor Strawinskijs „Feuervogel". Die Premiere 1983 hatte Lorin Maazel in seiner kurzen Zeit als Staatsoperndirektor dirigiert und damit dafür gesorgt, daß das sonst so stiefmütterlich behandelte Wiener Ballett für einige Zeit wieder im Mittelpunkt des Interesses stand. Man pilgerte in die Staatsoper, um Maazels fulminante Interpretation mit dem philharmonischen Orchester zu hören – und entdeckte dabei vielleicht auch die Qualitäten der so unterschätzten Tanz-Kompanie.

Daran wollte man nun ein Jahrzehnt später noch einmal anknüpfen. Als mußte ein vielbeachteter Dirigent ins Haus. Fedosejew schien der geeignete Mann. Für die Aufführungsserie dieser Wiederaufnahme setzte man aufgrund des spektakulären Dirigenten-Engagements sogar die Preise hinauf. Für den Maestro war das Debüt ein Triumph. Das Orchester spielte in beiden Werken prachtvoll auf. Das Strawinskij-Finale provozierte Ovationen; und in den Zeitungen war zur Abwechslung mehr von der musikalischen als von der tänzerischen Seite dieses Abends die Rede.

Fedosejew blieb dem Ballett treu und leitete in der darauffolgenden Saison seine erste echte Premiere im Haus am Ring. Sie galt einem von der damaligen Ballettchefin Anne Woolliams choreographierten Misch-Abend mit einer vertanzten Version von Robert Schumanns Zweiter Symphonie in C-Dur und Béla Bartóks „Wunderbarem Mandarin". Der Erfolg hielt sich in Grenzen. Denn Woolliams war zwar eine liebevolle Betreuerin der damals von etlichen Krisen geschüttelten Staatsoperntänzer, aber nicht unbedingt eine begnadete Choreographin.

Bemerkenswert blieb – das vermerkten sämtliche Rezensenten – allerdings Fedosejews Arbeit im Orchestergraben. Die Aufführung von Schumanns Zweiter geriet zu einem wunderbaren, sehr poetisch differenzierten Konzertereignis. Der „Wunderbare Mandarin" erstand in all der Brutalität und schneidenden Schärfe, die dieser kühnsten aller Bartók-Partituren nur angemessen sein konnte. Allein: Hier zeigte sich bereits, daß in der Ära Holender neben künstlerischen immer auch finanzielle Erwägungen regieren sollten. Kenner der Musik Bartóks staunten nicht schlecht, als in jenem Moment, da der Chor hinter der Szene singen sollte, nur die Orchesterinstrumente einsetzten. Die Singstimmen hatte man aus Ersparnisgründen einfach gestrichen.

Fedosejew war zum ersten Mal damit konfrontiert, sich in der Staatsoper einem künstlerischen Kompromiß beugen zu müssen. Diesmal gab er noch nach. Immerhin sollte das Debüt als Operndirigent erst folgen. Verhandelt hatte man über Puccinis „Tosca" und Bizets „Carmen", danach auch über Musorgskijs „Boris Godunow". „Tosca" blieb auf der Strecke, „Carmen" kam zustande. Allerdings mit einer keineswegs exquisiten, sondern recht mittelmäßigen Sängerbesetzung, die es gar nicht möglich machte, ein künstlerisches Konzept ohne Wenn und Aber zu realisieren. Dazu gewährte man Fedosejew nur eine einzige (!) Probe – und selbst die war zu kurz, um einen Durchlauf der Oper zu schaffen.

So geriet die Wiederaufnahme der Franco-Zeffirelli-Inszenierung zu einer Enttäuschung. Fedosejew wirkte an dem Abend gebremst. Und war es wohl auch.

Als er 1993 noch einmal erschien, um eine Serie von „Boris Godunow" zu leiten, wendete sich das Blatt. Seit Claudio Abbado die Übernahme der Inszenierung von

Andrej Tarkowskij aus London dirigiert hatte, spielte man den „Boris" in Wien in der Original-Instrumentation des Komponisten. Das war für die Ohren der Wiener ungewohnt, denn sie hatten die zunächst von Herbert von Karajan bei den Salzburger Festspielen herausgebrachte, später in einer Otto-Schenk-Regie auch an der Staatsoper gespielte, glättende Orchestrierung von Nikolaj Rimskij-Korsakow im Ohr. Rimskij hat Musorgskijs karge, oft abweisend holzschnittartige Klangregie impressionistisch gefärbt und – vor allem für die Szene in der Schenke und die beiden Polen-Bilder – virtuose, rauschende Schlüsse komponiert. Bei Musorgskij verdämmern diese Szenen geradezu und fügen sich in eine höchst modern und realistisch wirkende Gesamtkonzeption.

Fedosejew trat nun an, um zu beweisen, daß auch dieser Fassung keineswegs die dramaturgische Schlagkraft mangelt. Man muß, so hörte man da, des Komponisten Anweisungen nur ernst nehmen und aus ihrer Leidenschaft für das psychologisch präzise Durchdringen der Situation herausdeuten.

Das gelang. Momente wie die gewaltige Steigerung des Glockenklangs in der Krönungsszene, die Fedosejew mit beschwörenden Gesten erreichte, zählen zu den unvergeßlichen Augenblicken für alle, die sie miterleben durften. Anatolij Kotscherga wuchs, von Fedosejew einfühlsam geführt, vom stimmgewaltigen, aber sonst notorisch eindimensionalen Baß zur Inkarnation der leidgeprüften Titelfigur. Staatsopern-Habitués berichten, er hätte weder davor noch danach je so differenziert gesungen.

Wodurch sich erwies, daß das Konzept, Fedosejew in die Erneuerung des Staatsopern-Repertoires einzubinden, doch richtig gewesen wäre. Der Konjunktiv allerdings ist in diesem Fall angebracht. Denn mit dem „Boris" ging die kurze Wiener Opernzeit des Dirigenten zu Ende.

Gegen seinen Willen. Und, wie es zunächst schien, auch gegen den Willen des Operndirektors. Der vereinbarte mit Fedosejew eine Wiederaufnahme von Tschajkowskijs „Pique Dame". Fedosejew willigte ein, wollte jedoch nach seinen Erfahrungen mit „Carmen" unbedingt wissen, welche Besetzung für diese Serie vorgesehen war. Nach längerem Zögern nannte man die Namen der engagierten Sänger. Sie waren für den Dirigenten alle akzeptabel. Nur der Interpret der schwierigen Partie des Hermann schien ihm ungeeignet. Fedosejew kannte ihn und wußte, daß die Zeiten, in denen dieser Tenor die Rolle meisterlich singen konnte, unwiderruflich vorüber waren.

Da faßte die Staatsoperndirektion einen Beharrungsbeschluß. Der Tenor mußte bleiben. Fedosejew sagte daraufhin ab. Treppenwitz der Operngeschichte: Vor der Wiederaufnahme warf der Sänger das Handtuch. Auf der Bühne stand dann jener Hermann, den Fedosejew dem Staatsoperndirektor dringend empfohlen hatte – Wladimir Galusin. Aber Fedosejew saß in der Loge und beobachtete die Vorstellung als Besucher – zum nicht geringen Erstaunen des Publikums, das sich darauf keinen Reim zu machen verstand.

9. Bregenz – ein Fest für Wladimir

„Mit der Bühne auf dem Bodensee verfügt Bregenz über eines der originellsten Freilichttheater der Welt. Seine Grundlage ist die dramatische Qualität des Sees …"

So faßte der Intendant der Bregenzer Festspiele, Dr. Alfred Wopmann, 1995 in der Festschrift zum 50. Jubiläum des Festivals die Besonderheit des Ortes zusammen, an dem in einer einzigartigen Kulisse jedes Jahr künstlerische Erlebnisse und Auseinandersetzungen der besonderen Art stattfinden.

Die Bregenzer Festspiele hatten sich in der Tat nie als Konkurrenz zu den Salzburger Festspielen empfunden. Erstmals noch unter französischer Besatzung aus einer spontanen Theaterinitiative entstanden, konnten sich die späteren Intendanten der zur Institution gewachsenen Festspiele getrost auf die besonderen Gegebenheiten des Ortes stützen: die offene Lage, wo drei Länder einander begegnen, die natürliche Szenerie aus See- und Berglandschaft – und die später von Intendant Wopmann beschworene „kultische Wechselwirkung von Kunst und Landschaft in der seit der Antike bestimmenden Form des Amphitheaters im Freien".

Die Erfolge ermöglichten es bald, auch im Festspielhaus und auch mit mutigen Projekten in Hinblick auf Auswahl von Raritäten oder originellen Inszenierungen zu experimentieren.

„Bregenz führte vor", formulierte der Kulturkritiker Klaus Khittl in der Jubiläumsschrift der Spiele, „daß Festivals einlösen können, was Repertoiretheater sich kaum noch leisten können: szenische Qualität."

Es war Wopmann, der 1992 als erster Kulturmanager in Österreich Fedosejew für eine regelmäßige Zusammenarbeit an ein Haus band. Er spürte das Potential dieses russischen Dirigenten für seine Festspiele; neue Sicht auf Bekanntes, Kenntnis eines weiten Repertoires mit manchen im Verborgenen schlummernden Schätzen – und die Garantie für Qualität. Also die Voraussetzungen für das, mit dem in Bregenz besondere Akzente gesetzt werden sollten.

Wopmanns Entscheidung, Fedosejew regelmäßig für die Bregenzer Festspiele zu engagieren, stand zwar gewiß unter dem Eindruck der Reaktionen, wie sie sich in der führenden Wiener Musikkritik niedergeschlagen und den Dirigenten erst bekanntgemacht hatten; aber sie bestätigte sich dann aus Wopmanns eigenem Verständnis für Musik, mit der die Karriere des nunmehrigen Festspielintendanten ihren Anfang genommen hatte: erst Orchestermusiker, als der er auch unter Herbert von Karajan und Karl Böhm gespielt hatte, wechselte er zur Regieassistenz und wurde schließlich Regisseur. So brachte er die für einen Intendanten seltene Kompetenz auf dem Gebiet von Musik *und* Theater nach Bregenz ein.

In Fedosejew sah er nach eigenen Worten „einen Musiker, der das Werk darstellerisch, klangdarstellerisch, erlebt, und das überträgt sich auf das Orchester" – und stellte in seinen Ausführungen wieder eine Verbindung zu seiner Kulttheater-Idee her:

„Er übersetzt das Klangbild in pantomimische Darstellung und reißt wie ein Dionysos die Schar der Bacchanten mit. Dadurch wird Fedosejews Musik zu einem kultischen Urerlebnis, das zu den Wurzeln der Musik zurückführt. Er vereint in sich den Gesang, den Tanz und das Instrument. So still er privat ist – und bevorzugt im Hintergrund bleibt – so magisch wird der Kreis des Podiums, sobald er es betritt.

Mit seinem Charisma wird er wie bei alten Kulten zum Führer, der die geheimen Formeln weiß und die Magie kennt, mit der er den Kontakt zu unsichtbaren Mächten und den Menschen herstellen kann. Die Gesamtheit der Künste in sich zu einer Gesamtfunktion zu vereinen, die Handlung des Werkes in seiner Person abspielen zu lassen – und das kann auch Ruhe bedeuten –, da lebt die Kunst erst wirklich, und das zeichnet die Größe eines Dirigenten aus …"

Wopmann hatte Fedosejew für ein Festspielkonzert des Jahres 1988 mit den Wiener Symphonikern engagiert. Auf dem Programm standen Beethoven (die Leonoren-Ouvertüre und das Fünfte Klavierkonzert) sowie Skrjabins „Poème de l'extase". Der Intendant erinnert sich an dieses Debüt:

„Das war der auslösende Moment für mich, in dem mir klar wurde, daß hier ein außergewöhnlicher Dirigent am Werk ist – schon in der Farbskala, die er anzubieten hat."

Dank den Wiener Symphonikern entstand im Laufe der Jahre eine ständige Achse Fedosejew-Bregenzer Festspiele, obwohl der Russe zunächst mit seinem Moskauer Orchester gastierte. Bald lud Wopmann Fedosejew jedoch ein, wieder die Wiener Symphoniker, das Hausorchester seines Festivals, zu dirigieren. 1992 musizierte Fedosejew unter anderem Mahlers Vierte und Schostakowitschs Sechste Symphonie. Von den Reaktionen auf dieses Konzert wurde bereits berichtet. Ein Jahr später kam er wieder mit seinem Moskauer Orchester und russischen Raritäten im Programm nach Bregenz.

„Als Fedosejew dann – wiederum mit den Wiener Symphonikern – hier Chausson und Schumanns Zweite musizierte, zeigte er, daß er auch die Romantik beherrscht. Werke dieser Art müssen von innen belebt und spontan entzündet werden. Fedosejew wirkt äußerlich ruhig, beinahe schüchtern – jedenfalls ohne Showgehaben, aber im Gegensatz dazu lebt er die Dynamik der inneren Identifikation, wenn er musiziert", faßt Wopmann seine Eindrücke zusammen.

Der Intendant sah eine Verbindung von Skrjabin zu Berlioz in der Instrumentationskunst und bot Fedosejew Berlioz' „La damnation de Faust" (Fausts Verdammnis) an. Im übrigen hatten ja durchaus Einflüsse aus Frankreich sogar auf die russisch-nationale Komponistenschule des 19. Jahrhunderts gewirkt. Nach dem Tod von

Modest Musorgskij fand man unter den Gegenständen, mit denen dieser sich bis zuletzt beschäftigt hatte, die Instrumentationslehre von Berlioz …

Die Inszenierung von „Damnation de Faust" übertrug Wopmann Harry Kupfer. Dieser hatte bereits Vorarbeit dazu geleistet – nämlich die Arbeit an dieser Oper bereits in Ostdeutschland begonnen und in Amsterdam fortgesetzt. Ein Unfall hinderte ihn, sie fertigzustellen – so fand in Bregenz im Sommer 1992 die erste authentische Gesamtinszenierung dieses zwischen Oper und Oratorium angesiedelten Musiktheaterwerks durch Kupfer statt.

Auch Fedosejew war Berlioz bereits nahegekommen. Er fiel einige Jahre zuvor sogar in eine Phase der Berlioz-Manie, als er in Florenz dessen Oper „Benvenuto Cellini" einstudierte. „Ich war damals kaum fähig, an etwas anderem zu arbeiten", erzählt er rückblickend, „ – außer wieder zu Mozart und Beethoven zurückzukehren …"

Doch diese selten aufgeführte, da offenbar nicht leicht auf der Bühne realisierbare Faust-Oper schien sich auch vom ideellen Hintergrund her in Fedosejews Credo zu fügen. Hommage an die Natur als Teil des Schöpfung, der ethische Anspruch an die Hauptpersonen und die immer gültige Fragestellung nach einer Richtlinie im Leben und einem Ideal entsprachen auch Fedosejews persönlicher Disposition.

Berlioz begann die Komposition zu Elementen der „Faust"-Legende auf seiner Reise durch Österreich-Ungarn, Böhmen und Schlesien 1845–46. Er hatte bereits zwei Jahrzehnte zuvor Fragmente der französischen Fassung von Goethes „Faust" vertont, die er auch in diese Oper einfließen ließ – ohne sich an dessen Vorbild gebunden zu fühlen. Dabei dichtete er selbst den Text zu seiner Musik. Berlioz hielt den Beginn seiner Arbeit in seinen Erinnerungen fest und vermittelt Einblicke in jene Gedankenwelt, mit der Fedosejew sich identifiziert:

„… Als ich nun in meiner alten deutschen Postkutsche dahinrollte, versuchte ich zu meiner Musik die nötigen Verse zu machen. Ich begann mit Fausts ‚Beschwörung der Natur', wobei ich das Meisterwerk Goethes weder zu übersetzen noch nachzuahmen versuchte, sondern lediglich auf mich wirken ließ in dem Bestreben, den musikalischen Gehalt der Sprache zu finden. Mein Versuch gelang und ich fuhr fort:

‚Natur, du mächt'ge, ew'ge und allgewalt'ge,
Die einzig du gewährest Rast meinem steten Schmerz …'

(…) Und in Wien schrieb ich die Szene am Elbstrand, die Arie des Mephistopheles ‚Sieh', diese Rosen!...' und das Ballett der Sylphen. Ich habe erwähnt, wie und bei welcher Gelegenheit ich gleichfalls in Wien und in einer Nacht den Marsch über das ungarische Rákóczy-Thema komponierte. Seine außergewöhnliche Wirkung bestimmte mich dazu, ihn im ‚Faust' aufzunehmen, und ich erlaubte mir deshalb, den Helden am Anfang der Handlung nach Ungarn zu versetzen, wo er sich auf einer weiten Ebene Träumereien hingibt …"

Was Berlioz musikalisch verarbeitete, beruhte auf der philosophischen Fragestellung über den „richtigen" Weg zwischen Idealen und der Realität. Zwischen den Idealen der Faust-Formel „Wer immer strebend sich bemüht, den können wir erlösen" und der Wirklichkeit in einer neuen Gesellschaft bestand für den Komponisten eine unüberwindliche Diskrepanz. Ihr setzte Berlioz die humanistische Fragestellung entgegen: Wie und wofür soll man unter solchen Umständen leben?

Die imaginäre Antwort des Komponisten versucht Harry Kupfers Regie zu geben, indem sie Faust nach einer vernichtenden Bilanz seines bisherigen Lebens aus seiner fatalen Realität an die Stätte der Illusion – die Bühne eines Theaters – flüchten läßt.

Fedosejew setzte sich mit der ideellen Botschaft der Oper nicht weniger auseinander als mit ihrer musikalischen Sprache; auch mit Berlioz' Musikverständnis konnte er sich identifizieren: „Musik ist Ausdruck einer leidenschaftlichen, unglücklichen Seele."

Regisseur Harry Kupfer und Fedosejew waren sich wahrscheinlich eher in ihrem Zugang zur Grundidee der Oper einig als in der szenischen Umsetzung. Kupfer, der aus der DDR stammt, verfügte über Erfahrung mit einem breitgefächerten Repertoire. Zu seinen wichtigsten Inszenierungen bis dahin gehörten nicht nur Werke von Richard Strauss und Richard Wagner, sondern auch Tschajkowskij („Die Jungfrau von Orléans") und die Oper „Lady Macbeth von Mzensk" von Dmitrij Schostakowitsch – Komponisten, die Fedosejew ganz besonders viel bedeuteten. Kupfer war praktisch an allen großen Opernhäusern der Welt tätig gewesen und bereits seit einem Jahrzehnt Chefregisseur an der Komischen Oper Berlin.

In Hinblick auf den Einfallsreichtum seiner sprühenden Phantasie, wie er sie nun bei Berlioz bisweilen in Form einer Groteske zum Nonstop-Entertainment entfaltete, fragten sich allerdings manche, ob dies nicht den musikalischen Text und die Idee zuzudecken drohte. Der Premierenbericht der „Presse" läßt die Antwort ahnen und gibt einen Eindruck vom Geschehen, das sich auf der Bühne abspielte:

„Uninszenierbar. So lautete gewiß das Urteil, das am häufigsten über Hector Berlioz' bizarre Vertonung des Faust-Stoffes gefällt worden ist. Denkt man sich Musiktheater als ordnungsgemäß ablaufendes Handlungsspektakel, dann trifft es zweifellos zu. Nimmt man Berlioz' textliche und musikalische Phantasmagorien so bunt und unzusammenhängend, wie sie sind, und ergänzt man sie mit genügendem Einfallsreichtum um ein theatralisches Pointenfeuerwerk, dann läßt sich ‚Fausts Verdammnis' dennoch auch als Oper vorstellen. Als eine ganz andere.

Harry Kupfer hat Phantasie genug, um ein solches Wagnis zu unternehmen. (…) Wo der Komponist seinen Hörer einlädt, sich zu den vielgestaltigen, scheinbar unzusammenhängend in einem verschwenderischen Ideenreichtum schwelgenden Klängen sein imaginäres Theater zu machen, greift Kupfer tief in den Fundus seines Spektakel-Repertoires und zahlt Berlioz mit gleicher szenischer Münze heim (…)

So läßt sich's zweieinhalb pausenlose Stunden leben, mit karikaturhaften schauspielerischen Parallelaktionen zum tönenden Bombast. Wo Berlioz unbekümmert und mit der Geste des musikalischen Zauberkünstlers die kühnsten Effekte erzielt, übertrumpft ihn der Bühnenmagier mit noch viel gewagteren, zirkusreifen artistischen Einlagen.

Der harmlose Osterchor weitet sich zum lichtstrahlenden Hochamt, von farbenfrohen Glühlampenwölkchen überglänzt, der zündende ungarische Marsch verwandelt sich vom patriotisch-militaristischen Magnaten-Aufzug zur zappelig-zynischen Zinnsoldatenschlacht samt sinnlos in die Menge ballerndem überdimensionierten Pappendeckelgeneral.

Kupfer spart nicht mit Überzeichnungen, Verdrehungen, märchenhaft irrealen Traumszenerien. Ganz wie Berlioz das vorgibt, zieht Mephisto seine Fäden mit viel Gaukelspiel, ohne die Gesetze von Raum und Zeit beachten zu müssen. Faust träumt, wo von Rosen gesungen wird, auf einer Müllhalde vom Unschuldslämmchen Margarethe, verliebt sich dann in deren Puppe.

All das spielt im von Hans Schavernoch entworfenen Logenrund eines Theaters – Spiel im Spiel. Keine Sekunde lang herrscht Zweifel, daß da ein Theaterhase seine Trickkiste vor uns entleert. Bis zuletzt der Titelheld die Verklärung seiner Geliebten aus dem Grammophontrichter erlebt, dieserart das vorgebliche Drama wieder auf seine vielleicht doch rein musikalische Bestimmung zurückführend.

Das Halluzinatorische treibt zuvor seltsame Blüten, Fausts Höllenfahrt als tiefgründige ‚Freudiana' – oder doch nur als sinnlos-sinnvoll ausgespielte ‚Berliozomania', zu der sich jedermann so Oberflächliches oder auch Tiefschürfendes denken darf, wie er nur will?

Anders als derart überdreht kommt man dem Vorwurf des Stückes auf dem Theater gewiß kaum bei. Zumal wenn, wie diesmal, die musikalische Komponente so stark und unmittelbar auf den Hörer wirkt, daß die Szene tatsächlich zum schmückenden, aber keineswegs notwendigen Beiwerk gerät.

Wladimir Fedosejew waltet im Bregenzer Festspielhaus im Orchestergraben. Und das ist ein Ereignis für sich, zieht es doch die vielleicht vielgestaltigste, differenzierteste musikalische Leistung nach sich, die man von den Wiener Symphonikern seit langer, langer Zeit hören durfte. Was Kupfer, der Bühnenzauberer, an Buntheit auf der Szene entfesselt, hat seinesgleichen noch viel farbenprächtiger, vielschichtiger im Orchestergraben.

Was immer man sich an Effekten angesichts dieser brillanten Komposition erwarten darf – es tönt schillernd, blitzend, funkelnd, behutsam sich wiegend, schmeichelnd, zuletzt tosend aus dem Orchester. Vom überwältigenden, bis in den geplanten Höllenlärm wohlausbalancierten Fortissimo und in die Regionen des kaum mehr wahrnehmbaren Flüstertons realisieren die Musiker unter Fedosejews suggestiver

Führung jede Nuance der genialen Partitur souverän und energiegeladen. Selbst dort, wo Berlioz lange Passagen selbstvergessen unbegleiteter Geigenmelismen vorschreibt, reißt der vibrierende musikalische Spannungsbogen nicht ab.

Die Einzelleistungen vom Bratschen- und Englischhornsolo bis zu den rasant wirbelnden Flötenkaskaden in den Sylphen-Tänzen gelingen makellos, die ätherischen Sreicherpianissimi in den Margarethen-Szenen haben ihresgleichen nur in Sternstunden orchestraler Selbstverleugnung.

‚Fausts Verdammnis' in Bregenz war, genau genommen, zuallererst ein Fest der Wiener Symphoniker, die so herrlich und verzehrend schön wohl so bald nicht mehr aufspielen werden. Den Gesangssolisten war damit die schier unlösbare Aufgabe gestellt, den instrumentalen Höhenflügen vergleichbare vokale Leistungen entgegenzusetzen.

Philippe Rouillon tat sich dabei am schwersten. Von der Figur her ein wunderbar kühl-distanzierter Mephisto, fehlte ihm doch die nötige Differenzierungskunst, den teuflischen Drahtzieher der Geschichte so vielseitig wie nötig auszuloten. Béatrice Uria-Monzon dagegen ist eine gute Margarethe, voll unschuldig-schönem Mezzo-Wohllaut in den beiden märchenhaften Arien, während derer dank ihrer ebenmäßigen Sangeskunst und Fedosejews orchestralen Zaubereien die Zeit still zu stehen scheint.

David Kuebler vollends bringt als Faust die grandiose Leistung zuwege, Berlioz' stimmbandmordenden Anforderungen bis in die aberwitzigsten, frei anzusetzenden Höhen beinahe makellos gerecht zu werden. Er bleibt bei alldem noch ausdrucksvoll, flüchtet sich nirgendwo, wo auch prominenteste Vorbilder schon klein beigeben mußten, ins unnatürliche Falsettregister. Er singt Faust auf Punkt und Komma. Das hat vor ihm kaum einer geschafft.

Entsprechend laut dankte ihm und sämtlichen Kollegen der Premierejubel im Festspielhaus. Daß Harry Kupfer und sein Team Buhrufe einstecken mußten, war nicht verwunderlich. Berlioz lädt ein zum Träumen. Kupfer hat *seinen* Traum realisiert. Der kann zwangsläufig nicht deckungsgleich mit dem irgend eines anderen Musikfreundes ablaufen.

Dank Fedosejew und dem Orchester freilich bleibt von diesem Abend die Gewißheit, daß zumindest die musikalische Komponente diesmal unwidersprochen ideales Maß angenommen hat. Man wird, so steht fest, solche Klangmagie nicht bald wieder erleben können."

Von Berlioz' „Damnation" war es vom philosophischen Hintergrund her weniger weit, als dies äußerlich scheinen mochte, zur nächsten Produktion – Nikolaj Rimskij-Korsakows „Die Legende von der unsichtbaren Stadt Kitesch". Damit erfüllte sich Fedosejew drei Jahre nach „Fausts Verdammnis" einen Herzenswunsch und brachte eine Rarität aus seiner Heimat zur Aufführung.

Dieses oft als „russischer Parsifal" betrachtete Werk stellt wieder Fragen wie das Verhältnis Mensch und Natur zur Diskussion, nach Gott, nach dem Sinn des Lebens und Idealen, die als naive Illusion an der Realität zerbrechen.

Hinzu kommt die nationalrussische Idee, die hinter dem Handlungsablauf steht: die Zerstörung der altrussischen Kultur durch die Mongolen als nationale Katastrophe. Fedosejew mochte sie – wenn auch unter anderen Vorzeichen – mit dem gegenwärtigen Zustand seiner Heimat identifizieren. Kupfer sah, und darin war er mit dem Dirigenten zweifellos einer Meinung, eine Analogie in der Zerstörung des alten, „heiligen" Rußland und seiner nationalen Kultur im zwanzigsten Jahrhundert durch den Bolschewismus mit dem Überfall der Tataren auf Kitesch, was er in dieser Szene auch andeutete.

Grundlage der Bilderfolge – als „Oper" hatte sie selbst der Komponist nicht bezeichnet – ist eine der russischen Folklore entnommene Legende; so langsam wie in deren Erzählrhythmus entspinnt sich auch die Handlung, was dieses Werk für unsere Zeit und westliche Breitengrade schwer darstellbar macht.

Harry Kupfer empfindet jedoch das Zeitlose dieses „hochpoetischen und philosophischen Märchens" in den „symbolischen und historischen Anspielungen und ihrer Frage nach Wahrhaftigkeit oder Schein des Guten und nach der Kraft des Schwachen, die in ihrer moralischen Haltung liegt". Er sieht hier zwei Legenden miteinander verwoben: „Die alte Sage, derzufolge die Stadt Kitesch vor den sie angreifenden Tataren im Nebel unsichtbar wurde und zugleich als Spiegelbild real in einem See erschien, was die Angreifer in die Flucht trieb. Der zweite Motivstrang ist der ‚Geschichte über Peter und Fewronija von Murom' entnommen, einer Parabel vom Überdauern der Liebe selbst im Tod …"

Murom: Fedosejew kehrte auch damit zu seinen Ursprüngen zurück. Denn diese Stadt liegt in jenem Gebiet weit oben im Nordwesten von St. Petersburg, wo das legendäre Kitesch angesiedelt ist; dort hatte Fedosejew Jahre seiner Kindheit verbracht, als seine Familie während der Blockade Leningrads dorthin evakuiert worden war. Und wo die alten Mythen, die Gesänge der Vorfahren noch lebendig waren und ihn so mitgeprägt haben. Denn dort lebten besonders lange die alten in der Bevölkerung tradierten Volksgesänge weiter – neben den religiösen Lied- und Chorgesängen, wie sie in die Werke der russisch-nationalen Komponisten wie Musorgskij, Rimskij-Korsakow, Glinka, Borodin eingeflossen sind.

Somit lag Fedosejew nicht nur die Idee von „Kitesch" am Herzen, sondern auch deren Musik in Fleisch und Blut. Er selbst schrieb dazu im Programmheft:

„Unter all den Werken von Rimskij-Korsakow, die ich in ganz Europa dirigiert habe, ist ‚Die Legende von der unsichtbaren Stadt Kitesch' für mich seine bedeutendste Oper. Universal in ihrer Musiksprache, ist vor allem ihr Grundgedanke einzigartig: Gott ist überall, in der Natur, in jedem Baum, in jeder Blume. Er ist in den

Gedanken der Menschen, ist Bestandteil ihrer Seele. Er verkörpert sich in Liebe, Schönheit und Harmonie – jedes Ding, jedes Lebewesen ist Gott. Gerade uns heutige Menschen, die wir immer wieder gegen uns selbst und gegeneinander kämpfen, muß die Botschaft dieser Oper erreichen. Sie sollte jeden daran erinnern, daß es notwendig ist, nach diesem Gesetz und für dieses Gesetz zu leben.

Natürlich beinhaltet diese Oper auch negative Kräfte – auch wenn es heute keine Tataren mehr gibt – aber die Kraft des Guten bleibt bestehen, Gott hilft Kitesch, Kitesch verschwindet, was hier soviel wie Sicherheit bedeutet.

(…) Im Theater möchten wir die Essenz dieses Stückes zeigen. Dabei dürfen wir nicht vergessen, daß wir heute ein anderes Zeitempfinden haben als die Menschen zu Beginn unseres Jahrhunderts. Alles ist dynamischer geworden, wir leben eine andere Zeit, wir fühlen andere Tempi. Gerade ein Werk wie Kitesch, das Rimskij-Korsakow bewußt ‚Legende' und nicht ‚Oper' nannte, spiegelt die unendliche Weite und Größe Rußlands, reflektiert lange zurückliegende Ereignisse, die seinerzeit tatsächlich geschehen sind, in einer Zeit, in der sich alle Gedanken und Vorstellungen sehr langsam, letztlich aber mit großer Überzeugungskraft entwickelten.

Deshalb haben wir uns entschlossen, das ursprünglich gut dreistündige Werk einzustreichen, um die Handlung zu konzentrieren und sie für heutige Zuschauer zugänglicher zu machen. Gestrichen sind vor allem Wiederholungen, häufig in den großen Bildern. Es gibt jedoch keinerlei Retuschen in der Instrumentation, keine Note wurde verändert, die hauptsächlichen Linien selbstverständlich beibehalten. Die Besetzung mit russischen Interpreten, deren Sprache auch ihre Kultur ist, scheint uns wichtig, um diese alte Legende in ihrer ganzen Schönheit und Bedeutung aufführen zu können."

In der Umsetzung vertraute Fedosejew ganz auf Kupfer:

„Wir haben das Werk gemeinsam ausgesucht, uns gemeinsam dafür begeistert. Kupfer liebt Rimskij-Korsakow sehr – er hat eine wunderbare Produktion von ‚Zar Saltan' gemacht – er versteht den Stil Rimskij-Korsakows sehr gut – auch die philosophischen Dimensionen, die für ‚Kitesch' ja sehr wichtig sind (…)

Kupfer ist ein überaus intelligenter Mensch. Er kann Partituren lesen; er weiß musikalisch genau Bescheid und – was besonders wichtig, aber selten ist – er vertraut der Musik …"

Wopmann hatte das Werk bewußt parallel mit „Fidelio" angesetzt, den er in jener Saison auf der Seebühne spielen ließ. Denn immerhin schrieb man 1995, das 50. Lebensjahr der Spiele wurde gefeiert, und da wollte man an die Freiheitssehnsucht nach Kriegsende erinnern:

„Die Utopie der Freiheit, das Motiv, daß durch das Gebet der Fewronija die Stadt unsichtbar wird, der Gegensatz des ewigen Judas mit der Jungfrau als Hoffnung: diese Welt der Fewronija ist die Welt Fedosejews, für die er lebt. Es ist darin auch das urrussische Prinzip des einfachen Glaubens enthalten. Bei Fedosejew ist die tiefe Religiosität bis in pantheistisches Denken spürbar und wird zur spirituellen Kraft – ähnlich wie das bei den Schwarzen in ihren Spirituals zum Ausdruck kommt.

Die Musik ist Andacht, totale Konzentration auf einen Punkt, auf Gott hin fixiert, und drückt die Sehnsucht des Unvollkommenen nach Vollkommenheit aus …"

Zitate ausgewählter Premierenberichte zeigen, daß sich kaum jemand der zahlreichen Rezensenten unterschiedlichen Temperaments und verschieder Herkunft der Wirkung dieser Oper entziehen, auch wenn nicht jeder damit etwas anfangen konnte.

Die österreichische "Wirtschaftswoche" meinte:

"… Russisch kann (…) auch ganz anders sein: betörend, aufregend, dramatisch und märchenhaft. Regisseur Harry Kupfer und Bühnenbildner Hans Schavernoch zeigen dies in Bregenz mit der Oper ‚Legende von der unsichtbaren Stadt Kitesch' (…). Eine Entdeckung, die dem Dirigenten Wladimir Fedosejew zu verdanken ist, der auch in Bregenz einen guten Teil des allgemeinen Lorbeers verdient. Umsichtig leitet er die Wiener Symphoniker, den Chor der russischen Akademie Moskau und den Kammerchor Sofia, gibt der Musik die richtigen Farben, packend in den dramatischen Elementen, und verdichtet die breiten Klangflächen zu innerer Poesie …"

"Eine Oper, die nicht zu retten ist", befindet dagegen die "Wiener Zeitung". – " … Dirigent Wladimir Fedosejew hat (…) auf etwa zweieinhalb Stunden gekürzt. Und daran hat er wirklich gut getan. Denn Hand aufs Herz: die musikalische Substanz des Werkes reicht nicht einmal für zweieinhalb Stunden wirklich aus. Zugegeben: es gibt einige zauberhafte Naturstimmungen, die fast an Wagners ‚Waldweben' erinnern, und einige große und dankbare Chorpassagen, aber insgesamt plätschert das musikalische Geschehen erschreckend belanglos dahin – und ist garantiert ohrwurmfrei. Ich bin jedenfalls überzeugt davon, daß diese Oper der Vergessenheit nicht zu entreißen ist (…)

Daß die Tataren mit DDR-Stahlhelmen über die Bühne toben müssen, ist allerdings ein Holzhammer. Mustergültig die musikalische Komponente. Wladimir Fedosejew holt mit den animiert aufspielenden Wiener Symphonikern aus der zwiespältigen Partitur heraus, was nur herauszuholen ist, kann aber natürlich keine Wunder vollbringen …"

Die "Frankfurter Allgemeine" analysiert:

"Als lockere, epische Verbindung von Liebesgeschichte und wundersamer Errettung der heiligen russischen Stadt Kitesch vom Tataren-Überfall, als eigenartige Mixtur aus pantheistischem Glaubensbekenntnis, (…) grausamem Soldateska-Realismus und legendärer Verklärung ist ‚Kitesch' schwer zu inszenieren. (…) In der mitunter grellen, an bildsymbolischen Eigen- und Fremdzitaten nicht eben armen Szenenfolge wurde Kupfer unterstützt von Hans Schavernochs effektvollem Bühnenbild (…)

Geglückt sind die wohl schwierigsten Szenen: das Trugbild des weggenebelten und zugleich irrlichternd in einem Kratersee sich spiegelnden Groß-Kitesch (Licht-Design Franz Peter David) und die himmlische Hochzeit als geheimnisvoll leuchtende Vision der langsam im Sumpf versinkenden, mit der geliebten Erde verschmelzenden Fewronija.

Das ‚Russische' in dieser Passion (…) war von banalem Folklorismus weg in die überzeugend geschlossene, die Regie einbeziehende musikalische Gesamtleistung verlagert. Wladimir Fedosejew (…) entlockte den animierten Wiener Symphonikern eher dichte, gedrungene Klangflächen als frühimpressionistische Farbspiele, die im Waldweben des ersten Bilds mit ‚Siegfried'-Anklängen wagnern.

Das geradezu inbrünstig beteiligte russische Sängerteam war von Elena Prokinas anrührend intensiver Fewronija und Wladimir Galusins packend dämonischem Säufer Grischka überragt. Ihr abgründiger Dialog im letzten Bild, auf versengter Erde wie in Kupfers Bayreuther ‚Ring', gehörte zu den Höhepunkten der Inszenierung, die trotz mancher gymnastischer Übertreibung ein diskussionswürdiger Jubiläumsbeitrag war …"

„Wenn Kitesch doch in Bosnien läge", wünscht sich „Der Standard" im Titel seiner Besprechung:

„Rimskij-Korsakow hat die aus der russischen Volksmusik, der orthodoxen Kirchenmusik und der chromatisch sensiblen Hochromantik entnommenen Stilfäden zu einem klingenden Riesengobelin verwoben. Alles in allem eine große Klangmeditation über den Lohn der Tugend. Regisseur Harry Kupfer und Wladimir Fedosejew wollten es durch kräftige Striche dem Werk und dem Publikum leichter machen, zueinanderzufinden (…)

Die interpretatorische Sensibilität findet in Harry Kupfers brillanter und von Hans Schavernoch immer wieder mit neuer Bildpoesie durchsetzter Inszenierung ihr optisch nicht minder interessierendes, mitunter bestrickendes, wenn auch gegen den Schluß eher monotones Pendant. Kupfer (…) gelingt es sogar, (…) die komplexe Gleichzeitigkeit der Musik ins Optische zu übertragen."

„Die Presse" bekundet im Titel „Staunen vor einem bunten Opernmärchen":

„Rimskijs Werk gilt als ‚russischer Parsifal', was in den meisten Fällen gleichbedeutend mit lähmender Langeweile sein dürfte. Im Bregenzer Festspielhaus jedoch breitet sich vom ersten Moment an jenes Faszinosum aus, mit dem ein neues Märchenbuch voll bunter Farben und irrationaler Erzählungen die Phantasie eines Kindes umfängt (…)

Gewiß, es geht um Schwarzweiß-Zeichnung im klassischen Fabulierton, um die bösen Tataren, die mordend und brandschatzend Schrecken verbreiten, um die ahnungslos und blauäugig dem Wahnbild einer ewigen ‚Pax hominibus' hingegebenen, kultivierten Bewohner von Kitesch, (…) um das Urbild des feigen, beugsamen, egoistischen Menschen (der Säufer und Verräter Grischka), um die Vision einer vorbehaltlos guten Kreatur (das Mädchen Fewronija), deren Gebet die belagerte Stadt tatsächlich unsichtbar macht. Nur das Spiegelbild leuchtet im See, ein Anblick, der die Feinde vor Schreck in die Flucht schlägt (…)

Man könnte lange überlegen, ob Harry Kupfer nicht wieder einmal allzuviel Bewegung ins Spiel gebracht hat und seiner notorischen Angst vor Ruhe, die ja nicht Stillstand bedeuten müßte, ganz und gar erlegen ist. Er hat aber in den Dekorationen Hans Schavernochs eine lebendige, die Schwarzweiß-Zeichnung der Legende getreulich ins Bild setzende Inszenierung erarbeitet, die im Verein mit den von Wladimir Fedosejew und den Wiener Symphonikern entfalteten Klangbotschaften ein unausweichliches Kontinuum ergeben. Atemlose Stille im Saal bewies mehr als einmal, daß hier wohl alle in Bann geschlagen waren."

Das New Yorker „Wall Street Journal" widmet sich in einer dreispaltigen Rezension den Bregenzer Festspielen im Jubiläumsjahr und résumiert am Ende über die Freiluft-Aufführung von Beethovens „Fidelio" und „Kitesch":

„… Kitesch war die Antithese zu ,Fidelio', und Kupfers Deutung war perfekt in seinem Understatement. Der Regisseur respektierte die empfindliche Poesie dieser Märchengeschichte, die er mit klaren und doch nicht banalen Symbolen betonte: das Glashaus der Fewronija (…), das später in den Glaswänden der ebenso naiven Stadt Kitesch seine Entsprechung fand (…)

Kupfers Tugend bestand darin, daran zu denken, daß dieses Werk existierte, um der Musik zu dienen. Der hervorragende Dirigent Wladimir Fedosejew präsentierte die Partitur als ein sich öffnender Schatz – und mit Strichen, (…) die allerdings dort, wo es sich vermutlich um die längste Sterbeszene des Opernrepertoires handelt, wenig halfen (…). Er gestaltete das Werk gemeinsam mit Harry Kupfer und dem rein russischen Ensemble (…) zu einer einheitlich schönen, bewegenden Aufführung. Eine Leistung dieser Art ist der wirkliche Sinn einer Oper …"

Die Londoner „Times" erklärt im Untertitel, ihr Rezensent zöge den „indoor-Rimskij-Korsakow" dem „outdoor-Beethoven" („Fidelio") vor und faßt seine Eindrücke so zusammen:

„… Dagegen war die andere Oper dieses Jahres, ,Die Legende (…)', von Anfang bis Schluß sensationell. Rimskij-Korsakows vorletzte Oper ist wie keine andere. Hatten frühere Produktionen wie etwa am Kirow-Theater Zweifel über die ausreichende Dramatik des Werkes gelassen, wurden solche in Bregenz hinweggefegt …"

Nachdem der Rezensent (als einziger) zutreffend feststellt, daß die Kostüme der einfallenden Feinde Rotarmisten stilisieren, denen die Bevölkerung von Kitesch in Uniformen der Weißarmisten in die Hände fallen, merkt er an, es sei „… Kupfer zu danken, daß die Chöre aus Moskau und Sofia nicht nur betörend sangen, sondern auch alle physisch-schauspielerischen Herausforderungen dieser atemberaubenden Produktion meisterten."

Die ausführliche Auseinandersetzung der Londoner „Financial Times" – mit einem „Fidelio"-Verriß voll beißender Ironie vor hymnischem Lob für „Kitesch" – beschließt der Rezensent mit den Worten:

„… Das Finale wurde vom Kitsch bewahrt, indem Fewronija langsam in die Erde versank – wie die Vision von Kitesch langsam verschwand. Und die Moral? Utopien sind nur in unseren Träumen da – um von der harten Realität hinweggefegt zu werden. Das war eine unvergeßliche Aufführung einer unterschätzten Oper."

Somit sind Fedosejew Wünsche, ein ihm nahestehendes Werk zu realisieren und einen verborgenen Schatz seiner kulturellen Herkunft dem westlichen Publikum zu präsentieren, erfolgreich in Erfüllung gegangen. Obwohl ähnliches auch für seine zwei Jahre später in Bregenz erarbeitete Produktion gelten sollte, war „Kitesch" sicher in den Jahren zwischen 1992 und 2000 ein zentrales Ereignis für Fedosejew bei diesen Festspielen – wie auch für diese selbst.

Ermutigt vom Erfolg mit „Kitesch" wagte Fedosejew sich wieder an die Aufbereitung einer dem westlichen Publikum kaum bekannten Oper heran. Dabei ist die Musik von Anton Rubinsteins „Der Dämon" so voll ansprechender Melodiosität und effektvoller Chorszenen, daß es erstaunt, sie so selten zu Gehör zu bekommen.

Der Grund liegt wohl im Sujet. Wer interessiert sich am Ende des 20. Jahrhunderts schon für Dämonen und gefallene Engel? Umso mehr, als bereits ein Jahrhundert zuvor, 1882, in Köln bei der deutschen Erstaufführung des Werkes sieben Jahre nach der russischen Premiere die Kritiker ratlos fragten, was sie mit einem „kaukasischen Dämon" anfangen sollten.

Wieder geht es um das Prinzip Christ und Antichrist, um Gut und Böse, um wahre und scheinbare Liebe und um zerbrochene Illusionen. Und wieder entfaltet sich die Handlung vor dem Hintergrund von Tatareneinfällen – dem Trauma, welches das russische Bewußtsein seit acht Jahrhunderten nicht verdrängt hat.

Diesmal gibt Georgien die exotische Kulisse ab – ganz im romantischen Geist des 19. Jahrhunderts in Rußland, als orientalische Motive à la mode waren. Nicht nur in der Musik (Balakirews orientalische Fantasie „Islamej", ein Bravourstück für Klavier, ist nur ein kleines Beispiel), sondern auch in der Malerei.

Aber auch der Dämon oder gefallene Engel als Topos mit sinnlichen und übernatürlichen – meist negativen – Kräften gehörte zu den Leitmotiven jener Zeit. Rubinsteins Oper „Dämon" war nach der gleichnamigen Verserzählung von Michail Lermontow entstanden. Diese hatte eine regelrechte und viele Jahre andauernde Dämon-Phase ausgelöst. Unter anderem existiert noch heute als eine der berühmtesten Arbeiten von Michail Wrubel, der immerhin bereits in den russischen Jugendstil hineinwirkte, ein Gemälde dieses Motivs und Namens.

Es war nicht Lermontows einzige von orientalischer Kulisse umgebene Erzählung, die Anton Rubinstein vertonte. Die gelungene authentische Atmosphäre ist kein Zufall – fühlte sich Lermontow doch in den südlichen Randstaaten des Zarenreiches wie zuhause: Anfangs im Kaukasus auf Kur, wurde der dem Byronschen Ideal nacheifernde Dichter wegen seiner Sympathie für die aufständischen Dekabristen ausgerechnet wieder dorthin verbannt.

Dort sollte er – genau wie Puschkin, zu dessen Tod er ein berühmtes Gedicht geschrieben hatte – im Duell fallen. Im Rußland des 19. Jahrhunderts (und das gilt nicht nur für Puschkin und Lermontow) schienen sich die Schicksale der Künstler in geradezu auffallender Analogie zu jenen ihrer Romanhelden zu gestalten – oder war es etwa in eigener Vorahnung umgekehrt?

Daß Fedosejew sich nach Rimskij-Korsakow Rubinstein zuwandte, ist kein Zufall. Beiden Komponisten ist gemeinsam, daß sie sich in die nationalrussische Tradition einfügen – wobei Rubinstein westliche Bildung genossen, seine Erkenntnisse jedoch in Rußland eingebracht hat. Wie berichtet, hatte er auch das erste Konservatorium in Petersburg gegründet – sein Bruder Nikolaj jenes in Moskau, und für ihre Verdienste wurden die Brüder ungeachtet ihrer jüdischen Herkunft vom Zaren geadelt, was damals als besondere Seltenheit galt.

Obwohl Anton Rubinstein im Schatten der starken Persönlichkeiten des „mächtigen Häufleins" stand und noch steht – Musorgskij, Rimskij-Korsakow, Borodin, Cui und Balakirew – und seines eigenen Schülers Tschajkowskij, den er um ein Jahr überlebte, war auch ihm die Schaffung einer nationalrussischen Opernform ein Anliegen.

Fedosejew sieht in dieser Oper Elemente mit Anklängen an so verschiedene Werke wie jene Musorgskijs (sie entstand erstaunlicherweise gleichzeitig mit dessen „Boris Godunow"), und in der dramaturgischen Architektur Parallelen zu Schostakowitschs „Jekaterina Ismajlowa": so etwa die folkloren Motive, die den klassischen Harmonien, stellvertretend für die klassischen Ideale, gegenüberstehen – und von den Dissonanzen in der tragischen Aussage gebrochen werden. Es wäre in diesem Zusammenhang auch aufschlußreich, das Thema der Tataren hier bei Rubinsteins „Dämon" mit jenem bei Rimskij-Korsakows „Kitesch"-Legende – und bei Prokofjews Oratorium „Iwan der Schreckliche" zu vergleichen.

Eine besondere musikalische Stütze für Fedosejew kam bei dieser Produktion – wie den nachfolgenden – vom Moskauer Kammerchor unter Wladimir Minin, einem Musiker, mit dem Fedosejew seit langem zusammenarbeitet. Dieser Mann war auch mitten in der sowjetischen Ära ein Pionier auf seinem Gebiet gewesen – und konnte die Früchte seiner jahrzehntelangen minutiösen und oft idealistischen Arbeit auch nach dem Zusammenbruch des Sowjetsystems in die Gegenwart retten.

Minin hat die russische Chorkultur, die sich in Jahrhunderten aus dem Gesang der gläubigen Bevölkerung mangels der in der Ostkirche bekanntlich fehlenden Orgel entwickelt hat, zu höchstem Niveau geführt.

Minin war erst 26, als er 1972 aus Frustration darüber, daß die offizielle Kunst in der Sowjetunion seiner Meinung nach die Chorkultur in eine Sackgasse gebracht hatte, seinen eigenen Chor, den „Moskauer Kammerchor" gründete. Obwohl er auf die geistlichen Wurzeln der russischen Chormusik zurückgreift, dirigiert Minin auch westliche Werke wie etwa Messen von Bach oder Mozart und auch nicht nur geistliche Musik, aber er hat sich selbst in diesem Repertoire einer strengen Aufführungsästhetik verschrieben: so zum Beispiel Komponistenmessen wie Rachmaninows „Vesper" eben nicht im Stil einer Messe singen zu lassen. Das Ziel, das er sich bei allen Arbeiten unabhängig vom Genre setzt, ist es, mit Raffinesse, perfekter Technik und Ausdrucksstärke die Zuhörer zu erreichen – „ihr Herz, aber auch ihre Gedanken":

„Der Hörer soll mit der Frage entlassen werden, wofür er in diese Welt gekommen ist", wünscht sich Minin.

Hier begegnen einander seine und die Intentionen Fedosejews, auf den er Anfang der siebziger Jahre durch dessen Tschajkowskij-Interpretationen aufmerksam wurde: „Mich faszinierte, daß dieser abgespielte Komponist bei ihm ganz neu klang", erinnert er sich.

Die Zusammenarbeit mit Fedosejew begann dann 1980 beim großen Jubiläumskonzert zum 50jährigen Bestehen des BSO, bei dem unter anderem eine Swiridow-Kantate aufgeführt wurde. „Mir scheint, daß es heute keinen russischen Dirigenten gibt, der so beseelt und inspiriert russische Musik macht", findet Minin.

„Seine Ästhetik, etwa das Orchester zum ‚Singen' zu bringen, kommt natürlich auch mir entgegen – denn oft zerstört ein Dirigent das Gebäude, das ein Chormeister errichtet hat, ohne ihm etwas Neues entgegenzusetzen. Bei Fedosejew gibt es das nicht, weil er ein zu tiefes musikalisches Gespür hat. Ich muß auch feststellen: wenn Fedosejew dirigiert, spürt man, daß die Musiker unter seiner Leitung nicht nur diszipliniert, sondern auch mit Begeisterung spielen – die Musik entsteht in diesem Augenblick!"

„Der Dämon" in Bregenz sollte Minins intensivste Zusammenarbeit mit Fedosejew werden – denn diese Oper wanderte später als Koproduktion nach Zürich und wurde konzertant fast mit identischer russischer Solistenbesetzung in Wien aufgeführt. Dabei hatte der Chorleiter die Oper zwar vorher gekannt, „aber immer sehr langweilig gefunden", wie er gestand; nach Abschluß der Arbeit stellte er überrascht fest:

„Was Fedosejew aus ‚Dämon' gemacht hat, war absolut unglaublich. Er hat so daran gearbeitet, daß eine neue Oper daraus wurde – mit neuen Leidenschaften und einer neuen Interpretationsästhetik."

In den Reaktionen geriet der Regisseur Neil Armfield mit dem Vorwurf von „Kitsch und Jahrmarktsmoritat" ins Visier der Kritik. Die Wiener Boulevardpresse bemängelte entweder die Regieeinfälle oder die Oper überhaupt; die lokale „Neue Vorarlberger Tageszeitung" betitelte „Einhellige Begeisterung über die musikalische Umsetzung, zwiespältige Meinungen über Regie und Ausstattung" – was etwa die naturalistische Darstellung der Engelfigur und ähnliches betrifft, fühlte sich aber von den „betörend schönen Stimmen" der durchwegs russischen Besetzung fasziniert und resümiert:

„… Im Verein mit den prächtigen Chören aus Moskau und Sofia, den Ballett-Tänzern und den Wiener Symphonikern unter der bewährt inspirierten Leitung von Wladimir Fedosejew entsteht eine farbensprühende, berührende Märchenoper."

Die problematische Inszenierung scheint der Produktion nicht bekommen, sondern vielmehr der Kritik Angriffsflächen für Spott geliefert zu haben:

„Denn was nützt es", fragt „Der Standard", – „wenn Egils Silins in der Titelpartie glänzt wie einstens Fjodor Schaljapin, doch Regisseur Neil Armfield ihn wie einen Paragleiter zappelnd über die von Carl Friedrich Oberle mit einmal altbackenen, dann wieder modernistischen Kulissen bestückte Bühne pendeln läßt und die Geisterschar einer Mischung aus Greenpeace-Aktivisten und einer Formation zopftragender weiblicher Landjugend gleicht?…"

Die „Salzburger Nachrichten" nahmen unwillkürlich einen der Gründe vorweg, weshalb Fedosejew für eine konzertante Aufführung in Wien plädierte:

„Ein Märchen von Gut und Böse – Triste Umgebung, gute Musik (…) Woran man sich halten konnte, war die Farbenpracht der Musik, die Wladimir Fedosejew und die glänzend disponierten Wiener Symphoniker sozusagen mit jeder Faser ihres Herzens beleben. Die glanzvolle Festivität kommt dabei ebenso kompakt zum Tragen wie die lyrische Emphase in reichen Farben abschattiert wird, die Chöre sind plastisch modelliert und singen nicht nur mächtig, sondern auch im Leisen meisterlich präsent. Die musikalische Sprache dieser (…) an klangsprachlichem Reichtum abwechslungsreichen, theatralisch empfundenen und hochemotional motivierten Oper wird also schon von der Basis her klar, schnörkellos, direkt auf den Punkt gebracht (…) Unterm Strich: eine Oper, die gehört zu haben sich lohnt, die gesehen zu haben aber – wenigstens diesmal – nichts brachte."

„Die Presse" schließlich erinnert in der Analyse der musikalischen Wiedergabe daran, daß diese Oper zu Gustav Mahlers Lieblingsopern zählte und er sie auch dirigiert hatte:

„… Wo sich stimmige Choreographie anbahnt, zerbricht sie meist gleich wieder an inszenatorischer Inkonsequenz. Daß immer wieder Engel mit Flügel erscheinen, erinnert an Kindertheater. Das wird dem Sujet (…) nicht gerecht, geht es doch um Sehnsüchte und seelische Irritationen (…)

Tragfähig ist in Bregenz nur die Musik. Und das vor allem, weil neben den beiden Protagonisten die Chöre und die Wiener Symphoniker unter Wladimir Fedosejew von Akt zu Akt zwingender hören lassen, warum einst Gustav Mahler von dieser Partitur fasziniert war. (…) Unausweichlich läßt die Sogwirkung der Klänge fühlen, wie das Mädchen in den Bann des Bösen gezogen wird …"

Deutsche und Schweizer Zeitungen betitelten „Russischer Prometheus" und „Gefallener Engel" und blieben im Tenor derjenigen, die bedauerten, daß der musikalischen Aufbereitung nicht eine adäquate Inszenierung gegenüberstand.

Doch Fedosejew konnte zufrieden sein, denn mit der Übernahme der Oper durch Zürich und der konzertanten Aufführung in Wien war ihm eine maximale Verbreitung seiner musikalischen Botschaft gelungen.

Mit dem Jahr 1998 kam ein ganz neuer Stil in Fedosejews Opernarbeit in Bregenz. Die einzige Gemeinsamkeit mit seinen anderen Arbeiten bestand in einer puren Äußerlichkeit – es handelte sich um ein musikalisch reiches, selten gespieltes und daher kaum allgemein bekanntes Werk: „L'amore dei tre re" von Italo Montemezzi.

„Sie ist die aufregendste, die mächtigste, die schönste Oper, die ein moderner italienischer Komponist der Welt gegeben hat", schwärmte der Rezensent einer amerikanischen Aufführung am 10. Januar 1920 in Chicago. Und zwanzig Jahre später hieß es in der „New York Times" anläßlich der New Yorker Aufführung unter anderem: „… ‚L'amore dei tre re', interpretiert von Beniamino Gigli, Lucrezia Bori, Adamo Didur und Maestro Moranzoni, ist ein modernes italienisches Melodrama höchsten Ranges, und man muß zu Verdis ‚Otello' zurückgehen, um eine Oper von so großer stilistischer Eigenmächtigkeit zu finden …"

Es war in der Tat die erfolgreichste Oper schon zu Lebzeiten des aus Verona stammenden Komponisten (1876–1952), dessen Abschlußarbeit 1900 von Arturo Toscanini dirigiert wurde. Schon ihre Uraufführung 1913 an der Mailänder Scala wurde ein Triumph, ein Jahr später brachte Toscanini sie an die New Yorker „Met". Die Dirigenten Eugen Ormandy, Leopold Stokowski und Bruno Walter bezeichneten später Montemezzi als bedeutendsten Komponisten seiner Zeit. Von anderen wurde er als der „Shakespeare der Musik" – oder „italienischer Debussy" bezeichnet. So begrenzt die erwähnten musikalischen Parallelen sein mögen – das Werk ist nicht nur am Musikdrama Wagners, sondern auch am drame lyrique Massenets und Debussys orientiert. Das der Oper zugrundeliegende Drama faßt der Regisseur der Bregenzer Produktion, Philippe Arlaud, zusammen:

„Ausgangspunkt der Oper ist eine junge Frau, die zur Erhaltung des Friedens mit dem Sohn des Barbarenkönigs verheiratet wird. Ihr Volk ist von den Eindringlingen unterworfen worden, und es ist ihr somit verwehrt, den ihr versprochenen, zukünftigen Herrscher zu heiraten. Stattdessen ist sie ihrem Schwiegervater ausgeliefert, der von ihr den zukünftigen Erben seiner durch Unterdrückung und Plünderung erlangten Länder erwartet. Nur durch sie kann seine Eroberung vollendet werden.

Das Ende stellt den völligen Zusammenbruch der Pläne des alten Königs dar: Der Sohn ist tot, die Schwiegertochter ebenfalls, die Hoffnung auf einen Erben ist zerstört, und er bleibt allein in seinem Dunkel zurück.

Das Schloß verbirgt seine Geheimnisse; das Unheimliche, Bedrohliche ist in Musik, Bewegung und Bild unablässig gegenwärtig (…)

Die Tag- und Nachtwelten gehen ineinander über, die in ihnen bestehenden Gefühle prallen aufeinander. Farben sind hierbei ein wichtiges Vokabular (…)

Fiora bewegt sich als Gefangene zwischen den Räumen und Zeiten: des Tages muß sie Manfredos Gattin sein und ihren standesgemäßen Platz einnehmen, des Nachts kann sie sich ihrer verzweifelten Liebe zu dem verwehrten, ‚verbotenen' Mann hingeben. In diesem Sinne ist sie eine Schwester von Isolde, Mélisande und von Francesca da Rimini …"

Auch für den französischen Regisseur war diese Oper neu. Über die Zusammenarbeit mit Fedosejew äußerte er sich sehr positiv. Es sei „äußerst angenehm" gewesen, mit ihm zu arbeiten, er sei kooperativ und habe „große szenische Sensibilität" gezeigt – aber auch Freude am Bühnengeschehen: „Ich habe noch nie jemanden gesehen, der die Szene so genossen hat!", erinnert sich Arlaud.

Das ist kein Zufall: Die ästhetische-elegant, schlichte und spannungsgeladene Inszenierung hatte Fedosejew in Bann geschlagen. Im übrigen hat er sich danach nie mehr so begeistert über die, wie er befand, kongeniale Einheit aus Musik- und Bühnendrama und der szenischen Realisierung bis hin zu den Kostümen geäußert wie bei dieser Bregenzer Produktion von „L'amore dei tre re".

Dabei gestand Arlaud ein, daß dies keine leichte Aufgabe gewesen sei: „Man muß sich für Museumstheater oder die lebende Kunst entscheiden. Es geht darum, eine szenische Form für die Gegenwart zu finden …"

Unter den Hunderten Rezensenten, die zu dieser Aufführung nach Bregenz gekommen waren, gab es nur wenige, die nicht einhellig in hymnischen Tonfall verfielen. Auch der Mailänder „Corriere della sera" zeigte sich von der Aufführung eingenommen.

„Die Presse" läßt den Leser in ihrem Bericht diese einzigartige Produktion miterleben und faßt zusammen, was das überzeugende Ergebnis und die faszinierende Wirkung dieser Aufführung ausmachte:

‚L'amore dei tre re' von Italo Montemezzi in Bregenz: Die Festspiele haben abermals mit einer Opernrarität einen Sensationserfolg errungen. (…)

Ein schwülstiges Libretto zwar, aber interessante Musik aus dem Umfeld jener jungitalienischen Schule, die durch den Glanz Puccinis in dessen Schatten stand.

Ein Eindruck, der sich nun im Bregenzer Festspielhaus dank einer wahrhaft genialen Inszenierung zu einem der stärksten musiktheatralischen Erlebnisse seit langem verdichtet hat. Es schien, daß das beispielhafte Einander-Durchdringen von Bild und Klang an diesem Abend auch den problematischen Text in Richtung menschlicher Allgemeingültigkeit zu veredeln half.

Das zugrundeliegende Drama von Sem Benelli stellt so etwas wie einen ‚italienischen Tristan' dar, gefärbt durch Einflüsse von Gabriele d'Annunzio und auch eines Symbolismus à la Maurice Maeterlinck. Fiora/Isolde liebt Avito/Tristan, wurde jedoch aus Staatsraison an Manfredo verheiratet. Dessen blinder Vater, der fremde Eroberer Archibaldo, erweitert das klassische Dreieck zum Viereck; sein Argwohn gegenüber dem ehebrecherischen Paar ist wohl auch – daher der Titel – durch eigene Gefühle für Fiora motiviert.

Daß diese, durch die verzweiflungsvolle Liebe Manfredos gerührt, beinahe ihren Liebhaber verstößt, ehe sie seinem Werben abermals verfällt, bildet eine psychologisch fesselnde Variante des alten Stoffes; daß Archibaldo, nachdem er seine Schwiegertochter endlich ertappt und sodann erwürgt hat, ihre Lippen mit Gift bestreicht, was den Tod beider sie küssenden Nebenbuhler zur Folge hat, wird wohl nur durch die Macht der Musik erträglich, vielleicht sogar als zeitgebundenes Symbol des ‚todbringenden Weibes' plausibel gemacht.

Zum Glück besitzt die Partitur, was erst durch die szenische Wiedergabe ganz erkennbar wurde, jene dramatische Überzeugungskraft im Illustrativen wie im Psychologischen, in der Verlebendigung großer Leidenschaften durch Orchestersprache und vokales Melos in hohem Maße.

Denn die Charakterisierung als ‚italienischer Tristan' paßt auch hier: Nicht (wie manchmal behauptet) Debussy, sondern Richard Wagner ist der ferne Leitstern, auch wenn Montemezzi, darin echter Italiener, über das kleinmotivische Raunen und Wispern der Instrumente weite melodische Bögen legt. Verglichen etwa mit Puccini, der nur vereinzelt grüßen läßt, ist der Orchestersatz aufgelockert, zuweilen filigran, ohne daß leidenschaftliche Aufschwünge zu kurz kämen; Harmonik und Instrumentation wahren guten, spätromantischen Standard.

Wladimir Fedosejew trifft den Tonfall der Partitur in der sensiblen klanglichen Auffächerung wie im feurigen Espressivo genau. Klug hütet er sich vor Pathos oder Sentimentalität, schlank, prägnant, tonschön musizieren die hellwachen Wiener Symphoniker, samtig weich intonieren die Chöre aus Moskau und Bregenz ihre Klagegesänge.

Sorgsam wie stets in Bregenz ist auch das Ensemble zusammengestellt. Da dominiert stückgerecht der urweltlich dröhnende Baß von Kurt Rydl (Archibaldo), assistiert von drei (zumindest für unsere Lande) echten Entdeckungen: Denia Mazzola-Gavazzeni (Fiora) überzeugt mit der Intensität ihres blühenden Soprans ebenso wie der ukrainische Bariton Stephan Pjatnyschko (Manfredo) mit seinem virilen Timbre und seiner Ausdruckskraft oder der Amerikaner Marcus Haddock (Avito) mit seinem flexibel geführten Tenor. Präzise charakterisiert Douglas Nasrawi den verschlagenen Diener Flaminio, verläßlich agieren die Randfiguren.

Die eigentliche Sensation aber bildet die Inszenierung von Phillippe Arlaud. Seine spiralig angelegte Architektur auf der Drehbühne mit dem zentralen Turm, der sich zuletzt zu einer geheimnisvollen Krypta öffnet, evoziert zwingend die bedrohliche

Atmosphäre des mittelalterlichen Schlosses, das rot ausgeschlagene Schlafgemach darin die Ausweglosigkeit von Fioras Schicksal.

Und wahre Wunder bietet Arlauds Light Design. Nie noch, so meint man, hat die Opernbühne solch' überwältigende Farbspiele, dieses Changieren zwischen tiefdunklem Violett und blassem Grün, sattem Gelb und dem bläulichen Weiß der Schlußszene gesehen – Worte versagen vor der grenzenlosen ästhetischen Phantasie dieses Magiers. Seine schlüssige Personenführung bildet da nur den Schlußstein eines genialischen Konzepts, in das sich die Kostüme von Annette Beaufays nahtlos einfügen.

Der Jubel im vollbesetzten Haus war dem Anlaß angemessen."

Nach einem solchen magischen Erlebnis idealer Bühnenkunst wurde Fedosejew wieder mit weithin üblicher Opernrealität des Regietheaters konfrontiert. Bei der Arbeit für die nachfolgende Produktion, Rimskij-Korsakows letzte Oper „Der goldene Hahn", im Jahre 2000 war Fedosejew nahe daran, abzureisen, so sehr schien der Regisseur David Pountney Komponist, Musik, Puschkins Text, dem Charakter seiner Figuren – und Fedosejew gegen den Strich zu gehen.

Der Oper liegt zwar wieder ein Märchen zugrunde, das Alexander Puschkin zu einem kunstvollen Versepos gestaltet hat – doch diesmal handelt es sich nicht um einen historischen Stoff, sondern um eine jederzeit aktuelle amüsante politische Satire, hinter der bei aller boshafter Ironie der gutmütige Ton alter russischer Volksweisheit durchklingt.

Zielscheibe ist der politische Machthaber schlechthin, der, mit begrenzten persönlichen Gaben ausgestattet, unbegrenzte Macht ausübt. Ihm steht die exotische Prinzessin Schemacha gegenüber, die „ohne Kanonen und ohne Heer" ein Land und seinen König besiegt – allein mit ihrer Schönheit. Sie steht als Symbol für die Kunst, die Schönheit, Schlauheit, die Utopie (gegenüber der Realität des tölpelhaft gezeichneten Königs) und für die Gefahr: als orientalisches Wesen, durch ihre Sprache auch unverständlich, bedeutet sie die seit dem Tatareneinfall stets imaginär vorhandene Gefahr aus dem Osten, die Rußland bedroht. Daß sie in der verdeutschten Fassung der Oper als einzige russisch sang, war ein treffender Kunstgriff, um ihre Fremdartigkeit und Rätselhaftigkeit zu verdeutlichen.

Daß die geheimnisvolle Prinzessin auch noch als Symbol der Freiheit herhalten soll, wie es viele Berichterstatter wohl von einem Programmheftbeitrag übernehmen zu müssen meinten, weist Fedosejew von sich: „Damit hat das nichts zu tun. Man kann die Figur verschieden auslegen – am ehesten noch mit ‚cherchez la femme!' – Wenn sie nach Puschkin mit den Worten ‚Ich werde alles rauben wie ein Räuber' kommt und der König sich lustig macht ‚… was willst du schon erreichen – ohne Kanonen und ohne Soldaten!' – dann hat das wohl einen anderen Sinn als irgendetwas mit Freiheit zu tun. Der König ist der Typ des einfältigen, faulen Russen, über den sich der Dichter lustig macht – genaugenommen ungefährlich …"

Doch in der Inszenierung mußte diese Königs-Figur wie ein Despot herumbrüllen, wohl um den Vergleich mit einem als Tyrannen zu identifizierenden Zaren heraufzubeschwören. Doch das war nur ein Problem für Fedosejew, der mit der Führung der Sänger zu kämpfen hatte. Sie wurden vom Regisseur in eine andere Strangrichtung gezogen, die ihren Charakteren und der Musik, wie er sie sah bzw. hörte, widersprach. Ihre Sprache wurde zudem passagenweise durch Slangdeutsch ersetzt, was den Aufbruch in ein völlig anderes Genre, weg von einem symbolhaften Kunstmärchen bedeutete.

Musikalisch hatte der Komponist mit diesem seinem letzten Werk Neuland betreten. Es weist bereits auf die russische Avantgarde hin. So sollte sich etwa Igor Strawinskij, ein Schüler Rimskij-Korsakows, gerade von der Orchestrierung dieser Oper nachhaltig inspirieren lassen. Die musikalischen Anregungen Rimskij-Korsakows hinterließen nach Ansicht Fedosejews ihre Spuren sogar bis in die Errungenschaften der Wiener Schule um Arnold Schönberg.

Regisseur Pountney inszenierte ein Pop-Musical mit Playboy-Bunnies, wo auch Elvis Presley nicht fehlen durfte. Fedosejew, der mit allem einverstanden sein wollte, sofern nur dem Charakter der Musik und der Typisierung der Sängerrollen entsprochen würde, sah nur einen Ausweg – abzureisen. Doch in Rücksicht auf die vielen anderen Mitwirkenden, die von seiner Abreise betroffen gewesen wären, darunter auch Sänger aus Rußland, entschloß er sich durchzuhalten und blieb.

Der Tenor der Reaktionen wie etwa jene der „Neuen Zürcher Zeitung" sah denn in der Aufführung auch „eher eine Revue als eine Satire", zeigte sich beeindruckt von der Verkörperung des Hahns durch den Akrobaten Karl Baumann und bemerkte zur musikalischen Wiedergabe:

„… Wladimir Fedosejew und die Wiener Symphoniker schwelgen geradezu in Rimskij-Korsakows Musik, sie kosten das raffiniert exotische Kolorit bis in die zartesten Farbvaleurs aus und bringen die prosaische Zarenwelt mit musikantischem Schwung zum Klingen und Pulsieren – als wäre das ‚reine Märchen' ein echtes Märchen. Eine in sich stimmige, effektvolle und attraktive Lesart der Partitur, doch ließe sich auch eine härtere, schärfere denken …"

Fedosejews musikalisches Herz und seine russische Seele mochten gelitten haben. Dennoch hatte er wieder ein glänzendes Beispiel russischer Musikkultur einer breiten Öffentlichkeit vorgeführt.

Schließlich hatte er in Bregenz auch noch die Konzerte, die er nun schon im Laufe eines Jahrzehnts abwechselnd mit seinem Moskauer Orchester und immer öfter auch mit den Wiener Symphonikern, die in der Zwischenzeit „sein" zweites Orchester geworden waren, gegeben und damit weitere Visitenkarten seiner Interpretationskunst abgeliefert.

Man erinnere nur – um zu den ersten Jahren seiner Präsenz bei diesen Festspielen zurückzugehen – als Beispiel an solch denkwürdige Abende wie jene mit Symphonien Mahlers, dann jene mit dem BSO und der Ersten Symphonie des jung verstorbenen Wasilij Kalininkow vor Wagners „Tristan"-Vorspiel und Ravels „Bolero", oder mit den Wienern Chaussons „Poème de l'amour et de la mer" und Schumanns Zweiter, Jahre später dann Beethovens „Eroica" und Alban Bergs Violinkonzert mit dem Geiger Ernst Kovacic und schließlich am Ende der Saison des „Goldenen Hahns" – quasi zur Versöhnung mit sich selbst und dem Publikum – ein Konzert mit der Uraufführung von Rainer Bischofs „Totentanz" (einem Auftragswerk zum 100-Jahr-Jubiläum der Wiener Symphoniker), gefolgt von der Schostakowitsch-Fassung der „Lieder und Tänze des Todes" von Modest Musorgskij mit Marjana Lipovsek als Solistin und schließlich Schostakowitschs Fünfter Symphonie in d-Moll, jenem Werk, das Fedosejews eigenes Leben widerspiegelt und seinerzeit die erste Symphonie dieses Komponisten gewesen war, die er in Moskau dirigiert hatte.

An schönen Sommertagen konnte man Fedosejew zwischen Proben und Aufführungen mitunter irgendwo an einer einsamen Stelle im Wald hoch über dem See aufspüren, nicht nur um in seiner bevorzugten Kulisse, der Natur, im wahrsten Sinne des Wortes Luft zu schöpfen. Sondern auch, um weiter in den bereits gespielten Partituren zu schmökern, als gelte es, bei der nächsten Aufführung noch eine weitere Facette zu enthüllen. Er wußte Bregenz immer als Insel inmitten der internationalen Konzert- und Opernrealität zu schätzen, wenn er bekennt:

„Bregenz ist für einen Musiker wirklich der beste Ort (…) Die künstlerische Atmosphäre von Bregenz unterscheidet sich sehr von jener an anderen Opernhäusern, und das ermöglicht es, gute Musik zu machen. Man hat die einzigartige Möglichkeit, diese Opern zwei Monate lang gemeinsam mit Musikern, Regisseur und Bühnenbildner zu proben, und das ist sehr wichtig. Das gibt es an keinem anderen Opernhaus. Wir hatten schon vor zwei Jahren die Möglichkeit, die Sängerinnen und Sänger anzuhören und die Stimmen auszusuchen. Das ist einmalig.

In diesem Haus kann man wunderbar die Liebe zur Kunst und das Verständnis für die Kunst spüren. Intendant Wopmann und die gesamte Theaterleitung verwirklichen die Ideen auf perfekte Weise.

Der Weg von populärer Musik zu ernster Musik ist sehr lang. Hier in Bregenz macht die Festivalleitung diesen Weg sehr viel kürzer, nämlich vom See zum Festspielhaus …"

Und mit Bregenz ist Fedosejews Erinnerung an die glücklichste Opernarbeit seines Lebens verbunden – die vollkommene, kongeniale Einheit aus Musik und Inszenierung in „L'amore dei tre re".

Auch an den Wiener Symphonikern sind die Opern- und Konzertarbeiten mit Fedosejew nicht spurlos vorübergegangen, meint Intendant Wopmann:

„Fedosejew ist ein großer Charismatiker unter den Musikern, er kann die Symphoniker von der Rolle der ewig Zweiten erlösen. Er hat einen neuen Geist und eine neue Sinnfindung in das Musikalische eingebracht und ist mit diesen Musikern in Neuland aufgebrochen …"

10. Von Beethoven bis „Alles Walzer!"

Die immer inniger werdende künstlerische Verbindung, die sich nach der Erstbegegnung in Bregenz, 1988, zwischen den Wiener Symphonikern und Wladimir Fedosejew entwickelte, führte sachte, aber mit spürbarer Konsequenz zu dem Wunsch, diesen Dirigenten enger an Wien zu binden. Als der Posten des Chefdirigenten der Symphoniker vakant wurde, entschied man sich, Fedosejew zu berufen.

Als Nachfolger von Maestri wie Herbert von Karajan, Wolfgang Sawallisch, Carlo Maria Giulini und Georges Prêtre übernahm der russische Künstler 1997 das Amt von Rafael Frühbeck de Burgos. Auf dem Programm des ersten Symphoniker-Konzertes, das Fedosejew als Chefdirigent im Goldenen Musikvereinssaal dirigierte, standen die „Prager" Symphonie in D-Dur KV 504 von Wolfgang Amadeus Mozart und die Symphonie „Katharina Ismajlowa" nach der Oper „Lady Macbeth von Mzensk" von Dmitrij Schostakowitsch, eine echte Novität für Wiens Musikfreunde.

In der Pause der Rundfunkübertragung gab der Dirigent dem ORF ein Interview, das ihn dem Hörerpublikum vorstellte.

Frage: „Das ist Ihr erstes Konzert als Chefdirigent der Wiener Symphoniker. Wie empfinden Sie es, jetzt nicht mehr Gast, sondern unmittelbar an Wien gebunden zu sein?"

Fedosejew: „Ich bin glücklich über meine neue Position bei den Symphonikern. Umso mehr, als wir schon viele Jahre zusammenarbeiten. Ich glaube, wir sind jetzt Freunde geworden – zumindest hoffe ich das. Ich leite nun schon seit dreiundzwanzig Jahren das Große Symphonieorchester des Moskauer Rundfunks. In dieser Zeit habe ich auch viele andere Orchester auf der ganzen Welt dirigiert, daher viel Erfahrung gesammelt. Einen Teil dieser Erfahrungen möchte ich hier einbringen und mein Bestes geben.

Ich habe vor, eine Konzertserie unter dem Motto ‚Wiener Premieren' zu veranstalten. Dabei sollen bekannte Werke, die in Wien uraufgeführt wurden – zu ihnen gehört unter anderem Tschajkowskijs Violinkonzert – und wirklich neue Stücke, die hier noch nie gehört wurden – also eine Wien-Premiere erleben – miteinander kombiniert werden.

Ein anderer Plan ist ein Beethoven-Zyklus, in den wir nicht nur die Symphonien einschließen wollen, sondern der mit der ‚Missa solemnis' abgeschlossen wird, die uns in das neue Jahrtausend führen soll.

In diesem ersten Konzert als Chefdirigent der Wiener Symphoniker setze ich eigentlich schon einen Programmpunkt meines Vorhabens ‚Wiener Premieren' um. Die Mozart-Symphonie wurde vor langer Zeit erstmals in Wien aufgeführt – und das für hier neue Werk von Schostakowitsch-Basner, die Symphonie ‚Katharina Ismajlowa', stellt nicht nur eine Wiener Premiere dar, sondern eine europäische."

Sein Verhältnis zu Mozart umriß der Dirigent in diesem Gespräch folgendermaßen: „Ich habe in der Tat schon viel Mozart dirigiert, und das in verschiedenen Ländern, auch in Österreich schon mehrere Male, darunter sogar in Salzburg. Mozart – das ist natürlich ein besonderer Komponist. Und sein Name ist ganz untrennbar mit Österreich verbunden.

Aber Mozart zu begreifen und eine richtige Lesart seiner Partitur zu erreichen, ist besonders für russische Musiker sehr schwer. Ich würde sagen, es gibt dafür einen Begriff wie ‚geniale Einfachheit'. Und ebendort liegt die große Schwierigkeit. Freilich auch in der Tiefe seiner Musik."

Frage: „Sie nennen sich ‚symphonischer' Dirigent und nicht Operndirigent, obwohl Sie viel Oper dirigiert haben – warum?"

Fedosejew: „Ich liebe die Oper und kann nicht einmal sagen, was ich lieber habe. Jedenfalls ist der Gesang der menschlichen Stimme für mich das ausdrucksvollste Instrument. Ich begeistere mich für Opernpartituren wie ‚Pique Dame' oder ‚Carmen', die für mich zu den höchststehenden Opernpartituren gehören. Doch da steht auf der anderen Seite Beethovens ‚Missa solemnis' – ein vollkommener Höhepunkt im europäischen Musikschaffen. Wie soll man sich da zwischen Oper und Symphonie entscheiden? Das ist unmöglich. Die Antwort lautet daher: Es kommt auf die Werke an."

Frage: „Der Komponist Georgij Swiridow hat Sie ‚Dirigent des Gewissens' genannt. Wenn wir jetzt Schostakowitschs ‚Katharina Ismajlowa' betrachten, sehen wir den ethischen Anspruch, den er in seine musikalische Botschaft legt. Man hat den Eindruck, daß das Ihnen wichtig ist."

Fedosejew: „Ich bin als symphonischer Dirigent mit Schostakowitschs Musik aufgewachsen. Genauer: mit seiner Fünften Symphonie. Ich möchte aber feststellen, daß seine Musik vor zwanzig Jahren völlig anders aufgefaßt wurde als heute. Ihre Bedeutung ist tiefer, weiter, philosophischer geworden. Sie hat sich praktisch von der politischen Relevanz entfernt. Doch in ihr ist die Geschichte unseres Landes lebendig. In ihr lebt der Geist unseres Volkes. Und sie ist für mich immer aufwühlend. Denn ich lese in dieser Musik einen Teil meines Lebens.

Ich bin ja in Leningrad geboren. Und das gesamte Werk von Schostakowitschs Leningrader Periode, die Niederschrift seiner Symphonien, das alles steht mir vom Leben her nahe und ich fühle ihre ganze dramatische Dimension aus tiefster Seele mit."

Frage: „Da muß es Sie besonders berührt haben, daß die Witwe des Komponisten Ihnen die Partitur für die Uraufführung anvertraut hat, nachdem ihm die Oper, aus der das Material entnommen wurde, so sehr am Herzen lag?"

Fedosejew: „Das stimmt. Ich habe die Partitur für das neue Werk, das sich ‚Symphonie Katharina Ismajlowa' nennt, von Schostakowitschs Witwe bekomen. Ich denke, man wird sie vielleicht in Zukunft ‚Fünf symphonische Bilder nach der Oper Katharina Ismajlowa' nennen. Diese Symphonie wurde von einem Freund des Komponisten, Wenjamin Basner, nach den Plänen von Schostakowitsch selbst fertiggestellt. Denn Schostakowitsch hatte sich das gewünscht – für ihn war das seine beste Musik, und er hat oft davon gesprochen, er träume davon, daraus eine Symphonie zu machen."

Frage: „Diese Musik war ja als Oper verboten. Wollte er das kompensieren?"

Fedosejew: „Ich glaube, es gab zwei Gründe für seinen Wunsch, aus dieser Musik eine Symphonie zu machen. Der erste – das Verbot der Oper, das zwanzig Jahre lang währte. Und der zweite, nicht weniger wichtige – die Musik von der literarischen Vorlage zu trennen. Diese Musik kann völlig unabhängig von diesem Bezug und der Zeit leben, außerhalb eines konkreten Sujets. Sie spricht von den Leiden unseres Volkes, von seiner Geschichte. Daher hat sie für sich eine Existenzberechtigung. Und ich freue mich sehr, daß sie erstmals in Wien in dieser Form zur Aufführung gelangt. Ich hoffe, das Wiener Publikum wird diese Musik annehmen und von ihr berührt werden."

Die Reaktionen auf diesen Konzertabend bewiesen, daß Fedosejews Wunsch aufging. Die Symphoniker brachten von dieser Produktion bald nach der Erstaufführung eine CD-Aufnahme heraus, die allseits gerühmt wurde.

In der Folge erarbeitete der Chefdirigent mit seinem neuen Ensemble Jahr für Jahr unterschiedlichste Konzertprogramme, die eine breite Spannweite von der Wiener Klassik bis zur zeitgenössischen Musik abdeckten. Auch Uraufführungen und Wiederaufnahmen von neuesten Werken Rainer Bischofs oder des jungen Österreichers Thomas Daniel Schlee waren darunter.

Die Auseinandersetzung mit der Moderne war nicht nur aufgrund der programmatischen Einbindung neuer Kompositionen in Zyklen wie den erwähnten mit den „Wiener Premieren" von Bedeutung, sondern beweist auch den Rang der Wiener Symphoniker als das bedeutendste Wiener Konzertorchester.

Fedosejews Interpretationen fanden in der Regel begeisterte Zustimmung. Höhepunkte wie die Aufführung von Sergej Prokofiews „Iwan der Schreckliche" mit dem suggestiven, sprachgewaltigen Schauspieler Alexej Petrenko in der Titelpartie verwandelten den Musikvereinssaal hie und da sogar in eine imaginäre Bühne.

Auch zur Wiedereröffnung des Wiener Konzerthauses nach der Renovierungsphase gab es Spektakuläres: Arnold Schönbergs gigantisch besetztes Oratorium „Gurrelieder", Fedosejews bevorzugte Schönberg-Komposition, erklang mit illustren Solisten wie Julia Varady und Dietrich Fischer-Dieskau. Und Fedosejew entlockte seinem Orchester die vielstimmigen spätromantischen Stimmungszaubereien dieses Werkes auf virtuose Weise.

Viel beachtet war jedenfalls von Anbeginn der Zusammenarbeit die orchestrale Disziplin und die Klangkultur, die allen Fedosejew-Konzerten eigen ist. So fand man auch für Aufführungen von traditionsreichen Stücken – etwa Schuberts „Unvollendeter" – höchste Zustimmung. Gerade bei dieser populären Schubert-Symphonie diskutierten Wiens Musikfreunde über wahrhaft unerhörte Nuancen; nicht zuletzt über den beinahe unhörbaren, von den überaus kultiviert musizierenden Celli und Bässen der Symphoniker geheimnisvoll zelebrierten Beginn des ersten Satzes, der zu atemloser Stille im Saal führte.

Auch die von Fedosejew bereits vor seinem Amtsantritt geleitete Aufführung der Neunten Symphonie Beethovens, die Jahr für Jahr am Silvester- und Neujahrsabend im Konzerthaus erklingt, wurde als sensationell bewertet. Die Hochspannung, der ätherische Schönklang, die der Dirigent im Adagio erzielte, die Beredsamkeit des „Rezitativs" der Bässe am Beginn des Finale, ließen aufhorchen.

Dennoch war es Beethoven, der auch für Spannungen im Verhältnis zwischen den Musikern und ihrem Chefdirigenten sorgen sollte. Im Sommer 1998 – der angekündigte Wiener Beethovenzyklus warf seine Schatten voraus – dirigierte Wladimir Fedosejew wieder einmal ein Symphoniker-Konzert bei den Bregenzer Festspielen. Auf dem Programm stand unter anderem die „Eroica", ein Werk, das zum Fixbestand im Repertoire des Dirigenten gehört.

Es war die Interpretation, die er mit seinem Moskauer BSO erarbeitet hatte und in Wien bereits anläßlich des dritten Gastspiels – beim Musiksommer des Jahres 1989 – zu erleben war und den Gästen fulminante Rezensionen einbrachte.

Mit Staunen nahmen die Kommentatoren zur Kenntnis, daß die Russen ein zwar eigenwilliges, aber in sich vollkommen klares und sicheres Beethoven-Konzept realisierten. Ein Eindruck, der sich noch steigerte, als sie einige Jahre danach mit der heiklen Ersten Symphonie Beethovens zurückkehrten, mit einem Werk also, das noch ahnen läßt, wie sehr der Komponist seinen Vorbildern Haydn und Mozart verpflichtet war, aber dennoch bereits „den ganzen Beethoven" enthält. Diese Aufführung im Musikverein erntete Ovationen.

Nun näherte sich die Herausforderung des gesamten Beethoven-Zyklus mit Fedosejews neuem, dem Wiener Orchester. Hier gab es anläßlich der Bregenzer Aufführung der Dritten zunächst Irritationen, denn die österreichischen Musiker waren nicht so ohne weiteres bereit, von liebgewordenen interpretatorischen Traditionen abzurücken. Fedosejew beharrte freilich in den Proben auf seinen Vorstellungen. Vor allem über Tempofragen kam es zu Unstimmigkeiten, die der Dirigent später ausführlich kommentierte:

„In Moskau habe ich mit meinem Orchester gewöhnlich nach der allgemein üblichen Ausgabe musiziert. Aber hier in Bregenz beschloß ich, von den Quellen auszugehen.

Erstens, weil das die Antwort auf Fragen gibt, zum Beispiel welches Tempo Beethoven genau im Sinne hatte und wie er damals wirklich über Tempofragen dachte. Es gibt auch Ausgaben, wo man nicht weiß, stammt diese oder jene Anmerkung vom Komponisten oder nicht. Über Beethovens Werke gibt es diesbezüglich immer Diskussionen und Streitfragen – sowohl unter Dirigenten als auch unter den ausführenden Musikern. Welchen Metronomangaben darf oder muß man folgen? Warum schlägt man ein so rasches Tempo an, warum ein so langsames?

Im Falle der ‚Eroica' bekommt man schon gewisse Antworten, wenn man sich den Originaltext, den Urtext, ansieht, denn die Tempoanweisungen geben in erster Linie über den Charakter der Musik Aufschluß, darüber, was inhaltlich gemeint ist. Wobei natürlich nicht nur das Metronom etwas über den Charakter aussagt, sondern auch die sprachliche Bezeichnung – so zum Beispiel ‚con brio' – das heißt doch schon sehr aussagekräftig: ‚mit Feuer'. Bei Beethoven finden wir immer gigantische Kontraste – und zarte Farben, aber immer volle Ausdruckskraft. Es gibt keinen einzigen Augenblick der Schwäche. Alles steht unter Spannung.

Und genau das zieht einen Interpreten zum Originaltext hin. In diesem Fall bedeutet das, was ich mit den Symphonikern mache, eine Änderung der Aufführungstradition. Deren Notwendigkeit sehen viele erst ein, wenn sie das Ergebnis hören.

Allerdings scheint es manchmal sogar, als wollte der Komponist uns sagen: Seht doch selbst zu, wie ihr es interpretieren wollt – man kann es schneller, aber auch langsamer spielen. Wichtig ist: zu überzeugen. Es muß überzeugend sein …"

Daß er als russischer Dirigent einen anderen Zugang zu Beethoven findet als Interpreten aus deutschsprachigen Ländern, ist für Fedosejew evident: „Beethoven – das war und ist ein ewiger Gegenstand von Diskussionen und der Suche, selbst unter großen deutschen Dirigenten, und natürlich haben russische Dirigenten Beethoven immer anders behandelt. Und als unser Orchester vor sieben Jahren oder so als erstes russisches die Dritte nach Wien gebracht hat, an den Ort ihrer Entstehung, waren wir uns natürlich der besonders großen Verantwortung bewußt. Kein russisches Orchester hatte das bisher gewagt. Ich weiß auch, daß den Wienern Traditionen heilig sind, und daß sie ihre Komponisten vor diversen freien Interpretationen schützen wollen. Daher hat sich damals auch das gesamte Orchester gefürchtet. Wir haben auch selten so gespannt auf eine Kritik gewartet. Und die hat uns bestätigt: Das war Beethoven, das waren die Leidenschaften Beethovens, das war die Spannung Beethovens. Über die Tempi könne man diskutieren, man könne überhaupt über manches streiten, aber im Wesen war das Beethoven – und überzeugend.

Als wir dann zum Beethoven-Fest nach Bonn eingeladen waren und die Siebente gespielt haben, hat uns die Kritik dann absolut bestätigt. Man hat uns dort quasi den Freibrief ausgestellt, daß wir als russisches Orchester in Westeuropa Beethoven spielen dürfen, und nicht nur Beethoven.

An diesen Beispielen weist Fedosejew auf den de facto-Unterschied in den Tempi im letzten Presto des Finales von Beethovens „Eroica" hin: Im Urtext (a), herausgegeben von Jonathan Del Mar, findet sich die Metronom-Anmerkung von 1817 „Achtelnote = 116", während in der Ausgabe von Breitkopf-Härtel (b) an dieser Stelle die Metronomvorgabe lautet „Viertelnote = 116", was ein ganz anderes Tempo bedeutet.

Ich persönlich glaube, daß man gerade die Musik dieses Komponisten mit besonderer Spannung erfüllen muß, mit besonderer Leidenschaft. Etwa so, daß es bei einer leisen Stelle ausreichen würde, ein Zündholz zu entfachen – und alles müßte in Flammen aufgehen. Selbst ein ‚Piano' ist bei Beethoven hochexplosiv. Denn auch im ‚Pianissimo' ist so viel Leidenschaft enthalten, daß sich diese im nächsten Augenblick entladen kann. Beethoven steht über Traditionen, über allem – und über der Zeit.

Daher kann man auch eine Beethoven-Interpretation nicht einfach wiederholen, nicht einfach von einem Orchester auf ein anderes übertragen. Die Musik erfordert lebendiges Gefühl. Da liegt auch eine Parallele zu Tschajkowskij. Beide sind außerdem nationale Komponisten – und gerade deshalb übernational gültig.

Im übrigen habe ich wie bei Beethoven auch bei Tschajkowskij gewagt, über die Texte der traditionellen Aufführungen hinauszugehen und habe mir die Urfassung etwa der Sechsten Symphonie angesehen. So fand ich auch hier etwas, das sich von den verbreiteten Ausgaben unterscheidet. Mir wurde klar, daß entweder irgendein Dirigent oder ein Redakteur oder Herausgeber etwas korrigiert hat. Dazu bin ich auf etwas gestoßen, das in der Stalinära relevant war, in der sowjetischen Zeit überhaupt, weil diese Symphonie gewöhnlich bei Begräbnissen von Staatsführern gespielt wurde.

Ich wollte auch wissen, warum bestimmte Werke russischer und nichtrussischer Komponisten bei Begräbnissen obligatorisch waren. Schließlich ist nicht jede Musik dazu geeignet. Und tatsächlich – im Urtext Tschajkowskijs in der Sechsten steht ‚Andante lamentoso' geschrieben, also ‚Andante'. Die Tempobezeichnung ist die Bezeichnung des Charakters der Musik. Andante – das heißt so viel wie Gehen, Schreiten. Irgend jemand hat, nach Tschajkowskijs Tod jedenfalls, bestimmt, daß es hier ‚Adagio' heißen soll. Aber das bringt einen völlig anderen Eindruck mit sich, die Musik nimmt, wenn man sie entsprechend langsam spielt, eher den Charakter einer Trauermusik an. Oder sie wird überhaupt zur Trauermusik. Deshalb hat man sie auch zu den Begräbnissen herangezogen, sie wurde gedankenlos gespielt, und so ist diese Musik überhaupt nicht so interpretiert worden, wie es der Komponist vorgesehen hatte.

Tschajkowskij meinte einfach nur eine betrübliche Stimmung, aber keine Trauersituation. Es gibt eine Traurigkeit, wo man vor Schmerz zerspringt und Tränen vergießt. Aber es gibt auch Wehmut, die einem ein Himmelreich eröffnet – eine höhere Wehmut, eine, die den Menschen erhebt. Nicht vernichtet, zerstört, zu Boden drückt. Die nicht physisch spürbar wird, sondern wehmütig eine höhere Erkenntnis mit sich bringt. Man kann beispielsweise aus diesem Leben bewußt ins Grab steigen – aber man kann auch bewußt aus diesem Leben in himmlische Sphären gelangen; das sind verschiedene Dinge.

In der Musik hängt all das davon ab, welche Tempobezeichnung gegeben ist. Tschajkowskij war ein religiöser Mensch: In seinen Tagebüchern kann man lesen, daß er täglich Gott um Vergebung für seine Sünden gebetet hat. Er schwört, dies oder jenes nicht mehr zu tun. Er war sehr gläubig – damals gab es keinen Künstler, der nicht gläubig war.

Ich sehe eine Analogie zum Problem von Tschajkowskijs ‚Pathétique'-Finale mit dem zweiten Satz von Beethovens ‚Erioca'. Diesen zweiten Satz bei Beethoven verwandelt man traditionsgemäß auch in eine Trauerprozession. Doch das ist edle Musik. Sie wird in der Regel ein wenig umfunktioniert und kommt anders heraus, als Beethoven mit seiner Tempoangabe signalisiert. Das Metronom soll auf 80 gestellt sein. Und doch hat man auch diesen Satz bei unseren offiziellen Begräbnissen gespielt – langsam, düster, schleppend. Diese Wiedergabe bestimmte dann die Aufführungstradition.

Tatsächlich ist die Musik aristokratisch edel, nicht sentimental und nicht weinerlich.

Dasselbe geschieht auch mit dem zweiten Satz der Siebenten Symphonie Beethovens. Interpreten funktionieren vieles zu etwas anderem um, und diese Traditionen werden manchmal angenommen und weitergegeben. Gute Traditionen sind nur diejenigen, die von der Partitur ausgehen."

Die Aufführungen der Beethoven-Symphonien, die in Wien folgten, ernteten dann begeisterte Zustimmung. Gerade die „Eroica" im Oktober 1998 bewertete der Rezensent des „Kurier" beispielsweise als „ausgefeilt" und urteilt weiter: „Mit Schwung und Verve entwickelte Fedosejew die Dritte Symphonie Beethovens und forcierte die bestens disponierten Symphoniker zu einem hohen Maß an Transparenz und Sanglichkeit, ohne auf die feinen Schattierungen zu vergessen; vor allem der subtil ausgeformte Trauermarsch, das ungemein spritzige, niemals plakative Scherzo und die heroischen Steigerungen des Finales kündeten von homogener Brillanz."

Nicht minder spannend wie die Beethoven-Aufführungen gerieten die Auseinandersetzungen Fedosejews mit den in Wien ebenfalls sakrosankten Symphonien Anton Bruckners und Gustav Mahlers. Als die Symphoniker mit Mahlers Neunter unter der Leitung ihres Chefs zur Europa-Tournee aufbrachen, jubelte das Publikum in Athen, Paris und London so ausgiebig, daß sofortige Wiedereinladungen die Folge waren, wobei man in Paris und London geradezu darauf bestand, mehrere Mahler-Symphonien von dieser Musikergemeinschaft hören zu wollen.

Dieser Erfolg blieb den Symphonikern mit Fedosejew auch treu, als sie im Jahr 2000 zu einer USA-Reise aufbrachen. Geradezu hymnisch äußerte sich der Rezensent der „Chicago Tribune" über den Abend mit Mozarts „Jupitersymphonie" und Schuberts großer C-Dur-Symphonie. Während der Mozart, wie ihn das Wiener Orchester präsentierte, dem amerikanischen Publikum offenkundig wie eine „zauberhaft fließende, wohl proportionierte Antwort auf die ‚politisch korrekte' Interpretationsnorm der Originalinstrumenten-Generation" erschien, punkteten die Musiker bei Schubert mit „seltener klanglicher Schönheit" und „natürlich modellierten Übergängen". Der Kritiker schließt: „Ich kann mich nicht erinnern, wann ich eine Liveaufführung dieser Neunten dermaßen genossen habe".

So hatte Fedosejew mit den Jahren auch das heikelste Wiener Terrain erobert. Das hatte sich im Musikverein bereits erwiesen, als er in seiner Eigenschaft als Chefdirigent erstmals das traditionelle Osterkonzert der Symphoniker „Frühling in Wien" leitete. Dieses Jahr für Jahr live im Fernsehen übertragene Ereignis gilt immer der Musik der Walzerdynastie Strauß und dazu passenden Werken. Mochte der Dirigent selbst vor diesem Debüt am meisten Angst empfinden, das Publikum gab ihm auch bei dieser Gelegenheit zu verstehen, wie sehr es ihn schätzt. Und der Rezensent des „Kurier" bedachte Fedosejews Interpretationen von Werken im wienerischen Dreivierteltakt mit den Worten „einfühlsam" und „charmant".

Daß das erste dieser „Frühlingskonzerte", die der Maestro dirigierte, ausgerechnet mit Schrammels Marsch „Wien bleibt Wien" endete, war in diesem Fall keineswegs, wie Karl Kraus das einmal so sarkastisch formuliert hat, als „gefährliche Drohung" zu verstehen, sondern signalisierte bestenfalls, daß die Musikstadt den russischen Künstler bereits „eingewienert" hatte. Wenn auch nur auf dem Konzertpodium.

Den „ganzen" Fedosejew, der seine musikalische Leidenschaft symphonisch, aber auch auf der Opernbühne ausleben kann, konnte man auf Dauer nur in einer anderen Stadt erleben, jenseits der österreichischen Grenze – in der Schweiz.

11. Moskau – Wien – Zürich: das magische Dreieck

Als Konzertdirigent hat sich Wladimir Fedosejew auch in Zürich eingeführt. Daß die Stadt an der Limmat so etwas wie seine zweite Heimat werden sollte, vor allem in Sachen Oper, das hätte Ende der achtziger Jahre noch niemand geahnt. Doch die Begeisterung des Publikums stellte sich sogleich ein, als Fedosejew am Pult des Tonhalle-Orchesters erschien, das den Hauptpart des Konzertangebots in Zürich spielt.

„Seit seinem Debüt in der Saison 1989/90", schrieb die „Zürichsee-Zeitung" später, „hat sich Fedosejew als eine markante Pesönlichkeit im Zürcher Konzertalltag eingelebt und eingearbeitet, nicht zuletzt zur Freude des Publikums, das ihm sichtlich begeistert Gefolgschaft leistet."

Vom Beginn dieser Beziehung zwischen dem Tonhalle-Orchester und Fedosejew hat der Dirigent sich mit der ganzen Breite seines Repertoires präsentiert. Freilich waren es vor allem wieder die Darstellungen russischer Musik, die Kommentatoren und Auditorien zu enthusiastischen Reaktionen provozierten. Ob Tschaikowskijs „Pathétique" oder Musorgskijs „Bilder einer Ausstellung" in Ravels Orchestrierung – Fedosejew sorgte dafür, daß das Zürcher Orchester jeweils an die Grenze seiner Leistungsfähigkeit ging und aufs leidenschaftlichste Musik machte.

Es konnte nicht ausbleiben, daß nach den ersten Erfolgen Stimmen laut wurden, die Fedosejew als Chefdirigenten für die Tonhalle gewinnen wollten. Wer ein Ensemble zu solchen Höchstleistungen anzuspornen versteht, der schafft den Brückenschlag zwischen der Akzeptanz beim Publikum und den Aufgaben eines Orchestererziehers. Es sollte nicht sein. Die zuständigen Politiker entschieden anders. David Zinman wurde zum musikalischen Leiter des Tonhalle-Orchesters bestellt. Fedosejew blieb jedoch akklamierter Gastdirigent. Manch einer der Kommentatoren wollte seine Enttäuschung nicht verhehlen:

„Fast", schrieb die Rezensentin des „Tages-Anzeigers" im Juni 1994, „wäre Wladimir Fedosejew Zürichs Tonhalle-Chef geworden; er galt als einer der Favoriten – und wurde von David Zinman ausgestochen. Als Grund wurde angegeben, der Dirigent spreche nur Russisch; Kommunikationsschwierigkeiten also. Um so seltsamer, daß der Maestro aus Moskau jetzt in Zürich gleich eine kleine Fedosejew-Saison erhält: am Mittwoch das 20. Extrakonzert, und heute, Freitagabend, begleitet er die drei Finalisten des Concours Géza Anda; dazu im Opernhaus die Wiederaufnahme von Verdis ‚Un ballo in maschera' plus ein Philharmonisches Konzert. In der nächsten Spielzeit tritt Fedosejeww gar zwölfmal (!) in der Tonhalle auf …"

„Den Grund für diese Wertschätzung", so schreibt die Kritikerin weiter, „haben wir am Mittwoch in der Tonhalle erfahren. Punkto Ton-Sprache nämlich gibt es zwischen dem 62jährigen Russen und dem Tonhalle-Orchester keine Verständigungsprobleme." Die Aufführung der gedankenbefrachteten Dritten Symphonie von Alexander Skrjabin in diesem „Extrakonzert" wurde zu einem Triumph für den Interpreten. Fedosejew hätte, so heißt es in der Rezension, „nicht Philosophie, sondern ein betörendes Stück Musik vorgeführt. Und uns staunen lassen, über welch schillernde Orchesterfarben der geborene Pianist Skrjabin verfügte. Ein einziges Wogen und Wellen, über dreiviertel Stunden lang, von den ‚lutes' über die ‚vuloptés' bis zu jenem ‚Jeu divin', in dem sich nach manchen chromatischen Wirrnissen so etwas wie milde Ekstase ankündet. Gerade das verführerisch Sensuelle hat Fedosejew magistral aus dem für einmal aufregend soundprächtigen Tonhalle-Orchester herausgelockt."

Daß unter Fedosejew konzentrierter und farbiger aufgespielt wurde als bei den meisten anderen Dirigenten, hatte sich in Zürich inzwischen herumgesprochen. Werner Pfister hielt im November 1994 in der „Zürichsee-Zeitung" fest, daß es unter der Leitung des russischen Maestro des öfteren sogar zu Zugaben nach dem regulären Programm komme, weil das Publikum so begeistert applaudiere. – „Wer regelmäßig die Abonnementkonzerte des Tonhalle-Orchesters besucht, weiß es: Für gewöhnlich ist bei unserem Orchester mit Zugaben nicht zu rechnen. Also muß es ein außergewöhnliches Konzert gewesen sein." Die Aufführung der „Bilder einer Ausstellung" war es, die solche Abweichung von der Regel provozierte. Pfister schwärmt von den „rauschhaften Klangekstasen im Wechsel mit solistisch virtuoser Orchesterbrillanz, klar konturierten Bläsersoli und schwebenden Mixturklängen." Er zieht die Schlußfolgerung: „Einmal mehr ist es dem Dirigenten Wladimir Fedosejew gelungen, die Orchestermusiker aus aller vorbehaltlichen Reserviertheit herauszulocken und sämtliche Reserven zu mobilisieren."

Diese Qualitäten nutzte Fedosejew zuweilen auch dazu, das Publikum mit Werken bekannt zu machen, die im Repertoire sonst nie zu erleben sind. Neben der schon erwähnten Dritten Symphonie Alexander Skrjabins war das in Zürich zum Beispiel auch die Vierte von Schostakowitsch. Sie stellt das formal und harmonisch kühnste Werk dieses Meisters dar und ist tönendes Zeugnis historischer Vorgänge. Denn die kommunistischen Machthaber Rußlands zwangen Schostakowitsch durch Repressalien im Gefolge der umstrittenen Uraufführung der Oper „Lady Macbeth von Mzensk" dazu, diese Vierte zurückzuziehen. Sie galt als Inbegriff des „Formalismus", der „Verwestlichung" und „Dekadenz". Ihre Klangsprache deckte sich nicht mit den Vorgaben der Kultur-Politik im stalinistischen Terrorregime, die Komponisten ähnlich wie der deutsche Kulturterror der Hitlerzeit vorschrieb, „volksnah" zu agieren.

Auch die politischen Lockerungen und die Wende der Jahre um 1990 brachten für diese Vierte Schostakowitsch nicht die erhoffte Popularisierung. Sie gilt nach wie vor als schwierig und nahezu unaufführbar. Fedosejew wagte eine Aufführung der Komposition, die er auch mit dem Symphonieorchester des Bayerischen Rundfunks in

München mit enormem Erfolg vorgestellt hatte. Die Reaktionen in Zürich waren enthusiastisch. Die „Zürichsee-Zeitung" resümiert: „Neu war Dmitrij Schostakowitschs Symphonie Nr. 4 c-Moll op. 43 in der Tat – nämlich für das Zürcher Tonhalle-Orchester. Ein ketzerischer symphonischer Koloß: Resignation und Provokation in einem, Musik gleichsam von einem anderen Planeten und gleichzeitig Musik so einprägsam, und auf ihre Entstehungszeit und -bedingungen – Stalins Rußland 1935/36 – gemünzt, Musik zudem, die man ihrer kolossalen Besetzungsstärke wegen – 20 Holzbläser, 17 Blechbläser, 16 verschiedene Schlaginstrumente, 2 Harfen und wenigstens 84 Streicher – als Angriff, als Attacke aufs Publikum auslegen könnte. Daß die Tonhalle-Gesellschaft so lange zuwartete, bis sie dieses Werk nun ihrem eigenen Orchester und ihrem abonnierten Stammpublikum vorzusetzen respektive zuzumuten wagte, hat also durchaus seine werkimmanenten Gründe. Und hat, was sich an diesem Konzertabend klar zeigte, vermutlich noch einen weiteren entscheidenden künstlerischen Grund: daß man vernünftigerweise zuwartete, bis man für das Wagnis dieser Schostakowitsch-Premiere einen Dirigenten vom Rang und von der Kompetenz Wladimir Fedosejews zur Verfügung haben würde. Mittlerweile hieße es wohl, Eulen an die Limmat zu tragen, wollte man Fedosejew musikalisches (und orchestererzieherisches) Format hier noch einmal besonders betonen."

Und weiter: „Seine Darstellung von Schostakowitschs Vierter reiht sich zweifellos unter die denkwürdigen Taten: eine aus fundamentalem Verwachsensein geschöpfte Interpretation, die die expressionistischen aggressiven Härten dieser kühnsten (wiewohl auch abweisendsten) Sinfonie direkt hinausgellen ließ, wie sie umgekehrt die weiten – zuweilen über leblosem Brachland entstehenden – Entwicklungsfelder und episodischen Aneinanderreihungen energisch zusammenhielt."

Auch die „Neue Zürcher Zeitung" sprach von einem „Ereignis" und kommentiert: „Wladimir Fedosejew verfügt über einen genuinen Sinn für die ausladenden Bögen dieser Musik, er versteht das Extreme in dieser Partitur kompromißlos herauszuarbeiten – und vor allem: er führt das Tonhalle-Orchester zu jener Schlagkraft im Ganzen, zu jener Präzision im Einzelnen und jener Konzentratio, die diese Partitur einfordert."

Fedosejew selbst lobte das Tonhalle-Orchester anläßlich eines Interviews im Tages-Anzeiger: „Man kann von diesem Orchester bekommen, was man will. Gerade auch in klanglicher Hinsicht. Die Orchestermusiker sind gut und sehr freundlich, jedenfalls zu mir. Aber man muß sie fordern, muß sie aus ihrer Zurückhaltung herauslocken. Wenn einem das gelingt, erreicht man mit diesem Orchester alles."

Das war im Juni 1994, zur selben Zeit, als Fedosejew erstmals auch in der Zürcher Oper gastierte. Alexander Pereira war damals neuer Intendant des Hauses und baute auf seinen reichen Erfahrungen als Generalsekretär des Wiener Konzerthauses auf. Dort hatte er Fedosejew sowohl mit seinem Moskauer BSO als auch mit den Wiener

Symphonikern wiederholt engagiert gehabt und triumphale Erfolge geerntet. Was lag also näher, als diesen Künstler, der noch dazu von den Zürcher Musikfreunden anläßlich seiner Konzertauftritte so einhellig bejubelt wurde, endlich auch an die Oper zu holen?

Die Wahl für das Debüt-Werk fiel auf Giuseppe Verdis „Ballo in maschera". Eine Herausforderung auch für den Maestro, der nie zuvor Verdi in einem Opernhaus dirigiert hatte. „Opern von Verdi", erzählte er dem „Tages-Anzeiger", „habe ich bisher nur konzertant gemacht". In Zürich billigte man ihm für die Wiederaufnahe der älteren Inszenierung jedoch ausreichend Proben zu, um sie seinen Vorstellungen entsprechend zu erarbeiten. Und es fügte sich, daß auch der Kontakt zum philharmonischen Opernorchester der Stadt blendend funktionierte. Die Verdi-Produktion geriet kraftvoll und energisch, weit entfernt vom traditionellen Leierkasten-Klischee. Fedosejew evozierte dunkel leuchtende, oft bedrohlich dräuende Klänge, die Verdis Stimmungswelt suggestiv einfingen.

Es sollte nicht die einzige Oper dieses Meisters bleiben, die er in Zürich dirigierte. Später folgten das geniale Frühwerk „Attila" ebenso wie der späte „Otello" mit José Cura in der Titelpartie. Marianne Zelger-Vogt bemerkte in der „Neuen Zürcher Zeitung" über die „Otello"-Premiere des Jahres 2001: „Wladimir Fedosejew ist ein Verdi-Dirigent, der auch in dieser Oper der Maßlosigkeit das Maß behält. Die Piano-Szenen erhalten bei ihm viel Raum und Nachdruck, und das Orchester gibt ihnen einen warmen, erdigen Grundton. Es ist eine Lesart, die nicht nur die Dramatik des Geschehens vermittelt, sondern ebenso sehr die Trauer über Jagos teuflisches Zerstörungswerk."

Auch die „Zürichsee-Zeitung" betont die differenzierte Lesart, die Fedosejew Verdis Partitur zuteil werden läßt: „Sein Musizieren war, wie stets, mit äußerster Emotionalität geladen. Zuweilen feuerte er das Orchester an, als gälte es, Stellung zum Bühnengeschehen zu beziehen; umgekehrt und besonders in den lyrischen Stellen (Vorspiel zum vierten Akt) gab er dem Orchester Freiraum zu gleichsam epischer Breite, als dürfte hier jedes einzelne Instrument seinen Kommentar zum ‚Otello' erzählen. Orchestrale Nuancen kamen blitzsauber zum Klingen und für die verhaltenen, resignativen Momente fand das Orchester der Oper Zürich eine Fülle von Zwischentönen."

Intendant Pereira hat Fedosejew seit seinem Debüt konsequent in Zürich als Operndirigent etabliert und ihn auch dafür gewonnen, Ballettabende zu betreuen. Selbstverständlich stand dabei immer wieder auch das russische Repertoire im Mittelpunkt. Von den Bregenzer Festspielen übernahm man 1999 Rubinsteins „Dämon". Als Eigenproduktion brachte man unter anderem Prokofijews Ballett „Cinderella", aber auch Tschajkowskijs „Pique Dame" heraus, eine Aufführung, in der sich die suggestiven Kräfte des Dirigenten besonders beeindruckend entfalteten. Denn der Regisseur, Jens-Daniel Herzog, setzte in einem kargen Bühnenbild von Bernhard Kleber auf spartanisch zurückgenommene Personenführung. Reduktion war optisch Trumpf.

Währenddessen brodelten die Leidenschaften im Orchester und rissen auch die Sänger auf der Bühne mit. Viktor Lutsjuk als Hermann oder Joanna Kozlowska als Lisa boten, getragen von den prachtvoll entfalteten Orchesterklängen, glänzende Leistungen. Für Fedosejew mochte gerade diese Premiere eine stille Freude bedeuten, konnte er sie für sich selbst doch als eine kleine Revanche für die Absage der Wiener Staatsopern-Produktion desselben Werks betrachten. Der Erfolg gab ihm recht. Und es gab sogar Rezensenten, die eigens aus Wien anreisten, um von dem Zürcher Ereignis zu berichten – wohl ohne von den Vorgängen etwas zu ahnen, die in Wien vor der Wiederaufnahme der „Pique Dame" vor sich gegangen waren. So schwärmte die Wiener „Presse" über die Zürcher Aufführung: „Orchestral grandios geriet ‚Pique Dame' unter Wladimir Fedosejews Stabführung. Zürich zeigt wohl als einziges Opernhaus der Welt das gesamte Werk ohne jede Kürzung. Bis zur Pause dauert die Aufführung zwei Stunden, und doch kommt keinen Moment Langeweile auf. Fedosejew wölbt Tschajkowskijs ausladende architektonische Bögen sicher und so kühn, wie sie in der Partitur skizziert sind. Er weiß auch, wo man aggressive, vulkanöse Entladungen setzt, ohne die Sänger zu gefährden. Das sorgt für atemlose Spannung."

Im Oktober 2001 dirigierte Fedosejew in Zürich auch noch Modest Musorgskijs schwierige „Chowanschtschina", ein Werk, das – wie die „Neue Zürcher Zeitung" meint – nach wie vor „fremd in der westeuropäischen Opernlandschaft" steht. Eine Aufführung dieser Oper stellt nach wie vor ein Wagnis dar. Die verworrene, auf politische Wirren im alten Rußland zurückgehende Handlung erschließt sich dem Zuschauer keineswegs leicht. Doch die Inszenierung Alfred Kichners wurde ein Erfolg. Man hatte mit Matti Salminen, Viktor Lutsjuk und Nikolaj Ghiaurov, der vom früher gefeierten Fürsten Chowanskij in Zürich zum Dossifej geworden war, ein illustres Solistenensemble gefunden. Und Fedosejew wurde, so die „Neue Zürcher", „zum Spiritus Rector" der Produktion. „Hier bewegt er sich", schreibt Rezensentin Marianne Zelger-Vogt, „in seiner ureigensten musikalischen Welt, souverän hält er den riesigen Apparat zusammen, das glänzend disponierte Orchester, die exzellenten bemerkenswert homogenen und differenzierten Chöre (…) und das vielköpfige Solistenensemble. Daß er sich nicht für die Schostakowitsch-Fassung entschieden hatte, sondern für die glättende konventionellere Bearbeitung von Rimskij-Korsakow, mochte zunächst erstaunen. Doch die Aufführung legitimiert Fedosejews Wahl. Bei aller Vielgestaltigkeit präsentiert sie sich szenisch und musikalisch wie aus einem Guß, kompakt und spannungsvoll, wobei die allgegenwärtige Gewalt aufgehoben ist in einer Grundstimmung tiefer Melancholie."

Daß, wie bei Musorgskij üblich, dem Chor eine bedeutende Rolle zukommt, führte übrigens dazu, daß Fedosejew den Zürcher Opernchor durch den von ihm so geschätzten Moskauer Kammerchor aufstocken ließ, den Wladimir Minin gewohnt präzis vorbereitet hatte, und der im Verein mit dem Orchester ermöglichte, daß der Dirigent ungehindert realisieren konnte, was er in einem Interview mit einer Zürcher Zeitung einmal formulierte:

„Die Arbeit am Klang ist für mich als Dirigent das Wichtigste. Wie erreiche ich einen warmen, vollen Klang oder ein weiches, rundes Pianissimo? Klang und Phrasierung sind ja die eigentlichen Kommunikationsmittel der Musik. Ich kommuniziere mit dem Publikum durch den Klang. Und über Gefühle. „

In Zürich hat diese Kommunikation von Anbeginn auf ideale Weise funktioniert.

12. Ex oriente lux?

Die neunziger Jahre hatten für Fedosejew vielversprechend begonnen. Da waren die Erfolge, die endlich auch die Aufmerksamkeit und Einladungen Wiens brachten – für einen Russen immer noch Stadt seiner Musikträume –, da war Bregenz, für Fedosejew die Insel der Seligen, Zürich, da waren die hohen Auszeichnungen beim Beethovenfest in Bonn, da waren die Reihung unter die weltbesten Orchester und Aufnahmen in Japan, da war die offizielle Zuerkennung für sein Moskauer Orchester, sich mit dem Beinamen „Tschajkowskij" schmücken zu dürfen. Da war die Einladung, am Vatikan Janáčeks „Glagolitische Messe" zu dirigieren – und eine Audienz beim Papst.

Und da war einer der musikalischen Höhepunkte für Fedosejew als Konzertdirigent, als er 1993 in Oslo mit seinem BSO/nunmehr TSO das Verdi-Requiem dirigierte – mit Luciano Pavarotti und einem Chor von zweitausend Sängern. Erst wollte er ablehnen – Mega-Events mit Stadion-Atmosphäre sind seine Sache nicht. Aber dann ließ er sich überreden, und schließlich war auch er selbst überwältigt:

„Es ist unbeschreiblich, wenn ein Pianissimo im ‚Dies irae' von zweitausend Stimmen kommt …"

Danach sollte dasselbe in München stattfinden, wenn auch „nur" mit eintausend Chorsängern. Am Tag des Konzertes erkrankte Pavarotti – Fedosejew wollte absagen. Dann ließ er sich jedoch wieder überreden, es mit dem einspringenden James Wagner zu dirigieren – und dieser erwies sich als so großartig, daß er für Fedosejews Verdi-Requiem im Jahre 2000 in Wien wieder engagiert wurde.

Die Zusammenarbeit mit Pavarotti wird Fedosejew noch lange in Erinnerung bleiben – nicht nur wegen der Stimme, Persönlichkeit und Musikalität dieses Stars, sondern auch wegen der Genüsse, an denen dieser den Dirigenten immer teilhaben ließ, wenn er sein Künstlerzimmer in ein Schlaraffenland verwandelte.

Aber gegen die Mitte des vergangenen Jahrzehnts häuften sich die Probleme. Sie hingen mit der neuen politischen Lage in Rußland zusammen; betroffen davon war auch Fedosejews Orchester in Moskau.

Das Risiko des Niveauverlustes seines TSO wegen seiner häufigen und langanhaltenden Abwesenheit – als Chefdirigent in Wien, Dirigent großer Produktionen in Zürich, Bregenz und anderswo sowie Tourneen und Gastdirigate – konnte er noch in den Griff bekommen.

Es gelang ihm immerhin, das Problem abzufangen, indem er sein Orchester immer wieder in die Hände von Kollegen gab und ihm unabhängig von Konzertprogrammen die Pflege bestimmter Komponisten verordnete: so zum Beispiel, immer wieder Mozart und Haydn zu spielen.

Wenn er zurückkehrte, arbeitete er mehr als sonst mit ihnen, damit nichts verlorenging, und stimulierte sie durch neue Programme.

Von Zeit und Zeit erprobte er, was er auch bei den Wiener Symphonikern tat, durch Umsetzen neue Effekte zu erzielen – optimale Balance der Hauptgruppen und einen ausgewogenen orchestralen Tutti-Klang. So zum Beispiel setzte er die zweiten Violinen von den Pulten hinter den ersten auf die rechte Seite des Orchesters in Spiegelposition zu den ersten, um bei kontrapunktischer Melodieführung einen besseren Dialog mit der Hauptstimme und insgesamt einen Stereo-Effekt zu erzielen. Solche Maßnahmen waren ebenso wie die traditionelle Sitzordnung für Fedosejew nicht allgemeingültig oder auf ewig bindend. Sie hingen vom jeweiligen Werk, von seiner Interpretation oder direkt vom Komponisten ab; manche geben ja mitunter selbst Anweisungen für eine bestimmte Sitzordnung.

Ein weit größeres Problem entwickelte sich jedoch in Hinblick auf die materielle Lage des Orchesters. Denn dramatisch für das Moskauer „TSO", wie es sich seit der Verleihung des Tschajkowskij-Beinamens seit 1993 offiziell nennen durfte, wirkte sich die veränderte politische und soziale Situation in Rußland in den neunziger Jahren aus. Sie stellte nämlich die Existenz dieses Klangkörpers überhaupt in Frage.

Der unkontrolliert erfolgte Zusammenbruch der Sowjetunion, die am 31. 12. 1991 offiziell aufhörte zu bestehen, beförderte eine jahrzehntelang alle Bereiche des Lebens – von der Wirtschaft über soziale Belange bis zur Kultur hin – kontrollierende Staatsordnung in ein unorganisiertes Vakuum. Wenn unzählige Menschen in diesem Land in den existenziellen Abgrund stürzten, galt das nicht minder für Institutionen, die sich bis dahin staatlich geregelter Existenz und gesicherter Privilegien erfreut hatten.

So fanden eines Tages die einhundertzwanzig Musiker, als sie zur Probe bei ihrem angestammten Gebäude erschienen, die Türen verschlossen. Der neue Eigentümer forderte Miete ein, die niemand bezahlen konnte. So wie die Planwirtschaft mit einem willkürlich und ungeregelt ablaufenden Privatisierungsschub nach und nach außer Kraft gesetzt worden war, erschienen aus der ehemaligen Gesellschaft angeblich lauter gleicher Staatsbürger plötzlich neue Kapitalherren, die in der Manier eines Wildwestkapitalismus über den nunmehr völlig Mittellosen walteten.

Es sah so aus, als stünden auch alle Musiker auf der Straße – das Ende dieses traditionsreichen, weltweit vielfach ausgezeichneten Orchesters? In einem Raum des nun unzugänglich gewordenen Gebäudes waren Instrumente der Musiker aufbewahrt, andere enthielten das Notenarchiv – eine Schatzkammer der Musikwelt. Hier gab es nicht nur die üblichen Konzertpartituren des Orchesterrepertoires, sondern Handschriften von unschätzbarem Wert – wie etwa Originalpartituren prominenter Komponisten wie Schostakowitsch, Prokofjew und anderen. Erst später sollten die Musiker erfahren, daß jemand die kostbarsten dieser Schätze abgesahnt hatte. Das „goldene" Schallplattenarchiv mit seltenen Aufnahmen aus mehr als einem halben Jahrhundert

11. Öffentliche Generalprobe der Fünften Symphonie von Peter I. Tschajkowskij mit anschließender Publikumsdiskussion, Fedosejew und sein BSO, München

russischer oder sowjetrussischer Musikgeschichte war mit allen Lizenzrechten an einen Privatmann verschachert worden.

Es mußte sofort etwas geschehen. Zunächst trieb Fedosejew die Mietkosten auf, die ab nun für jede Probe bezahlt werden mußten; desgleichen für Aufnahmestudios – ja sogar für die Konzertsäle. Die Gehälter für die Musiker bezahlte Fedosejew aus eigener Tasche – und tut dies zum Großteil bis heute.

Nacheinander wurden der Bürgermeister der Stadt, der als potentieller Präsidentschaftskandidat rührige Jurij Luschkow, in Kenntnis gesetzt, ferner der Kulturminister; letzteres völlig vergeblich – daher mußte auf „private" Sponsoren gesetzt werden, denn es galt, die Existenz des Orchesters auch auf lange Sicht zu sichern. Unter diesen „privaten" ist der Konzern Lukoil der wichtigste Sponsor geworden, zumal sich dort ein begeisterungsfähiger Sponsoringmanager wie Vagif Alekperow bereit für diese Aufgabe fand. Er entpuppte sich in der Folge als wahrer Musikfreund, der kein Moskauer Konzert des TSO versäumt.

Dazu gründete Fedosejew mit seinem Anwalt und Treuhänder in der Schweiz zur Unterstützung seiner Musiker ein Forum, das sich „Verein der Freunde des BSO" nennt. Jeder, der Mitglied werden möchte, um das Orchester zu unterstützen, kann dies schon mit einem geringen Jahresbeitrag tun und trägt damit direkt zur Existenz der einzelnen Musiker bei. Laufende Newsletters mit weltweiten Konzertkalendern und Vorteile beim Kartenerwerb sind weitere Anreize zur guten Tat. Dazu wurde eine

26 CDs umfassende „Jubiläums"-Serie von Einspielungen von Fedosejew mit dem BSO aus Anlaß seiner 25jährigen Zusammenarbeit mit diesem Orchester als dessen Chefdirigent 1999 initiiert; sie brachte und bringt weitere, ausschließlich dem Orchester zugute kommende Einnahmen und ist bereits abgeschlossen. Dependancen des Vereins sind dank idealistischen Fedosejew-Fans in Wien und Deutschland aktiv.

Fedosejew hat in der Schweiz noch eine Einrichtung gegründet, die nicht nur seinem Orchester, sondern auch jungen Talenten unter Solisten verschiedener Länder zugutekommt. Die „Orpheum-Stiftung" engagiert in Form von Partnerschafts-Verträgen solche Künstler, die mit dem BSO speziell bei den Orpheum-Musikfesttagen neben anderen Festspielen in der Schweiz auftreten. Am wichtigsten für die Existenz des TSO blieben und bleiben freilich die Auslandstourneen, ohne deren Einnahmen die Lage kaum zu ertragen wäre. Wie verzweifelt sie für einzelne Mitglieder des Orchesters tatsächlich wurde, kann man angesichts der Tatsache ermessen, daß 1997 – knapp zwei Jahre vor Beginn der Schweizer Initiative – ein Musiker des TSO Selbstmord begangen hat.

Außerdem hat Fedosejew innerhalb des geradezu desaströs inflationären Moskauer Kulturbetriebs, wo selbst am ehemaligen Olymp des russischen Musiklebens, dem Moskauer Konservatorium, buchstäblich jeder gegen Geld auftreten kann, ein interessantes Abonnement-System für Konzerte des TSO eingeführt, das den Erwerb von Karten für mehrere Konzerte zu ermäßigten Preisen und somit auch wieder den Musikern eine weitere Phase ihrer Existenz ermöglicht. Wenn bei all der Überflutung der Unterhaltungsszene speziell in der russischen Hauptstadt, wohl in Gegenreaktion zur lange gegen den Westen hermetisch abgeschlossenen, geradezu asketischen Atmosphäre, sich das TSO vor vollen Sälen behaupten kann, wie es sie bei klassischen Konzerten nur in der Provinz erlebt, dann bedarf es keiner weiteren Beweise für das außergewöhnliche Niveau, das dieses Orchester halten konnte.

Umso betroffener machen Erlebnisse, wie sie Fedosejew mit seinem Orchester im Ausland nicht erspart blieben. Kurz vor Abschluß einer Tournee durch Italien wurden die gesamten Einnahmen gestohlen; ebenfalls in jenen materiell so kritischen Jahren unmittelbar vor den Rettungsaktionen geschah es, daß die Dollarnoten einer Konzertgage in Spanien falsch waren …

Spanien war Jahre zuvor Schauplatz eines der tragischesten Momente in Fedosejews Konzerttätigkeit gewesen. Am Vorabend eines Konzertes war der Konzertmeister in seinem Hotelzimmer tot aufgefunden worden. Er hatte Selbstmord begangen. Der Grund war eine unheilbare Krankheit, von der niemand aus seiner Umgebung etwas gewußt hatte. Das Konzert fand ohne einen Ersatz statt. Das vorgesehene Programm war Beethoven Neunte Symphonie. Der Platz des Konzertmeisters blieb unbesetzt. Er war mit Blumen überhäuft; die Musiker spielten ohne – aber für ihn.

Fedosejew hatte in den schwierigen Jahren immer in seinem Glauben Halt und Zuversicht gefunden. Im Zuge der gegen 1990 schon spürbaren liberaleren Haltung der noch sowjetischen politischen Führung gegenüber der Kirche setzte er sich dafür ein, daß ein ihm bekannter Geistlicher von seiner angestammten Diözese an eine wiedereröffnete Kirche in Moskau versetzt wurde. Fedosejew trug nicht unwesentlich zur vom Bürgermeister ermöglichten Restaurierung des Jugendstilgebäudes bei und förderte die Aktivitäten dieser Kirche.

Sie ist Teil eines von der 1918 ermordeten Schwester der letzten Zarin, Großfürstin Jelisawjeta Fjodorowna, gegründeten Komplexes, zu dem auch eine Schwesternschule und ein kleines Krankenhaus gehörten. Allmählich wurde das Ensemble instandgesetzt, und es kehrte hier wieder Leben ein.

Anders als manche „Neurussen", wie sie im russischen Jargon genannt werden, die den Gang zur Kirche als Attribut ihrer neuerlich russischen – unsowjetischen – Identität pflegen, hatte Fedosejew bereits seit Anfang der achtziger Jahre den Mut gefunden, sich zu seiner religiösen Haltung zu bekennen.

Damals, als er den erwähnten Geistlichen noch in der Dorfkirche besuchte, konnte das unangenehme Folgen nach sich ziehen. Die Frauen und Männer, die im Chor sangen oder sonst zu Besuchern der Kirche gehörten, waren gewöhnlich schon Pensionisten, die nicht mehr viel zu verlieren hatten.

Immerhin wußte man, daß regelmäßig Bedienstete des KGB oder Bezirkskomitees der Partei ausschwirrten und sich für die Personen interessierten, die für eine Taufe etwa oder ein anderes Sakrament in der Kirche registriert waren. Wie der „Batjuschka" heute erzählt, durfte er nur unter Hinterlegung eines Passes eine solche Handlung vornehmen. Das KGB notierte die Paßnummer oder nahm die Pässe überhaupt mit und machte in der Folge den Betroffenen das Leben schwer – sie verloren ihre Arbeit, erhielten keine Wohnung usw. Telefone wurden ebenso abgehört wie Privatpersonen über die Gewohnheiten ihrer Nachbarn befragt. „Batjuschka" hatte damals Fedosejews Telefonnummer verschlüsselt in sein Notizbuch eingetragen, um ihn zu schützen.

Als 1988 das Tausendjahr-Jubiläum der „Taufe Rußlands" (der Annahme des Christentums nach orthodoxem Ritus und dessen Erhebung zur Staatsreligion) begangen wurde, brach auch im Leben der Kirche Tauwetter an. Nach einer Begegnung zwischen Gorbatschow und dem Patriarchen Ganz Rußlands gab es grünes Licht für die Öffnung der Kirchen.

Fedosejew schrieb damals das Gesuch an den Patriarchen, „seinen" Geistlichen nach Moskau zu versetzen – und dem wurde stattgegeben. Heute ist die „Zarewitsch Dmitrij"-Kirche, an der er wirkt, zu einem der Prestige-Objekte wiederbelebten Christentums mit karitativem und medizinischem Wirkungskreis ganz im Geist seiner Gründerin und Schutzpatronin geworden.

Fedosejew gibt für diesen Komplex regelmäßig mit seinem Orchester Benefizkonzerte im Konservatorium oder direkt im Festsaal der Schwesternschule, der die Einnahmen zugute kommen. Zum Fünfjahre-Jubiläum der Wiedereröffnung der Kirche gab Fedosejew mit seinem TSO im MoskauerKonservatorium ein Benefizkonzert, an dem auch der Patriarch teilnahm (auf dem Programm Tschajkowskijs „1812" und der „Slawische Marsch").

Wladimir und Olga Fedosejew besiegelten ihre Verbundenheit mit ihrem „Batjuschka" und dieser Kirche mit all ihren Einrichtungen schließlich damit, daß sie sich dort – fünfundzwanzig Jahre nach ihrer Eheschließung – am 2. Juni 1992 endlich auch kirchlich trauen ließen.

Angesichts Fedosejews tiefer Gläubigkeit sollte für ihn einer der persönlichen Höhepunkte der Besuch Jerusalems mit den heiligen Stätten sein; dieser fand erst vor kurzer Zeit – im Februar 2002 – statt, denn er wollte nie als Tourist dorthin reisen, sondern warten, bis er als Dirigent eingeladen war. So konnte er mit Musikern, die ohnehin zum Großteil aus Rußland ausgewandert sind, Kontakt aufnehmen.

Die Zeit war gefährlich: weniger als hundert Meter von ihm und Olga entfernt explodierte eine Bombe – eines der täglichen Attentate. Die Telefone funktionierten so gut wie nie, denn die Leitungen waren ständig überlastet: jeder rief immer wieder jeden an, um zu fragen, ob er noch am Leben sei. Die meisten Künstler aus dem Ausland hatten in dieser Zeit ihre Engagements storniert, aber Fedosejew, der zwei Jahre zuvor in einer relativ ruhigen Zeit eingeladen worden war, wollte daran festhalten, so sehr hatte er auf diese Gelegenheit gewartet.

Beide Konzerte mit dem Symphonieorchester Jerusalem waren ausverkauft. Auf dem Programm standen Mahlers Erste Symphonie und Beethovens Drittes Klavierkonzert. Das Publikum dankte außergewöhnlich emotional. Auch die Musiker des Orchesters wollten Fedosejew lange nicht loslassen; manche hatten gemeinsam mit ihm in der Musikschule studiert; andere kannten Olga aus der Zeit, als sie im Fernsehen die „Stunde des BSO" moderierte. Allen, so schien den beiden, war eine gewisse Nostalgie nach Rußland gemeinsam – auch wenn sie sich nicht offen dazu bekannten oder sich ihrer nicht bewußt waren.

Bereichernd und beklemmend zugleich war für die beiden der Besuch der historischen Stätten; überall waren sie allein – keine Touristen wagten sich in jenen Tagen in dieses Gebiet. Fedosejew war von diesem Besuch berührt – davon, zu erleben, „wie aus einem Symbol der Liebe eine Stätte von so viel Haß geworden ist …"

In der zweiten Hälfte der neunziger Jahre häuften sich die festlichen Anlässe, die Fedosejew musikalisch beging. Ende 1995 dirigierte er ein großes Festival zu Ehren des Komponisten Georgij Swiridow, der achtzig Jahre alt geworden war. Dieser war schon krank und gebrechlich und sollte nicht mehr lange leben.

Fedosejew war mit ihm in langer Freundschaft verbunden, als Musiker und als Russe, denn beide fühlten sich in ihrer nationalen Kultur verwurzelt, griffen auf Themen der eigenen Geschichte, der Folklore, der geistlichen Musik und der klassischen russischen Literatur zurück.

Wenn man Swiridow fragte, warum er früher auch Oden an Lenin geschrieben hatte, antwortete er, er sei daran „als historisches Phänomen ohne persönliche Affinität zum Gründer des Sowjetstaates" herangegangen ...

Außer seinem breiten Schaffen für Chormusik war Swiridow in Rußland durch seine Musik für die Dramentrilogie von Alexej Tolstoj (einem entfernten Verwandten von Lew Tolstoj) über die „Zeit der Wirren" bekannt geworden: „Der Tod Iwans des Schrecklichen", „Zar Fjodor Ioannowitsch" und „Zar Boris". In den neunziger Jahren schien vielen Kulturschaffenden, daß eine ähnliche Zeit mit Machtkämpfen und dem Vakuum echter Staatsführung angebrochen war. Deshalb trugen solche Werke in Rußland in diesen Jahren eine aktuelle Botschaft.

Swiridow, der seinerzeit als junger Mann von Schostakowitsch in seinen Kompositionen ermutigt worden war, schätzte Fedosejew als „besonders feinfühligen und begabten – wenn nicht den begabtesten Dirigenten überhaupt" und bezeichnete ihn als „Musiker des Gewissens".

Im gleichen Jahr erarbeitete Fedosejew mit seinem TSO zwei der eindrucksvollsten Werke der russischen Musikliteratur des 20. Jahrhunderts, mit denen er dann 1997 seinen Einstand als Chefdirigent der Wiener Symphoniker mit einer „Saison russe" zelebrieren sollte. Es war Prokofjews Oratorium „Iwan der Schreckliche" nach der gleichnamigen Filmmusik für Sergej Eisenstein und die Uraufführung der Symphonie in fünf Bildern „Jekaterina Ismajlowa" von Dmitrij Schostakowitsch und Wenjamin Basner (der kurz danach starb).

Der Komponist Basner, Schostakowitschs Schüler und Freund, wohnte den Proben bei und berichtete davon, wie sehr der Komponist darunter litt, daß seine erst „Lady Macbeth von Mzensk" benannte Oper, die auf der gleichnamigen Erzählung von Nikolaj Leskow basierte, Stalin mißfallen hatte und daher verboten worden war (nur die internationale Bekanntheit des Musikers bewahrte ihn vor Schlimmerem).

Schostakowitsch empfand das Werk als seine beste Musik und wünschte sich so sehr, sie zu verbreiten, kam aber nicht dazu, selbst noch eine Symphonie daraus zu machen. Er konnte lediglich nach Stalins Tod die Oper umarbeiten, und sie wurde unter dem Titel „Jekaterina Ismajlowa" neu herausgebracht. Dennoch lag immer noch der Gedanke, das Material auch dem Konzertpublikum zugänglich zu machen, in der Luft. Basner schuf nun aus der Vorgabe die Symphonie, und Schostakowitschs Witwe vertraute Fedosejew die Uraufführung an.

Die fünf Bilder dieser nun entstandenen Symphonie sind I. Katharina, II. Der Schwiegervater, III. Nacht: der Geist, IV. Die Verhaftung, V. Als Gefangene. Das

Klangmaterial drückt eindringlich die Atmosphäre der Szenen aus – ungeheure Brutalität (schon der niederschmetternde Einsatz mit den dissonanten Akkorden geht durch Mark und Bein), den unerträglichen Schmerz, aber auch die parodistische Zeichnung derber Charaktere – oder die lyrisch charakterisierte Hauptfigur.

Bei den Proben in Moskau suggerierte Fedosejew seinen Musikern bildliche Vorstellungen.

Bei I (Katharina): „Klingen und den Klang so sehr auskosten, daß sich alle in Ihre Bässe verlieben!" –

Bei II (Schwiegervater): „Denken Sie an die Bauernhochzeit, die wechselnden Rhythmen – und jetzt, auf 35, ist mit derbem Stampfen der Schwiegervater zu hören …"; beim Violinsolo und leiser Trommel: „Ihr Thema, stellen Sie sich vor, jetzt streut sie Gift in die Pilze …",

III (Nacht, Geist): „Man muß in Seligkeit schwelgen beim Spielen, darf nicht dem Klang seine Schönheit nehmen, die ersten und zweiten spielen schön, aber die dritten nicht – das kann in einem Orchester nicht sein, das heißt es kann sein, aber nicht in meinem!" –

IV (Verhaftung): „Man muß hier abscheulich spielen – aber die Stimme der Leidenden wehmütig, nur flüsternd …"

Es ist bemerkenswert, daß die Aufführung nur in Europa ankam. Außer freilich in Moskau auch in Wien – und in Paris, wo Fedosejew mit diesem Werk tief beeindruckte und auch die Version selbst große Anerkennung fand. Als er es jedoch am New Yorker Lincoln Center dirigierte, kam der Applaus nur zögernd, obwohl viele russische Emigranten im Publikum saßen; und der Rezensent der „New York Times" stellte bereits im ratlosen Titel seiner Besprechung das Werk überhaupt in Frage: „Warum war das notwendig?"

Das andere, nicht weniger eindringliche Werk in jenen Arbeitsjahren war Prokofjews „Iwan der Schreckliche". Der Komponist verleiht hier dem gefürchteten Herrscher menschliche Züge und demonstriert dessen innere Zerrissenheit. Diesem Zaren, von dem überliefert ist, daß er sich die Namen der von ihm zum Tode Verurteilten notierte, um nachts heimlich in der Kremlkapelle für seine Opfer zu beten, haften hier menschliche Züge an: da sind Augenblicke der Einsamkeit, Angst und Schwermut zu hören und zu spüren.

Fedosejew, der auf eine in den sechziger Jahren erstellte Orchesterfassung der Filmmusik zurückgriff, fügte Passagen musikalischer Fragmente ein, die Zar Iwan der Schreckliche – und das ist nicht allgemein bekannt – selbst komponiert hatte. Sein größter Kunstgriff aber war die Wahl des prominenten Vollblutschauspielers Alexej Petrenko für die Titelpartie. Eben weil es sich bei diesem nicht um einen Berufssänger, sondern puren Schauspieler handelt, der allerdings auch singen kann, wirkte seine Darstellung so authentisch, so echt – als stimme eben der Zar für sich gerade ein

12. Mit dem Schauspieler Alexej Petrenko bei der Probe zu Sergej Prokofjews Oratorium „Iwan der Schreckliche" im Moskauer Konservatorium, 1995

kleines Lied an (bewußt nicht immer professionell oder schön gesungen, manchmal nur gesummt) – und war deshalb unglaublich beklemmend. Als sich dahinter auch noch der von Wladimir Minin geführte Chor mit seinem himmlischen, nur von einem russischen Gesangsensemble so gehauchten Pianissimo erhob, fühlte man sich tatsächlich in eine andere Welt entrückt.

Eine anschließende Episode illustriert, daß in Rußland manche Worte des Librettos – wie auch die Typisierung der Hauptfigur selbst – durchaus als zeitlos, das heißt unter Umständen sogar aktuell empfunden werden können. Als nach der Vorstellung die Schar der Petrenko-Fans eine lange Schlange zu seinem Künstlerzimmer bildete, hörte man einen lauten Wortwechsel zwischen zwei Männern. Es war der litauische Agent Petrenkos, der ihm schwere Vorwürfe machte, diese Partie gesungen zu haben, wogegen sich wiederum der Sänger energisch wehrte.

Stein des Anstoßes war jene Passage, in der Petrenko als Despot textgemäß gebieterisch dröhnte: „Sollen nur die Litauer Steuern zahlen, ich werde ihnen schon geben!" Was nach der erst kurz erworbenen Unabhängigkeit des Baltenstaates von Moskau offenbar unliebsame Assoziationen weckte – und Petrenko sollte demnächst in jenem Land auftreten. Die Worte des Agenten „Wenn du das noch einmal singst, wirst du für mich ausgesungen haben!" waren ernst gemeint – jedenfalls klang es so, wie auch das Knallen der Tür, mit dem der erboste Agent den Künstler verließ.

Fedosejew wurde mit seinem TSO immer öfter für Anlässe des öffentlichen Lebens herangezogen, was das Prestige seines Orchesters bestätigte. So wurde er vom Moskauer Bürgermeister eingeladen, anläßlich der 850-Jahr-Feier der Stadt Moskau im Beisein von Präsident Jelzin das Galakonzert zu dirigieren. Er wählte vor Tschajkowskijs „Moskau"-Kantate – „Iwan der Schreckliche" von Sergej Prokofjew.

Gegen Ende des Jahrzehnts kündigte sich die Kulmination festlicher Anlässe – der triumphale Ausklang des Jahrzehnts und die Millenniumswende – mit Grund zu Freude und Optimismus für Fedosejew an.

1999 durfte Fedosejew ein persönliches Jubiläum mit seinem Moskauer Orchester begehen: fünfundzwanzig Jahre stand er nun als Chefdirigent an dessen Spitze. Für das Festkonzert wählte er Werke, die in seinem musikalischen Werdegang eine besondere Rolle gepielt hatten: Beethovens „Leonoren-Ouvertüre", Mozarts 40. Symphonie (wie in seinem ersten öffentlichen Konzert mit diesem Orchester) und Tschajkowskijs „Pathétique".

Der damalige Premierminister Jewgenij Primakow erschien bei diesem Konzert und verlieh Fedosejew den Orden „Für Verdienste um das Vaterland". Fedosejew vergaß über der festlichen Euphorie nicht, in seiner Dankesrede Repräsentanten des Staates an ihre Verpflichtung zur Erhaltung tragender kultureller Einrichtungen (damit war auch sein Orchester gemeint) zu erinnern. Ein ideales Geschenk erhielt er von der russischen Musikkritik: sie kürte das TSO zum „besten Orchester des Jahres".

Die Höhepunkte am Ende jenes Jahrzehnts an der Wende zum neuen Millennium erlebte Fedosejew im Jahr 2000. In Wien, wo er bereits mit dem Silbernen Ehrenzeichen der Republik Österreich ausgezeichnet worden war, beging er als Chefdirigent der Wiener Symphoniker das 100-Jahre-Jubiläum dieses Traditionsorchesters und zelebrierte mit ihm den Jahrtausendausklang mit der „Missa solemnis". In Moskau feierte er das 70-Jahre-Jubiläum seines TSO mit mehreren Konzerten.

Dafür hatte er Tschajkowskijs „Moskau"-Kantate und Swiridows „Pathetisches Oratorium" gewählt, das, wie ein Rezensent feststellte, „alle Register der russisch tönenden Zelebrationskultur zog".

„Machtvoll aufrauschende Crescendi des bis in die kleinste Stimme präzis ausregistrierten Orchesters, pastose Töne des phänomenalen Moskauer Akademischen Chors prägten bereits das erste der Jubiläumskonzerte", beschrieb der gleiche Rezensent den Auftakt der musikalischen Feiern. Zuvor waren auch Wagners Vorspiel zu „Tristan" und der „Liebestod" zu hören gewesen.

Im Schlußkonzert spielte Viktor Tretjakow Mozarts Violinkonzert in D-Dur KV 218, gefolgt von Oleg Maisenberg am Klavier – speziell im zweiten Satz außergewöhnlich berührend – mit Mozarts c-Moll-Klavierkonzert. Den krönenden Abschluß setzte Fedosejew mit Bruckners „Te Deum". Bei diesem Konzert erhielt Fedosejew sozusagen höhere Weihen: Patriarch Alexij II. verlieh nicht nur durch seine Anwesenheit dem Ereignis besondere Würde, sondern betrat am Schluß sogar selbst das Podium, um das Orchester und Fedosejew zu segnen und diesem den Orden des Heiligen Wladimir – des höchsten russischen Heiligen und Schutzpatrons des Landes – zu überreichen.

Oleg Maisenberg, der aus Rußland emigrierte und in Wien lebende Pianist, war – nach einem schweren Unfall, nach welchem kaum jemand erwartet hatte, Maisenberg würde wieder als Pianist auftreten – an diesem Abend offenbar besonders inspiriert und in bester Form.

Später, anläßlich eines Konzertes, in welchem er unter Fedosejew Rachmaninows Paganini-Variationen spielte, erklärte er seine Affinität zu ihm:

„Er ist einer der seltenen Dirigenten, mit dem ich mich sowohl musikalisch als auch emotional auf einer Welle fühle – sowohl im Lyrischen als auch in der Dramatik, im Rhythmus als auch in der Zeitempfindung; er ist Präzision, Professionalität, aber auch Intuition, Musikantentum – ja, Musikantentum und Humanität…"

Diesen Begriff nennt auch ein Musiker der Wiener Symphoniker und selbst Dirigent, Michael Dittrich, wenn er Fedosejew zu beschreiben versucht: „Vor allem sein Musikantentum, seine hohe Professionalität, seine außergewöhnliche Inspiration – das ist es, was ich vor allem an ihm schätze; seine größte Stärke ist sein feiner Klangsinn – und alle seine künstlerischen Eigenschaften werden von seiner menschlichen Wärme überstrahlt…"

Die zufällig gerade anwesende Sopranistin Krisztina Laki, die von Fedosejew bei einer Probe entdeckt und spontan zur Mitwirkung bei Bruckners „Te Deum" eingeladen worden war, bestätigt Letzteres „… von ihm geht eine Wärme aus, die heute verlorengegangen ist."

Im Jahr darauf unternahm Fedosejew mit den Wiener Symphonikern eine USA-Tournee, die unter einem besseren Stern stand als die erste und auch von größeren Erfolgen begleitet war. Im Gepäck hatte er unter anderem Rachmaninows Zweites Klavierkonzert – nicht mit einem Russen, sondern mit dem Wiener Rudolf Buchbinder. Dieser hatte es mit Fedosejew schon bei Konzerten in Wien gespielt und damit gleich im ersten Satz aufhorchen lassen.

Nach einem dieser Konzerte in Amerika hörte ein Wiener Emigrant – selbst Pianist und Komponist – den Kritiker einer großen Zeitung zu seinem Nachbarn flüstern: „Ich habe dieses Konzert schon so unendlich oft gehört, aber nie so gespielt wie heute" („… but never played that way").

Buchbinder wurde danach von diesem Emigranten gefragt, wie er zu dieser Art, es zu spielen, gekommen sei, worauf er erklärte: „Fedosejew sagte, spielen Sie das einfach wie ein russisches Volkslied…"

13. Im Konzert

Buchbinder hatte schon etwa ein Jahrzehnt zuvor erstmals mit Fedosejew musiziert; damals spielte er unter seiner Leitung in Verona ein Mozart-Klavierkonzert. Er äußert sich über die Zusammenarbeit mit ihm so:

„Für mich gilt, daß ich weder ein Begleiter bin oder sein will noch einen Begleiter haben möchte. Ich brauche einen Partner. Begleiten kann ich zum Beispiel meine Frau in die Oper. Aber in der Musik arbeite ich mit einem Partner.

So will ich beispielsweise von einem Dirigenten gefordert sein. Ich will die Musik gleichzeitig atmen, in der Agogik, in den Rubati – es ist für mich ein Grundprinzip: wenn man die Musik nicht gleichzeitig atmet, dann nützen auch zwanzig Proben nichts. Entweder es funktioniert oder es funktioniert nicht. Mit Fedosejew funktioniert es.

Worin der Gleichklang besteht? Ich beschäftige mich mit der 16. oder 17. Gesamtausgabe von Beethovens Klaviersonaten genauso tief wie Fedosejew das mit seinen Partituren macht. Er neigt wie ich dazu, gute Traditionen zu bewahren, aber schlechte – auch wenn sie noch so lange überliefert sind – über Bord zu werfen, wenn sie falsch sind. Und das war das Erfreuliche an Fedosejew, daß er ganz anders an ein Werk herangeht als das sonst üblich ist, selbst wenn man dabei klassische eingebür-

Ex oriente lux?

14. Fedosejew in Japan

gerte Traditionen übergeht oder überdenkt und dabei das Werk völlig neu betrachtet, quasi jungfräulich daran herangeht.

Das gilt nicht nur für das 2. Rachmaninow-Klavierkonzert, mit dem wir auch gemeinsam auf Tournee gegangen sind, sondern auch für andere Werke wie Schumann zum Beispiel. Man muß bereit sein, falsche Dinge zu vergessen, auch wenn sie als gewohnt und angeblich richtig Tradition geworden sind."

In all seiner Persönlichkeit, die Fedosejew als Künstler zum Ausdruck bringt, ist er zutiefst russisch. Nicht nur in seiner bewußten Zugehörigkeit zu einer nationalen Kultur, sondern in seinem Anspruch an seine und die Kunst überhaupt. Denn dieser ist vom spezifisch russischen künstlerischen Credo geprägt, wie es Lew Tolstoj und vor ihm Dostojewskij formuliert und bereits Puschkin in seinem Mozart gewidmeten Versdrama „Mozart und Salieri" vermittelt hat: hier läßt er Mozart allein bei dem Gedanken herzlich lachen, Salieri, den er für einen begabten Komponisten hält, könnte „einer bösen Tat" (wie der Ermordung Mozarts beispielsweise) fähig sein: der Anspruch an die Kunst entspricht dem Anspruch an die Ethik.

Ethik – Ästhetik – Perfektion sind auch die Gebote, auf denen Fedosejews künstlerisches Glaubensbekenntnis ruht, mit dem er sich in die klassische russische Tradition einreiht. Auch das Ziel seines Musizierens ist russisch: emotional und nicht etwa rational – mit seiner musikalisch durchlebten Mitteilung den Zuhörer zu berühren, „seine Seele zu erreichen", ihn aus der Lethargie zu reißen und über den profanen Alltag zu erheben.

Daß ihm das speziell in Rußland mitunter allzusehr gelingt, illustriert ein Erlebnis vor wenigen Monaten in der sibirischen Industriestadt Perm. Fedosejew musizierte mit dem TSO dort ein Konzert mit Rachmaninows Paganini-Variationen, Pianist war Alexander Gindin. Mitten in diesem Konzert, in der Sekundenpause zwischen zwei Variationen, sprang plötzlich mitten im Zuschauerraum ein Mann auf und rief, völlig aufgewühlt: „Musiker! Was macht ihr mit uns? Ihr reißt uns ja die Seele aus dem Leib!"

Nach kurzem betretenem Schweigen setzten die Musiker ihr Spiel fort – etwas ernster und „gesetzter" allerdings als zuvor.

Diese Reaktion hatte allen zu denken gegeben.

Privat bevorzugt Fedosejew dagegen die Ruhe – am liebsten fernab von jeder Zivilisation in der Natur, im Wald, am Wasser der großen russischen Flüsse, wo er es auch liebt, Fische zu fangen (die er mit großem Vergnügen dann selbst zubereitet). Würde er auf eine Insel verbannt, nähme er sich allerdings doch ein Stück Zivilisation in Form einer kleinen Plattensammlung mit seinen bevorzugten Musikaufnahmen mit. Dazu gehören Puccinis „La Bohème" mit Karajan und dem Orchester der Mailänder Scala, Beethovens Fünfte und Siebente mit Carlos Kleiber, Rachmaninow mit Eigeninterpretationen, Schuberts Achte mit Furtwängler, Griegs Klavierkonzert mit Gilels, Tschajkowskijs „Pique Dame" dirigiert von Alexander Melik-Paschajew, Vivaldis „Vier Jahreszeiten", Gesangsplatten mit Joan Sutherland und russische Volkslieder mit Sergej Lemeschew.

Wahrscheinlich wäre aber doch eine Partitur dabei, in der Fedosejew einmal mehr schmökern würde; es könnte sich ja eine überraschende Entdeckung finden, die es aufzuspüren lohnt, etwas Neues, das er noch nicht erforscht hat und mit dem er uns eines Tages überraschen wird.

Ex oriente lux?

Einmal hat Fedosejew verraten, warum er in seinen späten Interpretationen – wie auf den Einspielungen zu hören – manche Tempi langsamer nimmt als bei früheren: „Langsamkeit ist das Schwierigste in der Musik, und um das zu können, braucht man ein Leben lang …"

Am Beginn dieses Porträts von Wladimir Fedosejew warfen wir einen Blick hinter die Kulissen vor Beginn einer Opernvorstellung. Wie lange er manchmal noch nach einem Konzert- oder Opernabend der Musik nachspürt, wenn sie längst verklungen ist, erzählt einer seiner langjährigen Freunde, der Musikkritiker und Komponist Leonid Sidelnikow:

„Es war ein unvergeßlicher Abend in Florenz. Die Premiere hatte den ‚Maggio musicale' eröffnet. Erstmals war in der Stadt Dantes und Petrarcas Berlioz' Oper ‚Benvenuto Cellini', über den großen Künstler und Bildhauer der Renaissance, erklungen. Das außerordentliche Interesse an dieser Permiere hatte durch die Stars in den Hauptpartien, Chris Merritt und Cecilia Gasdia, einen großen Erfolg vorprogrammiert.

Viele prominente Persönlichkeiten, auch Musiker kamen zu ihm und gratulierten ihm zur erfolgreichen Aufführung. Allmählich leerte sich das Theater. Die bunten Lichter verlöschten. Die Mikrophone und TV-Kameras wurden abmontiert. Vorsichtig nahmen auch die letzten Musiker ihre Instrumente und verließen damit den Saal.

Aber der Dirigent blieb allein zurück, versunken in Nachdenklichkeit. Es war ihm anzusehen, daß er immer noch die Musik in den Ohren hatte. Allmählich begann er darüber zu sprechen, über die Premiere, über die Musik und über Kunst überhaupt. Und er fuhr noch fort zu reflektieren, als wir bereits im Wagen, der draußen gewartet hatte, zum nächsten Konzert nach Mailand fuhren, durch eine lange Nacht …"

Probenwerkstatt

„Piano! Vergessen Sie nicht:
Theater beginnt in der Garderobe –
Musik beginnt in der Stille ..."

LUDWIG VAN BEETHOVEN – „EROICA" (URTEXT), 1. SATZ:
„Einsatz ohne Vibrato ... Takt 3: crescendo nicht abbrechen ... das Thema wird schon gefühlt, die Begleitung muß mit dem Thema mitfühlen – Phrasen als Ganzes spielen, nicht in Stücken ... Takt 35: sforzando – die erste Note ist nur ein Signal, kein Ritardando, sondern vorwärtsdrängend ... 38 sehr scharf, sehr staccato ... B: organischer spielen, nicht spezielle Forteakzente machen, harmonische Bögen ... C: sforzando expressiver, nicht Tempo verlieren ... crescendo erst vor sforzando, Kontrabaß ausdrucksvoller, nicht so kurz ... 164: nicht zu laut, Fagott: Sie müssen es von Beginn bis Ende durchziehen ... F: schärfer Tempo markieren, Geigen sollen genauso dolce spielen wie Fagott ... Sie erschlagen den Klang, wenn Sie die erste Note zu scharf nehmen! ... In der Mitte der Phrase nicht abbrechen, Fagott, mehr Ausdruck, mehr singen – das zweite Piano muß wie ein Geheimnis oder eine ferne Erinnerung sein ... S, 564 lange Noten und weich, exakt im Tempo ... 2 Takte vor T Streicher wie Frage und Antwort, Dialog der beiden Streicherseiten ... 525 Horn nicht so schwer, leichter, staccato, ins Ensemble fügen, im Orchester müssen alle wie ein Mann spielen, auch wenn jeder etwas anderes tut ... diminuendo, aber die innere Emotion muß ein Crescendo sein! ..."

LUDWIG VAN BEETHOVEN – „MISSA SOLEMNIS".
„... Spielen Sie das so, daß es Ihre Wahrheit ist! Sonst sind Sie ein nackter Berufsmusiker ohne Gefühl, ohne Seele, ohne Geist und ohne Glaube! ...

Wenn einer nicht mit dem Geist dabei ist und sich auf Kosten der anderen ausruht, ist das Verrat an seinen Brüdern...

Subito piano: Es geht nicht um das plötzliche Piano, sondern darum, zu zeigen, da oben ist Gott, und Gott ist in einem selbst, und die Hinwendung zu Gott geht niemanden was an..."

... zu den nacheinander einsetzenden Solisten:
„Warum singen Sie crescendo, je mehr Stimmen hinzukommen? Warum spielen Sie mit den Muskeln – im Gegenteil! Göttliches Flüstern – nichts anderes darf das sein! Beethoven war hier schon so gut wie gehörlos, und das ist schon seine Kommunikation mit Gott!"

Hector Berlioz – „Symphonie fantastique":
„… Im Andante brauchen wir Bewegung. Wenn ich allein diese Bewegung spüre und sie Ihnen nicht weitergeben kann, bin ich keinen Heller wert. Sie müssen auch mitmachen, sonst suchen Sie nicht, sondern fischen nur im Trüben. Die Bewegung beginnt, *bevor* wir zu spielen beginnen. Bewegung ist das einzige Gesetz, das höchste von allen …

Betonen Sie nicht den Rhythmus als solchen. Sprechen Sie alles nur kurz aus. Dieser Genuß besteht in seiner Kürze … Denken Sie daran, hier ist Ihre Leidenschaft im höchsten Grade da und nicht schon vorweggenommen. Man muß den Bogen crescendo führen, allmählich den Ton anschwellen lassen – von der ersten Note bis zum Forte. Es muß eine edle Steigerung sein…

Hier brauche ich nicht einfach ein Crescendo, sondern grenzenlose Leidenschaft. Das muß im Klang ausgedrückt sein. Langsame Bogenführung – und immer mehr Vibrato – bis Sie das C erreichen. Das ist es! Gut so! Und jetzt wird alles von der Gegenwirkung erfaßt! …

Lassen Sie diese Note nicht aus der Hand – halten Sie sie fest, als wäre es der Feuervogel! Sie muß durch und durch vibriert sein; leichter, bitte. Und jetzt sich selbst diese Note immer wieder ‚einverleiben', ihre Entfaltung spüren: gis – a – b – a – g, und auf allen Akzente. Sie spielen das viel zu ruhig und lyrisch…

Ihr Spiel ist zu gleichgültig. Selbst wenn Sie piano haben, aber um Sie herum solche Leidenschaften toben, ist es doch logisch, vollblütiger zu spielen, sonst kommt nie ein Duett zustande, als ginge die Partitur Sie nichts an. Bei einer so aktiven Melodik kann man unmöglich gleichgültig spielen – ausgeschlossen!…

Musik muß mühelos fließen; wenn wir das nicht mit einem Ensemble-Klang erreichen, wird es kein Fluß …

Sie müssen mit Ihren Händen und Herzen Wunder wirken. Wunder muß man wirken!…

Wozu hat Berlioz diese Pause gebraucht, was glauben Sie? In ihr liegt die Dramaturgie des Schweigens … Man muß diese Pause hören, muß sie sich zu Herzen nehmen – sonst ist es uninteressant! Diese Pause ist das Prinzip eines Genies. Machen Sie kein lächerliches Silenzio daraus. Schließlich ist es nicht einfach ein Silenzio, sondern die wie zur Skulptur erstarrte ausdrucksvolle Stille einer Inspiration…"

Rainer Bischof – „Totentanz für grosses Orchester":
„Jeder sollte versuchen, zu tanzen, in jeder Phrase, jeder Note, und es soll sehr elegant klingen …"

DMITRIJ SCHOSTAKOWITSCH – FÜNFTE SYMPHONIE, 3. SATZ:
„… pianissimo … genug legato! Als wäre die Musik schon da, bevor sie gepielt wird … Das ist keine Trauermusik, das ist Musik der Hoffnung … legatissimo! Noten durch vibrato verbinden, als wäre es schon immer da – so muß man es spielen! …

Ohne zu atmen Übergang zu 4. Satz: … der Anfang ist unschuldig, muß unendlich durch die Seele fließen…"

Fedosejew über diese Symphonie:

„In dieser Symphonie ist mein Leben. Nicht nur, weil es die erste Symphonie von Schostakowitsch war, die ich als junger Mann dirigiert habe. Mir ist das nahe, weil ich durch all das hindurchgegangen bin. Sie enthält aber auch den ganzen Schostakowitsch mit allen Facetten seiner Persönlichkeit. Er hat das Werk 1938, also vor dem Krieg, geschrieben, aber so, als ahnte er schon die ganze Zukunft voraus, es enthält das ganze Drama und die Vorahnung der Katastrophe.

Im zweiten Teil gibt es das Scherzhafte, Sarkastische und die Ironie, die allen seinen Symphonien innewohnt.

Der 3. Satz mutet stellenweise wie ein Gebet an, er beschwört das Gute; das vermittelt Schostakowitsch mit kindlicher Einfachheit und ist dabei zugleich philosophisch; der Satz hat eine geniale dramaturgische Konstruktion.

Das Finale ist gefährlich; es gab immer Anlaß für vielerart Interpretationen, die der ganzen Symphonie aufgezwungen worden sind. Ist es die Vollendung der Katastrophe? Ich glaube nicht. Soll die Dur-Tonlage den Sieg verdeutlichen? Gewiß, man kann es so sehen, wenn man will – deshalb wurde es auch oft so pompös gespielt. Aber ich finde, man muß vom Tempo ausgehen, das Schostakowitsch sehr genau angegeben hat. Gewiß, hier wird ein schreckliches Vorgefühl vermittelt – danach muß man selbst festlegen, was das Resümee ist. Deshalb kann diese Symphonie heute nachträglich anders klingen als zur Zeit ihrer Entstehung bzw. unmittelbar nach dem Krieg: da wurde sie als Siegessymphonie ausgelegt und dirigiert, die das Sowjetsystem bestätigen sollte. Davon können wir uns heute befreien und sie auch anders betrachten …"

DMITRIJ SCHOSTAKOWITSCH – ZEHNTE SYMPHONIE:
„Sie müssen spielen, als hätte nicht Schostakowitsch das geschrieben, sondern als wäre das Ihr eigener Gesang!"

Peter I. Tschajkowskij – "Pique Dame", Zürcher Opernhaus
(aus einer Reportage von B. Zollner für „MKultur" 2000):
„Wie von Ferne erklingt das sehnsuchtsvolle Thema aus dem gelblich erleuchteten Orchestergraben; am Pult eine weit ausgreifende Armbewegung, der warme, vibrierende Klang der Streicher schwillt an und erfüllt den dunklen Zuschauerraum; eine energische Geste, und das Blech nimmt mit Verve das Thema aus, sonorer Schall füllt den Raum. Der Dirigent läßt die Arme sinken, schüttelt den Kopf, die Musik bricht ab. ‚Fünf vor Ziffer zwei' – er wendet sich zur Assistentin um, die in der ersten Parkettreihe hinter ihm sitzt und an einem beleuchteten Pult Eintragungen in die Noten vornimmt. Ein kurzer Wortwechsel. ‚Fünf Takte vor Ziffer zwei!' – und abermals intonieren die Streicher die Melodie, setzen die Blechbläser ein, behutsamer als zuvor, entfaltet sich ein machtvoller, üppiger Klang, wie tief aus dem Untergrund aufsteigend. Da knallt nichts heraus, da klingt aber auch nichts breiig oder verschwommen.

Der Wechsel auf das tänzerische Seitenthema kommt etwas unsauber, wie hineingestolpert, also abermals Abbruch. Und Neueinsatz, diesmal klar akzentuiert, und schon eilen Violinen und Holzbläser beschwingt voran. Wladimir Fedosejew dirigiert mit Händen und Armen, als könnte er die Luft, die die Töne trägt, dünnflüssiger machen, um sie leichter und rascher zu durchdringen. ‚Viel zu laut', er klatscht, wendet sich links und rechts an die Stimmführer im Orchester, ‚more grazioso, please, zwei Takte vor der Stelle grazioso', er flötet es geradezu – und wirklich, nun erhebt sich die Musik auf Zehenspitzen, kleine, leichte, beschwingte Schritte, und nun eine Drehung und noch ein Drehung (…)

Dies ist die erste ‚BO' – Bühnen-Orchesterprobe für ‚Pique Dame', und sie gehört dem Dirigenten. Ein schwarzer Horizont begrenzt den Bühnenrand (…) Rundum sitzen die Sängerinnen und Sänger des Chors (…) Mit der linken Hand gibt Fedosejew Akzente, knetet den Klang, während die Rechte den Takt angibt, beschleunigt, abklopft. ‚More active!', verlangt er ‚The women are absolutely perfect now, but the men – please!' Und die ganze Passage von vorn. Stimmen mischen sich und gewinnen an Klangfülle, während Sommerkleider, Jeans und T-Shirts nach vorne rücken (…) Die Stimmen steigern sich zu einer Intensität, die Probensituation und szenische Vorläufigkeit vergessen läßt. Diesmal ist der Maestro zufrieden …"

Fedosejew über diese Oper:

„… Es ist die beste Oper Tschajkowskijs und eine der besten der Musikliteratur; sie enthält die ewige Idee von Gut und Böse, Liebe und der Macht des Geldes. Man könnte nicht eine einzige Note weglassen. Doch selbst wenn man den gesamten Text ausließe, wäre es völlig klar, worum es geht."

… über „piano":

„Piano ist nicht international. Piano in Tschajkowskijs ‚Pique Dame' ist ein anderes als in Verdis ‚Requiem'. Ein Dirigent muß erklären können, was er für eines meint."

… über die Arbeit mit Orchestermusikern:

„Man kann aus einem Musiker das Beste herausholen, von dem er selbst nichts weiß – aber nur mit Liebe und Respekt, nicht mit dem Dirigentenstab, sonst verschließt er sich nur…"

… über die eigene Arbeit an der Partitur:

„Die Partitur ist wie eine Tür, die weit in die Tiefe eines Raums führt. Mein Prinzip, an einen Text heranzugehen, ist das eines Restaurators einer Ikone oder Freske. Wenn er etwa ein Bild aus dem zwölften Jahrhundert freilegt, dann wäscht er erst die erste Schicht ab; darunter entdeckt er etwas Schönes, dann beginnt er sorgfältig, noch tiefer zu gehen – das Bild wird immer besser; und wenn er die letzte Schicht freigelegt hat, entdeckt er erst die eigentliche, wahre Kunst, die diesem Werk zugrunde liegt …"

Fedosejew-Interviews

1.

In einem Interview mit einem deutschen Musikkritiker unterhielt sich Fedosejew in Bregenz über Rimskij-Korsakows Oper „Die Legende von der unsichtbaren Stadt Kitesch":

MK. „Im Programmheft haben Sie geschrieben, das sei Rimskij-Korsakows am besten gelungene Oper. Stimmt das?

F. „Das stimmt. In jeden Fall nimmt sie eine Sonderstellung in der russischen Musik – und natürlich bei Rimskij-Korsakow ein. Es ist überhaupt eine Legenden-Oper." –

MK. „Die Übersetzung ist sehr alt und unterscheidet sich deutlich vom russischen Original. Mir fiel zum Beispiel auf, daß dort, wo ‚Teufel' stand, es jetzt ‚Gott' heißt, und wo ‚Gott' war – ist jetzt ‚nichts'. Statt des Wortes ‚Luft' heißt es ‚nichts'. Luft und Nichts – ist das dasselbe? Was steht russisch da?" –

F. „Die Nichtse – die überhaupt nicht existieren." –

MK. „Wird das Wort ‚Luft' dann nur für den Reim verwendet? Oder ist damit Nichts gemeint? Das wäre die Position Sartres, der Nihilismus Nietzsches …" –

F „Das sind die Worte dessen, der den Verstand verloren hat, Grischka." –

MK. „Aber die Philosophen haben diese Phrase geschrieben, bevor sie verrückt wurden." –

F. „Aber sie haben die Entwicklung schon vorausgesehen."

MK. „Zum Beispiel Sartre und Nietzsche. Sartre war am Ende auch schon ziemlich krank. Er hat nichts mehr gesehen und konnte nicht mehr normal arbeiten. – Ich habe gelesen, daß der Komponist das Orchester bei Glinka und das Orchester bei Wagner unterschiedlich empfunden hat – den verschmelzenden Klang, wenn es Wagner spielte und die große Transparenz bei Glinka." –

F. „Es gibt solche Ansichtsweisen. Wenn man zum Beispiel Wagners ‚Waldesrauschen' und Pitellis ‚Lob der Wüste' vergleicht, gibt es im Orchestrierungsprinzip viel Gemeinsames in der Beschreibung der Natur. Das ist ein rein äußerlicher Vergleich. Aber es gibt tiefere Parallelen: so zum Beispiel, wie Wagner nichtexistente Welten dargestellt hat – und wie im gegenwärtigen Fall Rimskij-Korsakow, der öfter irreale Welten berührt hat, diese in der ‚Kitesch-Legende' beschrieben hat, damit die Menschen von diesen Welten für sich das Beste mitnehmen können. Nachdem unsere Welt klein geworden ist und die

Zivilisation aus uns allen Nachbarn gemacht hat, müssen wir uns natürlich auch mehr aneinander annähern, unsere Beziehungen pflegen und erhalten und uns auch mehr der Natur zuwenden. Die Natur ist Gott. Wie Fewronja sagt: ‚Ist die Natur etwa nicht überall?' – Natürlich, und auch wir sind Geschöpfe der Natur, deshalb müssen wir einander nahe sein.

Und das sind die Antworten auf diese Fragen, die in vielem in dieser Oper liegen.

Diese Oper gilt als besonders russische Oper – vielleicht ist sie deshalb im Westen so unbekannt. Aber diese Oper enthält ihre Botschaft sosehr für das, was die Welt bewegt – für die ganze Menschheit. Schon jetzt befinden wir uns in einem Zustand, in welchem diese Oper uns mit allgemein menschlichen Ideen umfaßt. Deshalb glaube ich, daß die Zeit für diese Oper gekommen ist. Sie hat den Zeitpunkt erreicht, wo das, was sie uns sagt, gebraucht wird. Wenn wir dem Vermächtnis folgen, das in diese Oper gelegt ist, wenn wir es hören und uns danach verhalten, können wir uns retten." –

MK. „Man muß sagen, daß diese Oper immer zeitgemäß ist. Nicht nur in ihren Ideen, im Sujet, in der Handlung, sondern auch – glaube ich – in der Orchestrierung, in der Färbung der Partitur. Ich habe sie zum ersten Mal gehört. Ich lebe in Wiesbaden, und dort wurde anläßlich des 150. Geburtstags von Rimskij-Korsakow diese Oper in deutscher Sprache inszeniert. Aber damals habe ich sie nicht verstanden. Die Musik hat nicht existiert. Es war eine Neuinszenierung – und die war noch schlechter als die Musik. Das war meine erste Bekanntschaft mit diesem Werk.

Wie stehen Sie zur Farbigkeit der Partitur? Sie haben diese Musik mit so viel Gefühl dirigiert, daß ich eine solche Aufführung gerne öfter hören würde. Ich habe auch die Inszenierung in russischer Sprache genossen. Ich würde gerne auf Russisch von Ihnen Rimskij-Korsakows ‚Goldenen Hahn' hören. Diese Oper ist bei uns bekannter als andere seiner Werke. Ich habe sie aber noch nicht in Ihrer Fassung gehört und hoffe, daß das einmal der Fall sein wird."

F. „Es gibt ja auch die kaum bekannte Oper ‚Mainacht', für deren Aufnahme ich vor zwanzig Jahren den ‚Orphée d'or' bekommen habe." –

MK. „Gibt es davon noch eine Aufnahme?" –

F. „In Frankreich sicher." –

MK. „Warum, glauben Sie, hatte ‚Kitesch' in der anderen Fassung in Wiesbaden keinen Erfolg?" –

F. „Ich glaube, die Solisten waren nicht richtig ausgesucht. Diese Oper braucht hervorragende Sänger. In dieser Rimskij-Korsakow-Oper gibt es praktisch keine Nebenpartien, nur Hauptrollen. Der beste Sänger ist gerade gut genug. Zweitens gibt es in dieser Oper keine Entfaltung in schönen Arien wie zum

Beispiel in Verdi-Opern. Im Westen gibt es weniger Ensembles als in Rußland für die Chorszenen. Diese Oper bietet aber Gelegenheit für sehr schöne, farbige Momente, die einen berühren können. Und das muß unbedingt im Spiel auf der Bühne durchdringen. Wenn zum Beispiel Grischka kein guter Schauspieler ist, wird niemand zuhören.

Dann ist da noch in der Figur des Grischka die Kombination eines Heldentenors mit gleichzeitigem Charakterfach. Diese Kombination in einer Person zu finden ist sehr schwierig.

Weiters – nachdem es sich hier um eine Legenden-Oper handelt, entwickelt sich der Handlungsablauf sehr langsam. Das ist typisch für die russische Mentalität. Umso mehr, als es sich um eine nördliche Legende handelt. Es gibt zahlreiche Wiederholungen ein- und derselben Idee. Diese Oper ist daher sehr lang. Die Ausdrucksweise ist sehr altertümlich, wenig unserer Zeit entsprechend.

Das alles muß man verstehen und auch auskosten, genießen können, gerade durch eine gute Kenntnis der Sprache. Die Zeit hat sich seit der Entstehung der Oper geändert – und mit ihr die Menschen. Ihre Art, sie aufzunehmen ebenfalls. Außerdem ist es für das heutige Publikum sehr schwer, an die vier Stunden dazusitzen und eine fremde Sprache zu hören. Genauso wie man Wagners ‚Ring' unmöglich an einem Abend hören könnte.

Daher war ich auch gezwungen, gewisse Kürzungen vorzunehmen – und zwar bei den Wiederholungen. Denn es wäre sogar in Rußland schwer, die Oper ganz nach ihrem Konzept zur Gänze zu hören und das Wesentliche aufzunehmen. Umso mehr gilt das für das westliche Publikum.

Deshalb habe ich im Laufe eines Jahres lange und ernsthaft an Streichungen gearbeitet. Das fiel mir sehr schwer, denn ich bin mir wie ein Verbrecher an Rimskij-Korsakow vorgekommen. Aber ich habe nicht eine einzige Idee weggeworfen. – Im Gegenteil: ich habe sie noch stärker zur Geltung gebracht und sogar ein Konzentrat geschaffen, ohne die harmonischen Konzepte zu verletzen. Und mir scheint, man hört nicht eine einzige Nahtstelle." –

MK. „Das kann ich bestätigen." –

F. „Ich muß gestehen, daß ich natürlich sehr nervös war. Ich fühle das Publikum gleich – mit meinem Rücken. Und ich habe sofort gespürt, daß die Zuhörer von den ersten Takten an kolossal mit dieser Musik mitgegangen sind." –

MK. „Mitgegangen?" –

F. „Mitgegangen, Stille, Aufmerksamkeit. Ich habe sofort gespürt, daß die Phantasie des Publikums sofort zu arbeiten beginnt. Das ist sehr wichtig. Und das ist nicht immer so. Das heißt, mir war klar, daß die, die da im Saal sitzen, alle feinen Details erfassen. Gefühlsmäßig erfassen. Das heißt, alle Gefühle und die ganze Handlung – das alles ist jedem Anwesenden nahegegangen. Und das hat mir Selbstbewußtsein eingeflößt." –

MK. „Die Musik ist zum Publikum transportiert worden. Und das ist Ihr Verdienst. Was die Striche betrifft, glaube ich, daß sogar vor hundert Jahren die Symphonien zu lange erschienen. Wenn Ihnen auch diese Version mit den Strichen noch lange vorkommt, könnten Sie noch im 3. Akt sehr viele Striche vornehmen. Dann bleibt im 3. Akt nur mehr die Szene mit dem Anführer …" –

F. „Nein. Das würde ich nie wagen." –

MK. „Wenn man sehr radikal herangeht, könnte man es überhaupt so machen: Heerführer – nach Wagners Idee. Fünf Stunden reine Mechanik in drei Akten. Übrigens: gibt es in der Partitur eine Balalajka oder soll es nur der Effekt einer Balalajka sein?" –

F. „Es gibt sie als Mandoline. Das Orchester sitzt auf der Bühne. Wenn man das nicht tut, schlägt Rimskij-Korsakow geschickt vor, die zweiten Geigen und Bratschen auf Balalajka spielen zu lassen. Das ist eine Transposition des Komponisten. Natürlich nicht mit der gleichen Klangfarbe."

MK. „Gibt es auch im 4. Akt Striche?" –

F. „Die meisten Striche habe ich im 4. Akt vorgenommen. Weil es dort die meisten Wiederholungen des 1. Aktes gibt. Besonders in den Szenen der Fewronja. Sie kehrt wieder zum Wald, zur Natur zurück. Das habe ich natürlich gelassen, aber nicht zur Gänze. Ein kleines Stück wird wiederholt, aber nur ein kleines. Es gibt auch dort, im 4. Akt, noch viele Wiederholungen des bereits Gesagten."

MK. „Ohne Wiederholungen kann man diese Oper wahrscheinlich nur auf Platte hören?" –

F. „Ja, nur auf Platte."

MK. „Haben Sie vor, eine Einspielung zu machen?" –

F. „Das ist natürlich mein Traum. Hier wird man von zwei Vorstellungen eine CD machen. Eine solche Aufnahme wird es dann geben …"

MK. „Welche Pläne haben Sie als designierter Chefdirigent der Wiener Symphoniker in Wien?" –

F. „Ich habe einige Ideen. Ich komme dem immer näher. Von einer kann ich erzählen: ein Zyklus ‚Wiener Premieren'. Das heißt, daß zum Beispiel im ersten Teil ein Werk gespielt wird, das zum ersten Mal in Wien zu hören war; so zum Beispiel vor hundert Jahren Tschajkowskijs Violinkonzert, das zum ersten Mal in Wien aufgeführt worden ist. Aber natürlich betrifft das nicht nur russische Werke, sondern auch westliche, die eben in Wien zum ersten Mal vorgestellt worden sind. Es kann auch jedes Werk des 20. Jahrhunderts sein – oder Mozart, die ‚Deutschen Tänze' etwa.
Im zweiten Teil werden dann Werke zu hören sein, die in Wien noch nie ge-

spielt wurden – vielleicht schon anderswo, also keine Welturaufführungen, aber eben Wiener Erstaufführungen. Das können sowohl zeitgenössische als auch ältere Kompositionen sein.
Und dann ist da noch ein spezielles Programm für Ostern. Ein Frühlingskonzert. Dabei werden nicht nur Wiener Walzer erklingen, sondern auch zum Beispiel russische Walzer, zum Beispiel auch einer von Tschajkowskij." –

MK. „Und wie sieht es mit der Wiener Oper aus? Werden Sie dort wieder dirigieren?"

F. „Im September 1996 ist geplant ‚Pique Dame' mit dem Regisseur Kontschalowskij." –

MK. „Kennen Sie die Inszenierung der ‚Pique Dame' von Ljubimow? Sie ist bei uns in Karlsruhe produziert worden und jetzt wird sie in Bonn gemacht. Musikalisch bearbeitet von Schnittke. Ein Cembalo anstelle des Klaviers. Und die Szenen sind völlig umgestellt. Ist das auch in Moskau gezeigt worden?"

F. „Nein. Bei uns war diese Inszenierung sehr umstritten. Er hat sie bereits gemacht – aber sie ist nicht zur Aufführung gekommen. Neunzig Prozent der Musiker waren dagegen, sie zu spielen. Das Publikum nimmt alles an. Deshalb muß man darüber sprechen, was gut und was schlecht ist, wie man es machen muß und auf welche Weise, um den Geschmack zu bilden – besonders bei den jungen Menschen. Es lastet daher auf den Kritikern eine große Verantwortung. Jetzt kann man bei uns alles kaufen und alles machen. Aber die Kriterien sind alle verwischt und alle sind verwirrt."

MK. „Haben Sie Pläne für Aufnahmen?" –

F. „Es gibt Pläne. Musorgskij – den gesamten Musorgskij. Und dann alle Symphonien von Schostakowitsch sowie ‚Katharina Ismajlowa'." –

MK. „Die Oper?" –

F. „Es gibt die Oper, aber jetzt ist sie von einem Freund Schostakowitschs, Wenjamin Basner aus St. Petersburg, umgearbeitet worden. Es ist eine Symphonie. Dabei ist nicht eine Note von Basner – er hat nur alles zusammengefügt. Es ist die reine Musik von Schostakowitsch. Nichts ist verändert worden, nur vereint. Ich werde das erstmals in New York spielen – noch in diesem Jahr, am 6. Dezember 1995 in Lincoln Center mit meinem Moskauer Radio-Symphonieorchester. Und dann in Wien.
Die Idee entstand, als Schostakowitschs Oper ‚Jekaterina Ismajlowa' verboten wurde. Damals waren Schostakowitsch und Basner schon befreundet, und der Komponist war sehr verbittert, daß dieses Werk nicht gespielt werden durfte und sagte immer, meine beste Musik ist verboten – es ist so schade, daß niemand sie hören kann. Ich träume davon, daraus eine Symphonie zu machen. Denn die würde die politische Zensur nicht verstehen. Daher kam die Idee.

Schostakowitsch sprach darüber mit Basner, wie sehr er sich das wünschen würde. Und erst nach Schostakowitschs Tod – er starb 1975 – hat Basner das gemacht. Das war erst vor drei Jahren. Und die Witwe von Schostakowitsch hat mir die Partitur zur Uraufführung gegeben."

MK. „Sie ist auch in Rußland noch nicht gespielt worden?"
F. „Nein, kein einziges Mal. Die Uraufführung wird in Amerika sein." –
MK. „Wie lang ist das Werk, das aus der Oper entstanden ist?" –
F. „55 Minuten, fünf Teile." –
MK. „Ist das für Sie eine Premiere?" –
F. „Ich spiele öfter einzelne Teile. Das machen viele."

2.

Das folgende, auszugsweise wiedergegebene Gespräch anläßlich des Saisonbeginns 1997/98 im Wiener Musikverein für die Programmvorschau der Gesellschaft der Musikfreunde führte Joachim Reiber.

„Einmal Moskau und zurück: so hieß vor Jahren ein Erfolgsstück in der Wiener Josefstadt. Ähnlich könnte man die aktuelle Erfolgsgeschichte des Dirigenten Wladimir Fedosejew überschreiben: Wien – Moskau – und zurück. Fedosejew, seit Beginn des Jahres Chefdirigent der Wiener Symphoniker und seit mehr als zwei Jahrzehnten Musikdirektor des Staatlichen Tschajkowskij-Symphonieorchesters Moskau, pendelt zwischen den Metropolen – und nimmt im Oktober seine Moskauer Musiker mit auf die Reise nach Wien. Die Musikvereins-Saison beginnt so mit einem ‚Fedosejew-Festival' besonderer Art: knapp hintereinander dirigiert der Maestro seine beiden Orchester. Mit den ‚Musikfreunden' sprach er aus diesem Anlaß über Wien und Moskau, Strauß und Tschajkowskij, Jewgenij Mrawinskij und Carlos Kleiber ...

JR. Nach Ihrem Debüt als Dirigent des Symphoniker-Konzertes ‚Frühling in Wien', bei dem Sie unter großem Jubel Wiener Musik von Strauß und anderen dirigiert haben, erklärte die ‚Presse', es gebe nun zumindest musikalisch ‚einen waschechten Bürger mehr in der Stadt'. Fühlen Sie sich selbst schon als Wiener?
F. Halb und halb! Ich liebe Wien. Es ist die Hauptstadt der Musik, ein herrlicher Platz für die Kunst ... Was freilich die Musik von Johann Strauß betrifft, so zählt sie zum Allerschwierigsten für einen russischen Musiker.
JR. Aber es gibt doch auch Walzerseligkeiten in russischer Musik ...

F. Das ist aber ein anderer, ganz und gar anderer Stil. Zum Unterschied vom Eins-zwei-drei dieser Walzer verlangen die Wiener mehr Flexibilität – und vor allem: das ist Volksmusik. Das bedeutet eigentlich, daß nur Menschen, die hier geboren und aufgewachsen sind, diese Musik spielen und singen können. Für einen Russen ist es wirklich schwierig, sich in diese Musik hineinzufühlen. Ich weiß eigentlich nicht, wie ich selbst das gemacht habe. Lehrer gab es keinen, ich mußte mich auf mein musikalisches Gespür verlassen – und ich bin glücklich, daß das auch viele Wiener gelungen fanden.

JR. Sie sind jetzt seit rund einem halben Jahr Chefdirigent der Wiener Symphoniker. Können Sie da schon ein erstes Resümee ziehen?

F. Es ist eine sehr verantwortungsvolle Position und eine höchst ehrenvolle Aufgabe für mich, an der Spitze dieses weltberühmten Orchesters zu stehen – nach Dirigenten wie Karajan, Sawallisch, Prêtre ... Was mir vorschwebt, ist eine Erweiterung des Repertoires, zum Beispiel unter dem Motto ‚Wiener Premieren'. Aus der Gegenüberstellung von Werken, die in Wien uraufgeführt worden sind, und ganz neuen oder bisher in Wien nicht gespielten Kompositionen lassen sich interessante Programmkonstellationen gewinnen. Ein Stück sind wir ja bereits auf diesem Weg gegangen: in der letzten Saison haben wir beispielsweise im Musikverein die europäische Erstaufführung von Wenjamin Basners und Dmitrij Schostakowitschs ‚Jekaterina Ismajlowa'-Symphonie gestaltet, im Oktober spielen wir im Internationalen Orchester- und Chor-Zyklus Schuberts ‚Unvollendete' und Prokofjews Filmmusik ‚Iwan Grosnyj' ...

JR. Sicherlich auch eine Wiener Premiere ...

F. Ja, und nicht nur das. Wir haben für die Realisierung dieses Werkes eine, wie ich glaube, besonders interessante Variante gefunden. Statt der üblichen Besetzung, die einen Gesangssolisten und einen Rezitator verlangt, wird bei unserer Interpretation ein Schauspieler alle diese Funktionen übernehmen: Alexej Petrenko, ein in Rußland hochgeschätzter Mime, der vor allem durch seine Filmdarstellung des Rasputin bekannt geworden ist.

JR. Genau eine Woche, nachdem Sie mit den Symphonikern Prokofjews ‚Iwan' gespielt haben, eröffnen Sie mit Ihrem Moskauer Orchester den Wiener Symphoniker-Zyklus. Wiens Musikfreunde erwartet also ein höchst interessanter Vergleich. Wie würden Sie denn selbst diesen Vergleich ziehen?

F. Zunächst einmal muß man bedenken, daß beide Orchester von unterschiedlichen Schulen geprägt sind. In Moskau haben wir bei den Streichern eine sehr alte, berühmte Schule, die noch immer intakt ist. Bei den Holz- und Blechbläsern ist leider zu beklagen, daß diese Schulen mehr und mehr abhanden kommen, zum Beispiel weil die Lehrer aussterben. Was mein Orchester anbelangt, glaube ich doch, daß ich ihm einen ganz eigenen, unverwechselbaren Klang vermitteln konnte. Das ist sozusagen das Ergebnis meines bisherigen musikalischen Lebens, einer nun schon dreiundzwanzig Jahre währenden Tätigkeit als Chefdirigent.

JR. Unter welchen Bedingungen arbeiten Sie denn derzeit in Moskau? Wie ist die Situation des Orchesters, kulturpolitisch gesehen?

F. Schwierig – oder sagen wir's deutlicher: katastrophal. Es ist einfach kein Geld da. Erst vor wenigen Tagen teilte uns das Kulturministerium mit, daß wir in diesem Jahr mit keinerlei Zuwendungen zu rechnen hätten. Das Gehalt wurde bis jetzt – zwar manchmal verspätet – noch bezahlt. Nun werden bis Jänner die Zahlungen überhaupt ausgesetzt. Auch alle anderen Kosten – die notwendigen Aufwendungen für die Instrumente zum Beispiel – werden nicht mehr gedeckt. Dabei werden wir sogar für die Benützung der Probenräume und Konzertsäle selbst zur Kassa gebeten. Überleben können wir nur dank unserer zahlreichen Einladungen ins westliche Ausland und unserer Schallplattenverträge mit Firmen in Japan, Deutschland und Österreich.

In Wien ist das glücklicherweise ganz anders. Und, um wieder auf die musikalischen Aspekte zu kommen: die Wiener Symphoniker verfügen über viele ganz ausgezeichnete Musiker und wundervolle Solisten. Ich schätze außerdem ihre künstlerische Einstellung, ihre Liebe zur Arbeit, ihr Engagement, auch bei den Proben. Wenn Sie mich nach dem ‚idealen' Orchester fragen, so würde ich es in einer Kombination von Wien und Moskau sehen. Am liebsten würde ich manches von Moskau nach Wien übertragen und umgekehrt. Und ich träume davon, eines Tages, zu einem ganz besonderen Anlaß, beide Orchester in Wien gemeinsam spielen zu lassen.

JR. Da muß sich natürlich eine Grundfrage anschließen: Was ist es denn genau, was Sie aus Moskau nach Wien übertragen würden?

F. Nun, ich denke, daß ich auch in Wien noch am Klang arbeiten kann, daß der Klang des Orchesters in einem langen Prozeß intensiver musikalischer Arbeit vielleicht noch wärmer und noch flexibler werden könnte. Dabei habe ich freilich größten Respekt vor der Wiener Tradition. Denn, wie gesagt, Wien ist die Hauptstadt der Musik. Und: Wien bleibt Wien.

JR. Und Moskau bleibt Moskau?

F. Nein, um Gottes willen, hoffentlich nicht. Denn dort erleben wir zur Zeit einen traurigen Tiefstand der Kultur. Die sogenannten ‚Neureichen' – ich muß das leider so hart sagen – interessieren sich nicht für Kultur und legen nicht den geringsten Wert auf klassische Musik. Popmusik, okay. Aber wenn ich manchmal in Rußland den Fernseher aufdrehe, weiß ich nicht mehr, ob ich in Moskau bin oder in New York.

JR. Trotzdem spielen Sie nicht mit dem Gedanken, aus Moskau wegzugehen.

F. Nein. Das Tschajkowskij-Symphonieorchester ist meine Familie.

JR. Wieviel Zeit bleibt Ihnen denn nun, da Sie Chefdirigent zweier so bedeutender Orchester sind, noch für Gastdirigate?

F. Sicherlich gibt es viele Einladungen für mich, vor allem aus Deutschland, Frankreich, Japan und der Schweiz. Doch werde ich die Zahl meiner Gastverpflichtungen ganz bewußt reduzieren, um mich intensiv meinen Aufgaben in Wien und Moskau widmen zu können.

JR. Wo wird man denn Wladimir Fedosejew in Zukunft als Operndirigenten erleben können?

F. In Bregenz und Zürich. In Zürich werde ich Verdis ‚Attila' leiten, ebenso Rubinsteins ‚Dämon' – als Koproduktion mit den Bregenzer Festspielen – und schließlich Tschajkowskijs ‚Pique Dame'. In Bregenz steht als nächste Produktion unter meiner Leitung Montemezzis ‚L'amore dei tre re' auf dem Programm.
Aber wie Sie wissen, ist die symphonische Musik mein eigentliches musikalisches Terrain. Opernrepertoire zu dirigieren, mit nur einer Probe vor der Aufführung, ist absolut nicht mein Fall. In Bregenz zum Beispiel ist das ganz anders: Da habe ich einen ganzen Monat Zeit, die Partitur wirklich genau einzustudieren, ausführlich mit dem Regisseur zu diskutieren, mit jedem einzelnen Sänger zu arbeiten – ideale Bedingungen also.

JR. Wenn man Ihren musikalischen Werdegang Revue passieren läßt, dann fällt vor allem ein Name auf: Jewgenij Mrawinskij. Welche Rolle hat denn der legendäre Chefdirigent der Leningrader Philharmoniker für Sie gespielt?

F. Mrawinskij stand mir sehr nahe. Er war der erste, der mir die Hand reichte, mir als jungem Musiker Mut machte und mich einlud, sein berühmtes Orchester zu dirigieren. Er hat mir, wenn ich so sagen darf, seinen Segen gegeben. – Ich bewundere Mrawinskij nicht nur als Dirigenten, sondern als große Persönlichkeit. Vierzig Jahre lang war er Chefdirigent in Leningrad, vierzig Jahre – das muß man sich einmal vorstellen. Unglaublich war auch seine Probenarbeit. Wenn er eine Tschajkowskij-Symphonie aufs Programm setzte, die er und das Orchester eigentlich in- und auswendig kannten, beraumte er dafür nicht weniger als zehn Proben an, sein ganzes Leben lang. Und jedes Mal fand er etwas Neues heraus.

RJ. Nehmen Sie sich selbst ein Beispiel daran?

F. Natürlich versuche ich, ihm zu folgen. Aber die Zeiten haben sich geändert. Mrawinskij war damals wirklich so etwas wie der Eigentümer des Orchesters, er konnte verfahren, wie er wollte. Mit einem Wort: Er war der musikalische Zar von Leningrad.

JR. Aber im musikalischen Zugriff ist Mrawinskij ein Vorbild für Sie geblieben?

F.   Ja, in den wichtigsten Grundsätzen folge ich ihm. Er war unglaublich verantwortungsvoll der Musik gegenüber, schlug jede Art ‚diplomatischer' Kompromisse aus. Ich betrachte Mrawinskij als meinen eigentlichen Lehrer, ohne daß er mich im engeren Sinn unterrichtet hätte. Ich beobachtete ihn während seiner Arbeit und konnte eine Menge wichtiger musikalischer Fragen mit ihm diskutieren. Und für einen angehenden Dirigenten ist das meiner Ansicht nach auch das Wichtigste – viel wesentlicher als das Erlernen von metronomisch genauer Schlagtechnik. Natürlich gehört das Handwerk dazu, muß man bestimmte Fertigkeiten mitbringen. Und auch darin hatte ich einen ausgezeichneten Lehrer, nämlich Lew Ginsburg, der vor dem Zweiten Weltkrieg in Deutschland ausgebildet worden war. Er war kein großartiger Dirigent, aber ein hervorragender Lehrer. Grundsätzlich versuche ich, von jedem Dirigenten zu lernen. Und auch jetzt habe ich einen Lieblingsdirigenten: Carlos Kleiber.

JR. Ihr Konzert mit dem Tschajkowskij-Symphonieorchester wird ausschließlich Werke des Namenspatrons Tschajkowskij umfassen. Gibt es bestimmte Prinzipien, die speziell für Ihre Tschajkowskij-Interpretation gelten?

F.   Mir geht es nicht um Effekte, sondern darum, den Komponisten und sein Werk zu verstehen. Ich studiere Tschajkowskij-Briefe und Dokumente – und immer wieder die Partituren. Jeden Tag kann ich sie aufschlagen – und ständig gewinne ich neue Einsichten.

Die Musik lebt mit der Zeit, Interpretationen wachsen und verändern sich im Laufe der Zeit. Ich mache mir das immer wieder bewußt, denke darüber nach, wie sich musikalische Deutungen auch unter politischem Einfluß verändern können. Gerade die russische Musik bietet dafür anschauliche Beispiele. Denken Sie etwa an Skrjabin, dessen Vorstellung von einem spezifischen Raumklang noch vor dreißig Jahren mit lautstarkem Pomp und Bombast verwechselt wurde. Oder Schostakowitsch, dessen tiefe, philosophische, dramatische Musik zu Stalins Zeit noch mit martialischer Härte und skelettierender Strenge exekutiert wurde. Und auch bei Tschajkowskij gibt es solche Traditionen, schlechte und gute. Ich finde es wichtig, alle diese Traditionen zu kennen. Man muß ihnen nicht folgen, aber man muß sie kennen. Und man muß immer wieder darüber reflektieren, wie die Zeit den Zugang zu einem Werk prägt …"

3.

Gespräch für die Programmhefte des Wiener Konzerthauses anläßlich des Beethoven-Zyklus 1998/1999 unter der Leitung von Wladimir Fedosejew. Interviewt hat Rainer Lepuschitz.

„Anläßlich der zyklischen Gesamtaufführung der Symphonien von Ludwig van Beethoven im Wiener Konzerthaus äußerte sich der Dirigent Wladimir Fedosejew über seine Einstellung zu Beethovens Symphonik, zur Aufführungstradition und zu Fragen der Interpretation. Das Gespräch wird aufgeteilt auf die fünf Programmhefte des Beethoven-Zyklus wiedergegeben.

RL. Beethoven hat im Herbst 1799 mit der Skizzierung seiner ersten vollendeten Symphonie begonnen. Zwei Jahrhunderte später eröffnen die Wiener Symphoniker unter Ihrer Leitung, Maestro Fedosejew, in Wien mit der C-Dur-Symphonie op. 21 eine zyklische Aufführung aller Beethoven-Symphonien. Was bedeutet für Sie als Musiker dieses ‚Jahrhundert-Projekt‘?

F. So weit ich zurückdenken kann, habe ich davon geträumt, den Zyklus aller Beethoven-Symphonien zu dirigieren. Es ist für mich eine große Ehre, dies nun in der ‚Musikhauptstadt‘ Wien zu realisieren, wo Beethoven gewirkt hat. Für mich ist Beethoven der wichtigste Komponist. Seine Sprache ist übergreifend, er ist nicht ‚deutsch‘, nicht ‚österreichisch‘, er ist international. Seine Musik stellt für den Interpreten die schwierigste Aufgabe dar, die man sich vorstellen kann. Ich würde das mit der biblischen Geschichte vom Turmbau zu Babel vergleichen. Vor dem Turmbau sprachen die Menschen eine Sprache. Dann bestrafte sie Gott mit der Sprachverwirrung. Ich glaube, daß Beethoven alle seine Werke noch vor der Sprachverwirrung schrieb. Seine Sprache verstehen alle. –

RL. Schon bei den ersten Aufführungen zu Lebzeiten Beethovens löste jede Symphonie ein nachhaltiges Echo beim Publikum und enorm viele Reaktionen in der Musikwelt aus. Bis heute zählen diese Symphonien zu den populärsten und meistaufgeführten Werken des klassischen Repertoires. Geht es mehr um eine verläßliche Pflege dieses Bildungsguts oder um eine ständige aufführungspraktische Neupositionierung dieser Meisterwerke?

F. Die Menschen brauchen und brauchten Beethovens Musik bei der Suche nach Antworten auf die Fragen des Lebens und als moralische Stütze, weil diese Musik alle Bereiche unseres Lebens berührt. Sie wird immer am Puls der Zeit sein und nie altern. Ich habe mir die Aufgabe gestellt, mit der zyklischen Aufführung der neun Symphonien die heutige Zeit mit Beethovens Musik zu verbinden, einen Beethoven wiederzugeben, der heute, in meiner Zeit, lebt. Das ist eine schwierige und vielleicht auch eine gewagte Aufgabenstellung. Es gibt immer

Leute, die einem sofort Neuheitssucht und Effekthascherei vorwerfen. Ich versuche aber, alle Antworten in der Partitur zu finden.

RL. Die Quellenlage der neun Symphonien sorgt bis heute für ungezählte Recherchen zu Details der Dynamik, Phrasierung und Instrumentierung. Viele Dirigenten präsentierten und präsentieren ‚historisch' rekonstruierte Aufführungen. Wo setzen Sie an und auf welches Aufführungsmaterial greifen Sie zurück?

F. Ich halte mich an den Urtext. Ich möchte mich lieber auf Beethoven verlassen. Manchmal mag diese Orientierung am Urtext in Anbetracht heutiger Hörgewohnheiten riskant oder sogar falsch erscheinen. Aber ich versuche grundsätzlich, an jeden Komponisten – so auch an Beethoven – mit seinem Originaltext heranzugehen. Das ist keine leichte Aufgabe, weil ich damit gegen Interpretationsgewohnheiten ankämpfen muß. Aber ich werde mich bemühen, meinen Standpunkt zu verteidigen.

RL. Bildet der hohe Bekanntheitsgrad der Symphonien Beethovens auch eine Gefahr für die Interpreten?

F. Natürlich. Diese Musik ist dermaßen bekannt, daß manche der vielen Orchester, die sie spielen, sie für einfache Standardwerke halten, die sie jederzeit im Schlaf musizieren können. Das erinnert mich an einen Witz: Ein Mann wird zu einer Geburtstagsparty eingeladen und fragt einen Freund, was er dem Jubilar schenken soll – vielleicht ein Buch? – Nein, sagt der Freund, der hat schon ein Buch. – So ist es mit den Beethoven-Symphonien: viele Musiker denken, wenn sie diese Symphonien schon einmal gespielt haben, wissen sie schon alles darüber und brauchen sie nicht mehr zu studieren. Aber Beethovens Musik ist eine ewige Quelle, in ihr darf es keine Routine geben, man muß jedesmal von einer anderen, neuen Seite an sie herangehen und bisherige Erfahrungen überprüfen.

RL. Alle Symphonien Beethovens wurden in Wien uraufgeführt. Dieser Stadt kommt zweifellos eine herausragende Aufführungstradition für diese Werke zu. Wo liegen für Sie die entscheidenden Aspekte einer solchen Tradition?

F. In dieser Stadt sind viele musikalische Traditionen entstanden. Das ist der Grund, warum sich die Musikwelt in vielen Dingen an der Wiener Tradition orientiert und damit auch an der Wiener Kultur, die sich weiterentwickelt, die nicht verblaßt und die sogar die Zeiten ökonomischer Rezession unbeschadet überstand und überstehen wird. Überall sonst auf der Welt hat die Rezession einen starken negativen Einfluß auf die Kultur. In Rußland sind viele Musiker und überhaupt Kulturschaffende bettelarm; dabei ist die russische Kultur großartig, sie bringt so viele hochbegabte Künstler hervor. In Wien wird die Kulturtradition immer weitergeführt, die zahlreichen Festivals und Kulturinstitutionen lassen die Kultur nie in Vergessenheit geraten, dadurch stumpfen auch

RL. die Menschen nicht ab. Das gilt auch für die vielen russischen Musiker, die in Wien arbeiten.

RL. Wollen Sie diesen Unterschied zwischen Rußland und Österreich im Kulturbewußtsein noch konkretisieren?

F. In Österreich haben Sie die Mozartkugeln. Bei uns in Rußland trägt ein Wodka den Namen Tschajkowskijs. Das ist ein Riesenunterschied: Tschajkowskij wird bei uns mit Wodka assoziiert – Mozart aber gilt in Österreich als feines Konfekt. Wobei ich noch hinzufügen möchte, daß Tschajkowskij gar keinen Wodka trank, sondern lieber Cognac. Sogar darin wird unsere Kultur herabgesetzt.

RL. Kaum eine andere musikalische Werkgruppe hat so viele Interpretationen durchlaufen und Traditionen herausgebildet wie die Symphonien Beethovens. Wie stehen Sie als Interpret zu solchen Aufführungstraditionen?

F. Jede dieser Traditionen nimmt ihren Anfang in einer bestimmten prägenden Aufführung. Meistens ist sie auf einen berühmten Dirigenten zurückzuführen und wird dann wie ein Staffelstab weitergereicht. Andere Interpreten wiederholen sie. Wenn eine solche traditionelle Interpretation im Geiste Beethovens ist und ihm nahekommt, so lebt sie außerhalb der Zeit und wird in gewissen Ansätzen überleben. Aber eine traditionelle Interpretation, die zu sehr von ihrer Zeit geprägt ist, kann bald veraltet erscheinen. Viele solcher Interpretationen tragen leider nicht die ganze Wahrheit von Beethovens Musik in sich, sondern sind Nachahmungen. Da stehen oft nur große Namen von Interpreten dahinter.

RL. Wer sind für Sie prägende Beethoven-Dirigenten?

F. Wilhelm Furtwängler war für mich immer ein Vorbild; ich finde, seine Interpretation der Beethoven-Symphonien klingt immer zeitgemäß. Herbert von Karajan hat auf diesem Gebiet sehr viel geleistet, aber seine Interpretationen waren ein bißchen zu ‚deutsch' für diese globale Musik.

RL. Karajan hat auch die eine oder andere Veränderung von Beethovens Instrumentierung vorgenommen. Im ersten Satz der ‚Eroica' läßt er zum Beispiel im Durchführungsteil die Trompeten das Hauptthema mitspielen, obwohl die Trompeten diese Notenkombination in der gegebenen Lage zu Beethovens Zeit technisch noch gar nicht ausführen konnten.

F. Karajan konnte sich so etwas erlauben. Aber ich mache so etwas nicht. Beethoven bedarf keiner Ergänzungen oder Korrekturen. Beethoven hörte seine Musik genau mit jenen damaligen Möglichkeiten der Instrumente und ihrer klanglichen Zusammensetzung. Ich bin grundsätzlich gegen derartige Änderungen. Man soll als Interpret das Geniale nicht antasten, sondern muß versuchen, es zu bewältigen.

RL. Wie schätzen Sie Beethovens Umsetzung der kompositorischen Vorstellungen in der Instrumentierung ein?

F. Seine Musik versprüht wirklich Feuerfunken, obwohl er rein physisch wenig Mittel einsetzt. Er zeichnet mit knappen Mitteln eine so kraftvolle Bewegung der Musik, zaubert mit relativ wenig Aufwand einen Klang hervor, als ob es ein Orchester von Tausenden Instrumenten wäre. In Wirklichkeit genügen ihm oft die Holzbläser und Streicher zu einer wirkungsvollen Umsetzung, die Blechbläserinstrumente setzt er nur sehr gezielt ein, die Posaunen überhaupt nur ganz selten .Wer sich bemüßigt fühlt, zusätzliche Instrumente, zum Beispiel die doppelte Anzahl an Holzbläsern einzusetzen, der befindet sich auf dem falschen Weg.

RL. Und der richtige Weg?

F. Beethovens Musik ist kraftvoll, oft aus einer einfachen Phrase heraus. Sie ist von großem Enthusiasmus erfüllt und enthält starke Explosivität. Wenn die Interpretation diesen Geist ausstrahlt, dann stimmt sie.

RL. Ein eigenes Kapitel sind die Tempi der Sätze in den Beethoven-Symphonien. Da hat Beethoven mit seinen eigenen Metronomangaben viel Diskussionsstoff hinterlassen. Wie halten Sie es mit der Tempowahl, inwieweit orientieren Sie sich an den Metronomangaben?

F. Mir fällt dazu eine überlieferte Episode von Beethoven ein. Er hatte eines seiner Werke mit Metronomangaben an den Verlag geschickt. Der Zettel mit den Metronomangaben ging verloren. Der Verlag richtete ein Schreiben an Beethoven, was man nun bezüglich der Metronomangaben tun solle. Auf diese Frage soll Beethoven geantwortet haben, daß Metronomangaben für ihn nicht das Wichtigste wären, sondern daß er sich da immer auf die Musiker verlasse.

RL. Sie sind als Musiker in Rußland aufgewachsen. Können Sie sich daran erinnern, wann Sie zum ersten Mal mit Beethoven-Symphonien in Berührung gekommen sind?

F. Zum ersten Mal hörte ich Beethoven-Symphonien im Radio während der Belagerung von Leningrad im Zweiten Weltkrieg. Im Krieg wurde im Radio täglich von früh bis spät klassische Musik gespielt. Und da war sehr, sehr viel Beethoven dabei.

RL. Haben Sie schon einmal einen Zyklus aller Beethoven-Symphonien dirigiert?

F. Ja, das war noch in der sowjetischen Zeit. Ich dirigierte vor 25 Jahren alle Symphonien für das staatliche Fernsehen in Moskau.

RL. Gibt es davon Videoaufzeichnungen?

F. Ich nehme an, daß die Aufzeichnungen im Archiv vorhanden sind – vielleicht wurden sie aber auch schon gelöscht. Heute genießt klassische Musik keine Popularität mehr im Fernsehen. Amerikanische Musik dagegen schon, aber klassische Musik wird nur noch in den Konzertsälen gehört.

RL. Ein Verbindungsstück zwischen der Ersten und der Dritten Symphonie, mit denen Sie den Zyklus beginnen, ist die Ballettmusik ‚Die Geschöpfe des Prometheus', aus der Beethoven Themen in den Symphonien direkt zitiert (Finale der Dritten) oder thematische Substanz schöpft (Einleitung und Allegro der Ersten). Auch der Elan der französischen Revolutionsmusik ist nicht erst in der ‚Eroica', sondern auch schon in der Ersten Symphonie zu hören. Wo liegen für Sie die Anknüpfungen, wo die Unterschiede zwischen der Ersten und der Dritten Symphonie?

F. Ich habe nicht nach Gemeinsamkeiten gesucht, sondern eher nach Kontrasten. Das heißt, ich habe die Erste der Dritten gegenübergestellt, weil die Erste trotz Beethovens Geist noch irgendwo Mozart-Einflüsse enthält, während die Dritte schon eine mächtige, große Symphonie ist. Ich will keine ‚mächtigen' Symphonien kombinieren, weil es für das Publikum schwer aufzunehmen ist, sondern ich will Unterschiede der Kompositionsanlage zeigen.

RL. Der Dirigent Ernest Ansermet sah im Adagio der Vierten Symphonie ‚zweifelsohne eine Naturbetrachtung'. Klarinette und Flöte veranstalten ein ‚Vogelkonzert', das schon die berühmte Passage der ‚Pastorale' ankündigt. Auch die Bläseridylle im Finalsatz der Vierten verbreitet ‚pastorale' Stimmung. Fehlt der Vierten nur ein entspechend wirkungsvoller Beiname, um ähnlich populär zu sein wie die ‚Pastorale'?

F. Die ‚Pastorale' ist von der ersten bis zur letzten Note voll von den ‚Gerüchen der Natur'. In der Vierten sind die Elemente auch vorhanden. Beethoven suchte in der Natur ein Heilmittel gegen die psychische Last, gegen Niedergeschlagenheit. Die Natur war seine Medizin, und das hört man nicht nur in der ‚Pastorale'.

RL. Die Siebente Symphonie verbindet mit der Achten die starke Betonung des Rhythmischen in der Themenbildung. Ist die Achte eine humorvolle Reaktion auf die ‚Apotheose des Tanzes', wie Richard Wagner die Siebente tituliert hat?

F. Die Siebente ist auf Tanzthemen aufgebaut und eine Tanzsymphonie, die Achte nicht. Beide Symphonien unterstreichen aber Beethovens Gedanken und Beziehung zur Volksmusik, auch zum Leben des Volkes. Es sind die Symphonien der Volksverbundenheit.

RL. Durch das Thema über Schillers Ode ‚Freude, schöner Götterfunken' hat die Neunte Symphonie eine unvergleichliche Popularität erlangt. Wie geht man als Interpret mit einem derart vielzitierten, von der Populärmusik verschnittenen und inzwischen sogar zur ‚Europahymne' avancierten Themenkomplex um?

F. Ohne ein gutes Sängerquartett sollte man sich an die Neunte gar nicht heranwagen. Denn das Wort, das hier zur Musik dazukommt, ist von Beethoven innovativ eingesetzt. Beethoven rief alle Menschen zur göttlichen Liebe auf, das ist der wichtigste Aspekt. Aber die Ode wurde auch sonst oft als Hymne verwendet. Während des Krieges in der Sowjetunion wurde die Symphonie oft zur Stärkung der Moral – in diesem Fall der Kommunisten – gespielt, obwohl sie ohne jeden Bezug zum Kommunismus entstand. Die Musik sollte helfen, den Feind zu besiegen. Heute spielen auch die Japaner die Symphonie alljährlich zum Jahreswechsel in allen Städten mit Studentenchören. Überall ist diese Symphonie so etwas wie eine offizielle Markierung eines Neubeginns.

RL. Welche Gefühle bewegen Sie, wenn Sie diese Symphonie dirigieren?

F. Früher habe ich diese Symphonie dirigiert, ohne sie zu verstehen. Man braucht für dieses Werk viel Lebenserfahrung. Der dritte Satz ist absolut göttlich. Viele bleiben in diesen ‚göttlichen Sequenzen' stecken und finden nicht mehr heraus. Entscheidend in dieser wunderbaren musikalischen Welt ist es, den darin enthaltenen Aufruf zum Frohlocken zu begreifen.

RL. Die Neunte ist vor allem wegen ihres Finalsatzes berühmt geworden. Aber bildet nicht schon der erste Satz mit seiner offenen Quinte und dem markanten abfallenden Grundmotiv eine Keimzelle der nachfolgenden Symphonik? Kann man diesen Einfluß in nunmehrigen Aufführungen, die auf dem Wissensstand der Musik etwa von Brahms, Bruckner und Mahler basieren, überhaupt ungehört lassen?

F. Nein, das kann man nicht. Beethoven hat grundsätzlich einen großen Einfluß auf alle späteren Entwicklungen der Musik gehabt. Diese Quinte am Anfang der Neunten ist überwältigend. Da ist die Welt – und plötzlich entsteht diese Quinte. Das ist wie der Anfang der Schöpfung; zunächst hört man diesen einfachen Intervall aus der Ferne, dann kommt er immer näher, bis Beethoven ihn zur Explosion bringt ..."

4.

„Talent ist Gefühl für Augenmaß"

Auszug eines Interviews, das Fedosejew im Jahr 2000 der russischen Wochenzeitung „Kultura" gab (Gesprächspartnerin war Anna Wetchova).

„AW. Wie schätzen Sie heute die orchestrale Interpretationskunst in Rußland und weltweit ein?
F. In Rußland, wo die Probleme immer krasser zutage treten, kann man ohne Hoffnung weder leben noch arbeiten. Ich glaube, daß die Änderung zum Besseren damit beginnen muß, daß die Personen an der Spitze des Staates sich der Bedeutung der Kultur bewußt werden und vernünftig und zukunftsorientiert an ihre Lösung herangehen (…)
Ein großes Orchester ist unter anderem eine große gesellschaftliche Einheit, sofern es sich natürlich nicht um ein zufälliges, kurzzeitiges Zusammentreffen von Musikern handelt. Wir leben in einem Umfeld, das wir zugleich gestalten und widerspiegeln. Es ist für uns schwer, in solchen Zeiten zu überleben. Denn ‚Überleben' bedeutet für ein Orchester nicht nur, zu bestehen und seine Qualität zu bewahren, sondern sie noch zu verbessern.
Ich bin stolz, daß uns das weitgehend gelingt. Das Orchester (TSO, Anm. d. Autorin) zeichnet sich durch einen erkennbaren, markanten Klang, eine hervorragende Klangpalette und einen weichen, noblen Spielstil aus. Das wird nicht nur durch die an sich gnadenlose Kritik in unserem Land (Rußland), sondern auch im Ausland bestätigt – dort sogar noch mehr. Denn der Prophet gilt nichts im eigenen Land. Dort wurde das BSO von einem führenden europäischen Musikkritiker als ‚letztes Bollwerk der symphonischen Kultur' bezeichnet. Das sagt doch alles.
Die weltweite Entwicklung gibt wenig Grund zur Hoffnung. Die großen Traditionen der klassischen Kultur werden immer schwächer und sind immer mehr von der Finanzierung abhängig. In vielen Ländern werden Proben auf ein Minimum reduziert, was für einen ernsten künstlerischen Prozeß unakzeptabel ist. Das Jonglieren mit Namen in den Medien und in der Aufnahmeindustrie verunsichert den Hörer und stört ihn bei der eigenständigen Beurteilung von Qualität. In diesem Durcheinander, im Kampf von Gruppen und Grüppchen, den offensichtlichen Clans, ist es meiner Ansicht nach notwendig, die Qualität zu stärken, sich für Qualität verantwortlich zu fühlen – ohne sich hinter einen mehr oder weniger großen Namen zu stellen.

Ich bin überzeugt, daß es in der Kunst keine Konstanten gibt. Das Bleibende ist vergänglich, und von ihm gehen nur zwei Richtungen aus: vorwärts oder zurück. Doch meist läßt einem der Alltag mit den existenziellen Problemen keine Zeit, darüber nachzudenken. In Rußland konzentrieren sich die Aktivitäten des BSO auf möglichst allgemein zugängliche Abonnementkonzerte, deren Programme einem möglichst breiten Publikum wieder Qualität vermitteln sollen.

Wir versuchen, eine dem Schöpfer der Werke würdige Interpretation zu vermitteln, die dem Urtext am nächsten kommt und keine Ansprüche auf Originalität stellt. Das verstehe ich unter ‚moderner Kreativität'. Wenn der Hörer in die Welt der Beethovenschen Symphonien eingeführt wird oder in jene der erhabenen Philosophie von ‚Kitesch' oder der Zweiten von Mahler – ‚Du wirst auferstehen, ja, auferstehen wirst du!' –, in eine Welt, die von den Gefühlen und Gedanken einer modernen Interpretation belebt wird, kann er nicht gleichgültig bleiben, vorausgesetzt, er ist gegenüber der Kunst offen.

Parallel zu dieser Aufgabe verfolgen wir das Ziel, zu bilden, indem wir in unsere Programme das Neueste und Beste aufnehmen, was auf der Welt geschaffen wird. Das Gleiche versuchen wir auch im Ausland, wo wir oft die russischen Programme wiederholen.

Das Gastspielrepertoire des BSO ist sehr groß und wir sind stolz, daß von uns nicht nur russische Musik erwartet wird. Es ist sicher nicht leicht, in Konkurrenz mit den besten westlichen Orchestern in Österreich erfolgreich Bruckner und Strauss, in Deutschland Beethoven und Brahms zu spielen (…) Wir vertreten überall russische Interpretationskunst mit ihren besten internationalen Traditionen.

AW. Warum gastieren Sie nicht mehr wie früher in der russischen Provinz?

F. Sie kennen sicher den Grund dafür. Wir bedauern den Verlust unserer wunderbaren Hörer in Perm, Wjatka, Rjasan, Smolensk – aber niemand hat jetzt die Mittel, die Reisespesen für unser Orchester aufzubringen, für die Flugtickets und die Unterbringung in den Hotels zu sorgen. In der nächsten Saison planen wir wieder ein Gastkonzert in Perm, wahrscheinlich auch in Minsk und Riga, was der Unterstützung des Ölkonzerns ‚Lukoil' zu verdanken ist. Hoffen wir das Beste.

AW. Wie sehen Sie das heutige Publikum in Moskau und in Europa? Was braucht es?

F. Es ist, wie bereits ausgeführt, unser Ziel, an Gefühle zu appellieren und sie zu wecken. Die Seele kann und soll erzogen werden, aber kaum jemand auf der Welt kümmert sich darum. ‚Mit der Lyra weckte ich gute Gefühle' ist mehr als ein Puschkin-Zitat. Das sind die eigentlichen, ewigen Aufgaben der Kultur, die heute wichtiger denn je sind. Das Leben wird immer härter, und an Zynismus grenzender Pragmatismus verdrängt positive Bewegungen der Seele wie Mitgefühl oder Liebe, die allein imstande sind, den negativen Paroli zu bieten. Die menschliche Seele muß sich üben, und das Material dazu trägt die Kunst in sich. Es stimmt, unser Orchester kennt große Erfolge, Standing ovations, Trommeln mit den Füßen, Bravorufe, und auch Tränen, mit denen Zuhörer nach dem Konzert kommen und sich bedanken. Wir hören die begeisterten Reaktionen wie ‚Welch wunderschöne Musik Sie spielen!' oder Fragen wie ‚Wer ist Swiridow? Haben Sie eine CD von ihm?' – Sie sehen, man weiß wenig von unserer zeitgenössischen Kultur. Doch es geht mir darum, mich nicht allein über großen Erfolg zu freuen, sondern mit unserer Tätigkeit Begeisterung und Interesse und in der kalten täglichen Routine Gefühle zu wecken; durch all das werden den Menschen die Kunst und unser Land nähergebracht, das sie so jedes Mal entdecken.

AW. Warum führen Sie mit dem BSO relativ wenig Werke zeitgenössischer Komponisten und selten der Avantgarde auf?

F. Das ist nicht zutreffend, allerdings tun wir das in proportioniertem Maß. Wir haben schon früh beispielsweise Denisow gespielt und haben auch vor, wieder zu ihm zurückzukehren. Wir haben auch Pärt, Silwestrow, Gubajdulina, Berio und andere im Repertoire. Dazu dirigiere ich auch oft Werke von Schönberg, Berg oder Webern, und in der nächsten Saison werden wir die Sechste Symphonie des ausgezeichneten norwegischen Komponisten Sødalind uraufführen.

AW. – An Ihren Moskauer Konzerten wirken oft ausländische Solisten mit. Die meisten von ihnen sind großartig, aber bei uns unbekannt. Ist es einfacher, mit schon arrivierten Künstlern zusammenzuarbeiten, weil es ausverkaufte Konzerte garantiert? Oder ist die Auswahl der Solisten auch Teil des künstlerischen Konzepts?

F. Bei der Auswahl der Solisten richte ich mich nach ihrem Talent, das ist das wichtigste, und nach ihren Fähigkeiten, unserer Aufgabe zu entsprechen. Stars gibt es verschiedene; solche, die echtes Licht ausstrahlen – mit diesen wenigen zu arbeiten ist eine große Freude; aber es gibt auch Superstars, die zwar Profit, aber keine künstlerische Befriedigung bringen. Wir haben da verschiedene Erfahrungen gemacht.

AW. Nach welchen Gesichtspunkten schätzen Sie die Persönlichkeit eines Interpreten ein?

F. Die Begabung muß vorhanden sein, das versteht sich von selbst; darüber hinaus ist auch relevant, was ihm etwas bedeutet und wie er lebt – für die Musik oder von der Musik.

AW. Sind Sie auch der Meinung, daß in Rußland das künstlerische Niveau sinkt?

F. Ja, aber gottlob gibt es erfreuliche Ausnahmen. Junge Kräfte, die sich durchsetzen können, geben Hoffnung dazu. Sie brauchen Verständnis, kluge Wahl und Unterstützung.

AW. Problem Überangebot an Orchestern in Moskau: Wie viele Symphonieorchester verträgt Moskau?

F. Heutzutage muß man sich nach dem Grundsatz richten: Weniger ist besser. Man muß nicht das Rad neu erfinden, und es gibt schon lange verschiedene Kategorien von Orchestern, von Nummer eins bis Nummer drei. Die Qualität muß mit der Entlohnung übereinstimmen. Das schafft die nötige Konkurrenz und gewährleistet Gerechtigkeit. Wozu ein ‚Präsidenten-Orchester' ins Leben rufen? Wäre es nicht besser und billiger für den Präsidenten, eines der bereits existierenden guten Orchester für seinen Bedarf heranzuziehen? Wozu eine ‚Russische Philharmonie'? Es gibt die Moskauer Philharmonie und einige Staatsorchester – für jeden Geschmack etwas. Das alte Staatsorchester der UdSSR, das Neue Staatsorchester (‚Junges Rußland') und andere …

AW. Wie unterscheidet sich die Position eines Chefdirigenten in ihren Rechten bei uns von der im Ausland?

F. Bei den westlichen Orchestern ist der Chefdirigent das künstlerische Hirn. In Rußland verkörpert er heute alles – vom Verwalter, dem Einkäufer (von Partituren bis Saiten) bis zum Manager und Sponsor. Der Vollständigkeit halber muß ich sagen, daß ich in letzter Zeit viele gute Helfer erhalten habe. Ich hoffe, in Zukunft nur mehr Dirigent und künstlerischer Leiter sein zu können.

AW. Sie sind schon die fünfte Saison Chefdirigent der Wiener Symphoniker – das ist länger als im Westen üblich – oder?

F. Das stimmt; der erste Vertrag geht zu Ende, aber das Orchester hat mich gebeten, ihn um weitere vier Jahre zu verlängern. Es hat mich besonders berührt, daß es eine einstimmige Bitte des Orchesters war. Ich sagte ja, weil ich spürbare Verbesserungen, wie sie auch von der Presse bestätigt wurden, und unsere Erfolge in Wien und bei Tourneen noch weiterbringen möchte.

AW. Stimmt es, daß Ihnen die Leitung der Tokyoter Philharmonie angeboten wurde, Sie aber abgelehnt haben?

F. Nein, das stimmt nicht ganz. Ich arbeite schon einige Jahre als Gastdirigent mit dem Tokyo Philharmonischen Orchester zusammen und bin mit diesen guten und liebenswürdigen Musikern auch gut befreundet. Es wurde mir angeboten, ein anderes Orchester, die Neue Japanische Philharmonie zu übernehmen, das früher von Ozawa geleitet wurde. Ich mußte jedoch darauf verzichten, weil ich einfach zuwenig Zeit habe, um diese Arbeit ernsthaft ausführen zu können. Es entspricht nicht meinem Lebensstil, etwas nur des Prestiges oder des Geldes wegen zu tun, ohne dabei ein gutes Gewissen zu haben.

AW. Sie haben viele Opern dirigiert und auch aufgenommen, aber in Rußland ist der Name Wladimir Fedosejew doch, vor allem bei neuerem Publikum, eher mit dem symphonischen Dirigenten verbunden. Was würden Sie tun, wenn man Ihnen anböte, für das Bolschoj Theater zu arbeiten?

F. Ich liebe die Oper und arbeite gerne für sie. Die menschliche Stimme ist das ausdrucksvollste Instrument. Ich habe großartige Erfahrungen in der Arbeit mit so bedeutenden Sängern wie Sergej Lemeschew, Pawel Lisizian, I. Kriwtschenja, Alexej Skobzow, Irina Archipowa oder Alexander Wedernikow gesammelt – nicht nur in Hinblick auf Oper, sondern Musik im allgemeinen. Derzeit stille ich meinen diesbezüglichen Durst und arbeite im Ausland mit Künstlern wie Mirella Freni, Nikolaj Ghiaurow, Leo Nucci, Ruggero Raimondi, Natalie Dessay, José Cura wie früher mit Luciano Pavarotti und anderen hervorragenden Musikern. Ich bin von der Zürcher Oper beauftragt, die musikalische Leitung von ‚Otello' und ‚Chowanschtschina' zu übernehmen und bin sehr glücklich darüber.
Was das Bolschoj Theater betrifft, muß ich einräumen, daß man mich noch nie ernsthaft eingeladen hat – außer vor achtundzwanzig Jahren (…) Es mag seltsam anmuten, aber sei es mit oder ohne Zusammenhang mit der damaligen Geschichte – seitdem wurde ich für keine Produktion weder vom Bolschoj noch vom Marijnskij eingeladen – und das ist gut so, weil ich unter den herrschenden Umständen nicht gewagt hätte, dies anzunehmen. Jetzt ist Alexander Wedernikow jun. dort bestellt, und obwohl es nicht schlecht wäre, wenn sein Vater dort wirkte, wünsche ich Wedernikow viel Erfolg und werde an ihn denken, denn ich weiß, wie schwer seine Aufgabe ist und wieviel Intelligenz sie verlangt.

AW. Sie haben mit berühmten Regisseuren wie Luca Ronconi, Harry Kupfer, David Pountney zusammengearbeitet. Wie löste sich das Problem, wer im Musiktheater Vorrang genießt, Dirigent oder Regisseur?

F. Ich hatte das Glück, mit bedeutenden Regisseuren zu arbeiten, aber ich war nicht immer glücklich über das Ergebnis dieser Zusammenarbeit. Ich bin absolut überzeugt, daß die Macht über alles bei jeder Inszenierung die Partitur ist, der Machthaber der Komponist – und wenn Dirigent und Regisseur das akzeptieren, gibt es auch keine Diskussion über Vorrangstellung des einen oder anderen. Unter all den Erfahrungen möchte ich einige jedoch nicht missen: das sind ‚Fausts Verdammnis' von Berlioz mit Harry Kupfer, ‚L'amore dei tre Re' von Montemezzi mit Philippe Arlaud und ‚Das Märchen vom Zaren Saltan' von Rimskij-Korsakow mit Luca Ronconi. Die letztgenannte Inszenierung war meine erste Begegnung mit der Mailänder Scala.

AW. Was halten Sie von radikal modernen Inszenierungen?

F. Im modernen Musiktheater herrscht eine echte Krise, ein Überfluß an ‚Alles ist erlaubt', an Unwissenheit und an völliger Mißachtung des Komponisten, seiner Idee, seiner Zeit, des Stils, der Geschichte und der Tradition des Werkes. Vor kurzem fand eine Premiere (es war Gott sei Dank nicht meine!) von ‚Boris Godunow' in der Komischen Oper Berlin statt. Während der gesamten Vorstellung befand sich auf der Bühne ein Misthaufen. Der arme Zar Boris mußte sich, mit einem Unterleibchen bekleidet, in diesem Misthaufen wälzen, und der Einfältige (Jurodiwyj) – das Symbol des reinen und ehrlichen Menschen schlechthin – trat im ersten Bild nackt, mit einem CD-Player auf der Brust und mit Kopfhörern auf, aus denen Pop-Mist zu hören war. Das alles wurde in die für uns unantastbaren Klänge des genialen Musorgskij hineingeworfen. Zwar bekam der Regisseur nach der Premiere Buhrufe zu hören, aber das spätere Publikum schien sich mit der Mistlösung der modernen ‚Interpretation' abzufinden. Die Kritik reagierte ebenfalls betroffen – aber die Vorstellungen gehen weiter und setzen die zahlreichen Mißhandlungen der Klassik fort, Mißhandlung der Tradition und aller ethischen Normen.

AW. Wie kann man sich davor schützen? Wie könnte man weitere Attentate auf Musorgskij, auf Wagner, auf alle anderen Heiligtümer der Welt verhindern?

F. Man bräuchte eine internationale Konferenz, an der Kunstschaffende aus dem Musiktheater teilnehmen. Dort müßten Richtlinien für die Opernkultur erarbeitet werden. Es müßten alle in diesem Bereich Tätigen, die dieses Engagement teilen, Angriffen auf den guten Geschmack entgegnen und derlei Experimenten eine Absage erteilen. Ich bin keineswegs rückschrittlich, sondern trete im Gegenteil immer für die Suche nach neuen Ausdrucksmitteln ein, jedoch gegen die Entstellung von Ideen und skrupellosen Umgang mit Kulturgut. Alles soll von echter Begabung, von intellektuellem Niveau geleitet sein. Man sagt, Talent ist Gefühl für Augenmaß – stimmt das nicht?

AW. Hätten Sie Lust, ein eigenes Festival ins Leben zu rufen, einen eigenen Dirigentenwettbewerb auszurichten, ein eigenes Fernsehprogramm zu haben oder ein Buch zu schreiben?

F. Ich denke oft, ich sollte meine Erfahrungen an junge Dirigenten weitergeben. Von Zeit zu Zeit halte ich auch im Westen Meisterkurse. Im Moskau bin ich weder an eine Oper noch an eine Hochschule eingeladen, auch dort ‚paßte ich mich nicht den Gepflogenheiten an'. Ich würde zum Beispiel gerne in Moskau Meisterkurse zum Thema ‚Tschajkowskij und Beethoven – Wege zum Dirigieren und zur Interpretation' für Dirigenten aus verschiedenen Ländern organisieren. Das könnte interessant und für alle nützlich sein – Publikum eingeschlossen. Aber dafür wäre organisatorische und finanzielle Unterstützung notwendig. Bei einem solchen Projekt könnten sich jedoch die Investitionen lohnen. Ich habe auch schon über ein Festival in Slowenien nachgedacht und diese Idee noch nicht ganz aufgegeben. Es wäre auch schön, ein Festival auf der

Krim zu machen, in Jalta oder in Alupka. Die Krim gehört jedoch nicht mehr uns (Russen, Anm. d. Autorin), und wir sind selbst schuld daran.

AW. Welche Musik hören Sie unabhängig von Ihrer Arbeit?

F. Ich höre oder sehe mir bevorzugte Aufnahmen mit Karajan, Carlos Kleiber, Joan Sutherland, Schaljapin, Rachmaninow oder Gilels an – und, stellen Sie sich vor, auch alte Aufnahmen vom Bolschoj – z. B. ‚Pique Dame' mit Melik-Paschajew.

AW. Bücher, Malerei, Kino – haben Sie dafür Zeit?

F. Natürlich kaum. Ich versuche aber, jede Gelegenheit zu nützen, um beispielsweise Inszenierungen von Peter Fomenko zu sehen – oder in Deutschland in den Dresdener Zwinger zu gehen, zu Raffael oder zu Rembrandt. Jetzt lese ich wieder die ‚Volkserzählungen' von Lew Tolstoj. Das ist eine geniale und doch einfache Tiefsinnigkeit, wie sie für jeden Menschen wichtig ist.

AW. Arbeiten Sie im Westen mit großen Produktionsfirmen zusammen?

F. Vor kurzem unterschrieb ich einen Vertrag mit IMG, einer großen britischen Firma. Der Chef dieser Firma bot mir die Zusammenarbeit schon vor vielen Jahren an, aber ich hatte Angst vor einer solchen ‚Fabrik'. Schließlich war meine Sympathie für den Firmenchef, Steven Wright, stärker als meine Befürchtungen. Ich bin auch mit einigen künstlerischen Leitern anderer großer europäischer Musikunternehmen oder Veranstaltungszentren befreundet, aber nur, wenn es in der Seele stimmt, nicht in der Kassa.

AW. Ist die finanzielle Lage des BSO-Orchesters derzeit nicht relativ gut?

F. Das ist relativ. Natürlich kann man die Lage der Musiker nicht mit jener etwa des Wiener Orchesters vergleichen. Doch es gibt so großartige Sponsoren wie unseren Hauptsponsor Lukoil, dessen Sponsoringdirektor Alekperow nicht nur unser Orchester unterstützt, sondern sich auch um die musikalische Weiterbildung von Mitarbeitern aus dem ganzen Land bemüht. Aber auch private Sponsoren in Deutschland, Österreich und der Schweiz sind am Werk (…); wenn unser BSO nach Wien kommt, findet jeder der 120 Orchestermusiker in seinem Hotelzimmer ein Geschenk vor. Kürzlich hat mit einer der ersten Cellisten der Wiener Symphoniker, Peter Siakala, Saiten für die Celli des BSO mitgegeben. Und ich muß sagen, daß sein Wunsch, uns zu helfen, für mich wertvoller war als die Saiten. Diese Dinge geben uns Kraft, negativen und destruktiven Phänomenen standzuhalten und auch unter widrigen Umständen unsere Kreativität zu bewahren.

Ich bin Ihnen dankbar, daß Sie mich zu einem so ernsthaften Gespräch angeregt haben …"

Diskographie

In der folgenden Diskographie wurde, anders als im übrigen Text,
die jeweilige Originaltranskription beibehalten (E. H.)

I. DISKOGRAPHIE Wladimir Fedosejew ALLGEMEIN 178

II. Einspielungen von Wladimir Fedosejew mit den Wiener Symphonikern 227

III. Tschaikovsky Symphony orchestra of Moscow Radio
Music Director
Vladimir Fedoseyev
JUBILÄUMS EDITION 229

Komponist	Werk	Solisten	Orchester	Ton-träger	Label	Nummer	Aufnahme-datum	Dauer
BEETHOVEN Ludwig van	Sinfonie Nr. 7 A-Dur op. 92		MRSO	LP LP CD	Melodija Melodija Melodija	A10 00835 001 R10 00825 SUCD 10-00008	1988 WSG	35,45
BEETHOVEN Ludwig van	Klavierkonzert Nr. 5 Es-Dur op. 73	Jewgenij Malinin	MRSO	CD	zyx music	MEL-46034-2	7/6/09	38,03
BEETHOVEN Ludwig van	Die Geschöpfe des Prometheus op. 43 Ballettmusik		MRSO	CD	Gramsapis MZ	GRCD-9508-3	1985	68,11
BEETHOVEN Ludwig van	Leonore Nr. 3 C-Dur op. 72a		MRSO	LP LP CD	Melodija Melodija	A10 00835 001 R10 00825 SUCD 10-00008	1988	13,33
BERLIOZ Hector	Harold in Italien	Jurij Baschmet, Va	MRSO	LP CD	Melodija Melodija	R10 00693 SUCD 10-00438	1989	42,56
BERLIOZ Hector	Le Carnaval Romain op. 9		VSO	CD	Calig	CAL 50 980	27.–29.1.95 GrMVS	8,48

Komponist	Werk	Solisten	Orchester	Tonträger	Label	Nummer	Aufnahmedatum	Dauer
BERLIOZ Hector	La Damnation de Faust op. 24 1845/46	Natalja Michailowa, S Aleksej Martynow, T Oleg Klenov, Bar Wladimir Matorin, B Kinderchor der Staatl. Moskauer Chorschule, Viktor Popow Männerchor des Staatl. Moskauer Chors, Wladislaw Sokolow Staatl. akad. Chor der litauischen SSR, Imants Zepitis	MRSO	CD	Musica classica	780011-2	11.93 Slow. Radio, Bratislava	4:35
	Rakoczy-Marsch •		MRSO	CD	Musica classic	780011-2	11/93 Slow. Radio, Bratislava	4,35
	Rakoczy-Marsch •		MRSO	CD	ORF Wolford		24/8/95 Bregenzer Festspielhaus	4,41
BIZET Georges	Carmen Vorspiel •		MRSO	CD	Musica classic	780011-2	11/93 Slow. Radio, Bratislava	2,16
BORODIN Aleksandr	Sinfonie Nr. 2 h-moll op. 5		MRSO	CD	Novalis	150079-1	9/91 Graz	26,35
BORODIN Aleksandr	Fürst Igor Knjas Igor / Prince Igor Ouverture •		MRSO	CD	Novalis	150079-1	9/91 Graz	11,18

Komponist	Werk	Solisten	Orchester	Tonträger	Label	Nummer	Aufnahmedatum	Dauer
	Polowetzer-Tänze •		MRSO	CD	Victor	VICC 2166	6/9/89 SMR	
			MRSO	CD	Novalis	150079-1	9/91 Graz	11,1
	Polowetzer Marsch •		MRSO	CD	Victor	VICC 2168	15./16.6.81 SMR	5,24
BORODIN Aleksandr	Eine Steppenskizze aus Mittelasien		MRSO	CD	Melodija	MCD 121		7,14
			MRSO	CD	Olympia	OCD 121		
			MRSO	CD	Artistotipia	AN 122	1981	7,03
			MRSO	CD	Victor	VICC 2168	15./16.6.81 SMR	7,14
			MRSO	CD	Novalis Graz	150079-1	9/91	8,03
BRAHMS Johannes	Sinfonie Nr. 1 c-moll op. 68		MRSO	CD	musica classic	780006-2	9/92 Slow. Radio, Bratislava	42,58
BRAHMS Johannes	Sinfonie Nr. 2 D-Dur op. 73		MRSO	CD	musica classic	780006-2	9/92 Slow. Radio, Bratislava	34,45
BRAHMS Johannes	Sinfonie Nr. 3 F-Dur op. 90		MRSO	CD	musica classic	780006-2	9/92 Slow. Radio, Bratislava	36,38

Komponist	Werk	Solisten	Orchester	Tonträger	Label	Nummer	Aufnahmedatum	Dauer
BRAHMS Johannes	Sinfonie Nr. 4 e-moll op. 98		MRSO	CD	musica classic	78006-2	9/92 Slow. Radio, Bratislava	38,25
BRAHMS Johannes	Violinkonzert D-Dur op. 77	Viktor Tretjakov	MRSO	CD	zyx music	MEL 46027-2	1983	40,06
BRITTEN Benjamin	Variationen auf ein Thema von Frank Bridge op. 10 1937 Aria Italiana - Wiener Walzer •		MRSO	CD	ORF Wolford		24/8/95 Bregenzer Festspielhaus	4,41
BRUCKNER Anton	Sinfonie Nr. 4 Es-Dur „Romantische" Fassung 1874		MRSO	CD	Gramsapis MZ	GRCD 9508-1	1977	59,50
CHATSCHATURJAN Aram	Masquerade-Suite		MRSO	CD	Artistotipia	AN 124	1980	
			MRSO	CD	musica classic	78012-2	1993 Slow. Radio, Bratislava	18,25
	Walzer •			CD	musica classic	78005-2	9/1992 Slow. Radio, Bratislava	4,02

Komponist	Werk	Solisten	Orchester	Tonträger	Label	Nummer	Aufnahmedatum	Dauer
CHATSCHATURJAN Aram	Spartacus-Suite		MRSO	CD	musica classic	780012-2	1993 Slow. Radio, Bratislava	18,31
	Adagio 3. Akt •		MRSO	CD	Artistotipia	AN 122	1991	10,05
CHATSCHATURJAN Aram	Gayaneh-Suite		MRSO	CD	musica classic	780012-2	1993 Slow. Radio, Bratislava	16,59
	Säbeltanz •		MRSO	CD	Victor	VICC 2166	6/9/89 SMR	
	Lesginka •		MRSO	CD	Artistotipia	AN 122	1990	2,10
			MRSO	CD	Musica classic	780011-2	11/93 Slow. Radio, Bratislava	2,30
CHATSCHATURJAN Aram	Armenischer Volkstanz		MRSO	CD	ORF Wolford		24/8/95 Bregenzer Festspielhaus	2,12
CHRENNIKOW Tichon N.	Husarenballade Ballett		MRSO	LP	Melodija	A10 00035 008	1982 WSG	44,18
CHRENNIKOW Tichon N.	Klavierkonzert Nr. 2	Jewgenij Kissin	MRSO	CD	Novalis	VIF/MRSO JE	geplant	
CHRENNIKOW Tichon N.	Violinkonzert Nr. 1	Vadim Repin	MRSO	CD	Novalis	VIF/MRSO JE	geplant	

Komponist	Werk	Solisten	Orchester	Ton-träger	Label	Nummer	Aufnahme-datum	Dauer
CHRENNIKOW Tichon N.	Violinkonzert Nr. 2	Maksim Wengerow	MRSO	CD	Novalis	VIF/MRSO JE	geplant	
CILEA Francesco	L' Arlesiana Lamento di Federico •	Andrea Bocelli T	MRSO	CD	Sugar	SGR 4428-2	1995 MosSt	4,40
CIURLIONIS Mikalojus Konstantinas	Im Wald • sinf. Poem		MRSO	CD	Saison Russe CDM	LDC 288004	1989/90 Moskau	17,19
CIURLIONIS Mikalojus Konstantinas	Das Meer • sinf. Poem		MRSO	CD	Saison Russe CDM	LDC 288004	1989/90 Moskau	30,31
DARGO-MISCHSKIJ	Rusalka		MRSO	CD	Novalis	VIF/MRSO JE	geplant	
DONIZETTI Gaetano	Elisir d' amore Una furtiva lacrima •	Andrea Bocelli T	MRSO	CD	Sugar	SGR 4428-2	1995 MosSt	4,12
ELGAR Edward	Enigma-Variationen Nr. 9 Nimrod •		MRSO	CD	Musica classic	780011-2	11/93 Slow. Radio, Bratislava	3,11

Komponist	Werk	Solisten	Orchester	Ton-träger	Label	Nummer	Aufnahme-datum	Dauer
ESCHPAJ Andrej	Sinfonie Nr. 4		MRSO	LP	Melodija	C10 19279 008	1982 SWR	37,05
FRANCK César	Panis Angelicus	Andrea Bocelli T	MRSO	CD	Sugar	SGR 4428-2	1995 MosST	4,14
GAWRILIN	Haus an der Straße (Dom u dorogu)		MRSO	CD	Novalis	VIF/MRSO JE	geplant	
GLASUNOW Aleksandr Konstantinowitsch	Sinfonie Nr. 1 Es-Dur op.5		MRSO MRSO	LP CD	jpc zyx music	999000 MEL 46047-2	12/1981	33,08 32,35
GLASUNOW Aleksandr Konstantinowitsch	Sinfonie Nr. 2 fis-moll op. 16		MRSO MRSO	LP CD	jpc zyx music	999000 MEL 46047-2	06/1981	43,47 43,07
GLASUNOW Aleksandr Konstantinowitsch	Sinfonie Nr. 3 D-Dur op. 33		MRSO	LP	Melodija jpc	C10-14477-8 999000	09/1979 WSG	42,46
GLASUNOW Aleksandr Konstantinowitsch	Sinfonie Nr. 4 Es-Dur op. 48		MRSO	LP	jpc	999000	06/1979	34,3

Komponist	Werk	Solisten	Orchester	Tonträger	Label	Nummer	Aufnahmedatum	Dauer
GLASUNOW Aleksandr Konstantinowitsch	Sinfonie Nr. 5 B-Dur op. 55		MRSO	LP	jpc	999000	04/1974	03,2
GLASUNOW Aleksandr Konstantinowitsch	Sinfonie Nr. 6 c-moll op. 58		MRSO	LP	Melodija	33C10-08215-16	WSG	
GLASUNOW Aleksandr Konstantinowitsch	Sinfonie Nr. 7 F-Dur op. 77		MRSO	LP	jpc	999000	09/1975	35,07
			MRSO	LP	jpc	999000	12/1976	32,37
GLASUNOW Aleksandr Konstantinowitsch	Sinfonie Nr. 8 Es-Dur op. 83		MRSO	LP	Melodija jpc	33C10-12593-4 999000	12/1978	41,01
GLASUNOW Aleksandr Konstantinowitsch	Raymonda op. 57		MRSO	CD CD	Pony Canyon Canyon	PCCL-00236 EC 3613-2	20./21.5.94 SMR	20,15 20,15
	Pizzicato •		MRSO	CD	Musica classic	780011-2	11/93 Slow. Radio, Bratislava	1,14

Komponist	Werk	Solisten	Orchester	Ton-träger	Label	Nummer	Aufnahme-datum	Dauer
	Grand pas espagnol •		MRSO	CD	Musica classic	780011-2	11/93 Slow. Radio, Bratislava	0,02
	Scène mimique •		MRSO	CD	Musica classic	780011-2	11/93 Slow. Radio, Bratislava	2,36
	Adagio •	M. Schestakow V	MRSO	CD	Novalis	VIF/MRSO JE	geplant	
GLASUNOW Aleksandr Konstantinowitsch	Konzertwalzer Nr. 1 D-Dur op. 47		MRSO	CD	Musica classic	780005-2	9/1992 Slow. Radio, Bratislava	9,02
GLASUNOW Aleksandr Konstantinowitsch	Poème lyrique		MRSO	CD	Novalis	VIF/MRSO JE	geplant	
GLINKA Michail Iwanowitsch	„Ruslan und Ljudmila" Ouverture •		MRSO MRSO	CD CD	Artistotipia Pony Canyon	AN 122 PCCL-00289	25/3/75 18.–20.5.89 SMR	4:45 5,07

186

Komponist	Werk	Solisten	Orchester	Tonträger	Label	Nummer	Aufnahmedatum	Dauer
	„Ruslan und Ljudmila" Ouverture •		MRSO	LP	Aprelevka Sound Inc.	C10-16325-6	1993 ?	5,21
			MRSO	CD	Saison Russe	RUS 288 114	1/95	5,20
			MRSO	CD	Melodija Olympia	MCD 121 OCD 121		5,25
	Marsch von Tschernomor •		MRSO	CD	Saison Russe	RUS 288 114	1/95 MosSt	5,25
GLINKA Michail Iwanowitsch	„Iwan Sussanin" Ouverture •		MRSO	CD	Pony Canyon	PCCL-00289	18.–20.5.89 SMR	10,42
	Polonaise, Krakowiak, Masurka •		MRSO	CD	Pony Canyon	PCCL-00289	18.–20.5.89 SMR	16,43
	Krakowiak, Pas de quatre, Polonaise •		MRSO	CD	Saison Russe	RUS 288 114	1/95 MosSt	16,42
	Walzer •		MRSO	CD	Musica classic	780005-2	9/1992 Slow. Radio, Bratislava	5,18
GLINKA Michail Iwanowitsch	Ouverture D-Dur		MRSO	CD	Pony Canyon	PCCL-00289	18.–20.5.89 SMR	5,41

Komponist	Werk	Solisten	Orchester	Ton-träger	Label	Nummer	Aufnahme-datum	Dauer
GLINKA Michail Iwanowitsch	Valse-Fantaisie		MRSO	CD	Musica classic	780005-2	9/1992 Slovak Radio Bratislava	9,23
GLINKA Michail Iwanowitsch	Jota aragonaise		MRSO	CD	Saison Russe	RUS 288 114	1/95 MosSt	10,00
GLINKA Michail Iwanowitsch	Jota aragonaise		MRSO	CD	Saison Russe	RUS 288 114	1/95 MosSt	9,30
GLINKA Michail Iwanowitsch	Erinnerung an eine Sommernacht in Madrid		MRSO	CD	Saison Russe	RUS 288 114	1/95 MosSt	7,50
GLINKA Michail Iwanowitsch	Kamarinskaja		MRSO	CD	Saison Russe	RUS 288 114	1/95 MosSt	8,00
GOUNOD Charles	Faust • Walzer		MRSO	CD	Musica classic	780011-2	11/93 Slow. Radio, Bratislava	0,04
HELLMES-BERGER Joseph d.J.	Das Veilchenmädl Ouverture		VSO	CD	Calig	CAL 50991	29./30.3.97 GrMVS	6,02
HEUBERGER Richard	Der Opernball Ouverture		VSO	CD	Calig	CAL 50991	29./30.3.97 GrMVS	7,34

Komponist	Werk	Solisten	Orchester	Ton-träger	Label	Nummer	Aufnahme-datum	Dauer
IPPOLITOW-IWANOW	Kaukasische Skizzen op. 10		MRSO	CD	Victor	VICC 2168	15./16.6.81 MRSO	24,07
			MRSO	CD	zyx music	MEL 46040-2	1982	24,09
KIKDA	Fresken (Harfenkonzert)	Emilia Moskwitina H	MRSO	CD	Novalis	VIF/MRSO JE	geplant	
LANNER Joseph	Tarantel-Galopp op. 125		VSO	CD	Calig	CAL 50991	29./30.3.97 GrMVS	2,07
LEHAR Franz	Paganini-Melodie (bearb. Max Schönherr)	Jan Pospichal	VSO	CD	Calig	CAL 50991	29./30.3.97 GrMVS	8,27
LISZT Franz	Orpheus		MRSO	CD	Relief	CR 991048	geplant	11,03
MAHLER Gustav	Sinfonie Nr. 1 D-Dur		MRSO	CD	Novalis	VIF/MRSO JE	geplant	
MASCAGNI Pietro	Cavalleria Rusticana Intermezzo Sinfonico •		MRSO	CD	Musica classic	780011-2	11/93 Slow. Radio, Bratislava	3,48

Komponist	Werk	Solisten	Orchester	Ton-träger	Label	Nummer	Aufnahme-datum	Dauer
MENDELS-SOHN-B. Felix	Sinfonie Nr. 4 A-Dur „Italienische"		VSO	CD	Calig	CAL 50 980	27.–29.1.95 GrMVS	25,18
MIRSEJEW Muse Abdullah ogly	Poème nocturne	Wladimir Gontscharow	MRSO	CD	Artistotipia	AN 122	1984	4,37
MOZART Wolfgang Amadeus	Sinfonia concertante	Tamilowa O, Permakow Kl, Karpuschkin H, Bjul-Bjul F	MRSO	CD	Novalis	VIF/MRSO JE	geplant	
MUSSORGSKIJ Modest Petrowitsch	Boris Godunow	Boris - Aleksandr Wedernikow Fjodr - Glafira Koroljova Ksenija - Jelena Skolnikowa Amme - Nina Grigorjewa Schuiskij - Andrej Sokolow Schtschelkalow - Aleksandr Woroschilo Pimen - Wladimir Matorin Grigorij/Dmitrij - Wladislaw Pjawko Marina Mnischek - Irina Archipowa Rangoni - Jurij Masurok Warlaam - Artur Eisen	MRSO	LP CD	Melodija Amadeus Lirica	C10 20255 119 AML 9607-9	1983 1981 SMR	

Komponist	Werk	Solisten	Orchester	Ton-träger	Label	Nummer	Aufnahme-datum	Dauer
		Missail - Anatolij Mischutin Schankwirtin - Ljudmila Simonowa Jurodiwyj - Janis Sporgis Mikitisch - Wladimir Filipow Mitjuch - Nikolaj Nisinenko Chruschtschow - Jurij Jelnikow Tschernikowskij - Wladimir Silajew						
MUSSORGSKIJ Modest Petrowitsch	Bilder einer Ausstellung Orch. M. Ravel		MRSO MRSO	CD LP	zyx music Melodija	MEL 46018-2 C10 08975 009	1975 1976 WSG	33,37 03 3
			MRSO	CD	Pony Canyon	PCCL-00206	29.-31.8.93 BSK	33,56
MUSSORGSKIJ Modest Petrowitsch	Eine Nacht auf dem kahlen Berge		MRSO MRSO	CD CD	zyx music Victor	MEL 46018-2 VICC 2168	1975 15./16.6.81 SMR	11,55 11,57
OGANESSYAN E	Sinfonie		MSO	LP	Melodija	C10-14925-6	1980	36,10

Komponist	Werk	Solisten	Orchester	Tonträger	Label	Nummer	Aufnahmedatum	Dauer
PAGANINI Niccolò	Violinkonzert Nr. 1 D-Dur op. 6	Andrej Korsakow	MRSO	CD	zyx music	MEL 46051-2	1982	32,21
PROKOFIEFF Sergej Sergejewitsch	Sinfonie Nr. 1 D-Dur op. 25 „Klassische"		MRSO	CD	Pony Canyon	PCCL-00250	19./22.5.94 SMR	14,03
PROKOFIEFF Sergej Sergejewitsch	Sinfonie Nr. 5 B-Dur op. 100		MRSO	CD	Pony Canyon	PCCL-00250	19./22.5.94 SMR	44,32
PROKOFIEFF Sergej Sergejewitsch	Violinkonzert Nr. 1 D-Dur op. 19	Julian Rachlin	MRSO	CD	Sony	SK 66 567	14.–20.2.94 BSK	20,47
PROKOFIEFF Sergej Sergejewitsch	Violinkonzert Nr. 2 g-moll op. 63a	Kyoko Takezawa	MRSO	CD	RAC Victor	09026 60759 2	20./21.9.90 Alte Oper, Frankfurt	27,30
PROKOFIEFF Sergej Sergejewitsch	Krieg und Frieden Wojna i mir War and Peace Walzer •		MRSO	CD	Musica classic	78 0005-2	9/1992 Slow. Radio, Bratislava	5,18

Komponist	Werk	Solisten	Orchester	Ton-träger	Label	Nummer	Aufnahme-datum	Dauer
PROKOFIEFF Sergej Sergejewitsch	Iwan der Schreckliche	Boris Morgunow, Sprecher Nina Romanowa, MS Grigorij Gritsuk, B Russischer Yurlow Chor/Stanislaw Gussew/Rosalija Peregudowa	MRSO BSK	CD	Melodija	SUCD 10-00595	23/3/89	72,17
PROKOFIEFF Sergej Sergejewitsch	Romeo und Julia-Suite op. 64 1935/36	(Version WIF)	MRSO MRSO MRSO MRSO	CD CD CD CD	Artistotipia BSO Canyon ORF Wolford	AN 124 BD 0 001 EC3687-2	1987 3/10/90 29.–33.8.93 BSK 24/8/95 Bregenzer Festspielhaus	30,41 30,44 30,57
PROKOFIEFF Sergej Sergejewitsch	Die Liebe zu den drei Orangen Suite op. 33a		MRSO	CD	Canyon	EC3687-2	29.–33.8.93 BSK	14,34
PROKOFIEFF Sergej Sergejewitsch	Leutnant Kische Suite op. 60		MRSO	CD	Canyon	EC3687-2	29.–33.8.93 BSK	19,54

Komponist	Werk	Solisten	Orchester	Tonträger	Label	Nummer	Aufnahmedatum	Dauer
PROKOFIEFF Sergej Sergejewitsch	Puschkin-Walzer Nr. 2 op. 120		MRSO	CD	Musica classic	780005-2	9/1992 Slow. Radio, Bratislava	3,53
PUCCINI Giacomo	Turandot Nessun dorma •	Andrea Bocelli T	MRSO	CD	Sugar	SGR 4428-2	1995 MosSt	3,07
RACHMANINOW Sergej	Sinfonie Nr. 2 e-moll op. 27		MRSO	CD	Audiophile classics	APL101.518	1987	51,28
RACHMANINOW Sergej	Sinfonische Tänze		MRSO	CD	Novalis	VIF/MRSO JE	geplant	
RACHMANINOW Sergej	Die Toteninsel		MRSO	CD	Novalis	VIF/MRSO JE	geplant	
RACHMANINOW Sergej	Vokalise		MRSO	CD	Novalis	VIF/MRSO JE	geplant	
RACHMANINOW Sergej	Klavierkonzert Nr. 1 fis-moll op.1 (Originalversion 1890/91)	Karina Wisniewska	MRSO	CD	musica classic	780010-2	11/93 Reduta-Saal, Bratislava	31,44
		Kun-Woo Paik	MRSO	CD	RCA/BMG	09026 68867 2		28,55

Komponist	Werk	Solisten	Orchester	Ton-träger	Label	Nummer	Aufnahme-datum	Dauer
RACHMA-NINOW Sergej	Klavierkonzert Nr. 2 c-moll op. 18	Dmitrij Aleksejew	London Royal Philh. Orch.	LP	Melodija	33 C 10-12659-60		35,03
RACHMA-NINOW Sergej		Kun-Woo Paik	MRSO	CD	RCA/BMG	09026 68867 2		38,05
RACHMA-NINOW Sergej	Klavierkonzert Nr. 3 d-moll op. 30	Peter Donohue	MRSO	LP	Melodija	A10 00001 003	8/7/82 BSK	04 2
RACHMA-NINOW Sergej		Kun-Woo Paik	MRSO	CD	RCA/BMG	09026 68867 2		45,30
RACHMA-NINOW Sergej	Klavierkonzert Nr. 4 g-moll op. 40	Kun-Woo Paik	MRSO	CD	RCA/BMG	09026 68867 2		28,43
RACHMA-NINOW Sergej	Rhapsodie über ein Thema von Paganini op. 43	Kun-Woo Paik	MRSO	CD	RCA/BMG	09026 68867 2		25,26
RIMSKIJ-KORSAKOW Nikolaj A.	Capriccio Espagnol op. 34		MRSO	LP	Aprelevka Sound Inc.	C10-16325-6	1993 ?	16,18

Komponist	Werk	Solisten	Orchester	Ton-träger	Label	Nummer	Aufnahme-datum	Dauer
RIMSKIJ-KORSAKOW Nikolaj A.	Scheherazade op. 35	Boris Korssakow	MRSO	CD	Melodija	SUCD 10-00213	1981	41,14
				CD	Victor	VICC-2169	30.6./1.7.81 SMR	41,29
				CD	Gramsapis	GCD 00213		
		Masayuki Kino V	MRSO	CD	Pony Canyon	PCCL-00236	20./21.5.94 SMR	44,11
				CD	Pony Canyon	EC 3613-2		
RIMSKIJ-KORSAKOW Nikolaj A.	Capriccio Espagnol		MRSO	CD	Melodija	MCD 121		01 6
				CD	Olympia	OCD 121		01 6
			MRSO	CD	Melodija	SUCD 10-00213	1989	15,22
				CD	Gramspais	GCD 00213		
RIMSKIJ-KORSAKOW Nikolaj A.	Die Legende von der unsichtbaren Stadt Kitesch		VSO	CD	ORF-Koch-Schwann	3-1144-2 Y5	20/7/95 Bregenzer Festspiele	
		Prinz Wsewolod - Sergej Naida						
		Fürst Juri Wsewolod - Pawel Daniljuk						
		Fewronija - Jelena Prokina						
		Grischka Kutjerma - Wladimir Galusin						
		Fjodor Pojarok - Samson Isymow						
		Fürstlicher Knabe - Nina Romanowa						
		Bessere Leute - Aleksej Schestow						
		Bessere Leute - Michail Nikiforow						

Komponist	Werk	Solisten	Orchester	Tonträger	Label	Nummer	Aufnahmedatum	Dauer
		Oleg Zdanow - Guslispieler Bedjai - Mowsar Minzaejew Burundai - Wladimir Wanejew Sirin - Viktorija Lukjanets Alkonost - Aleksandra Dursenewa Sprecher - Aleksandr Zmbalow Chorsolo I - Aleksandr Morosow Chorsolo II - Aleksej Morosow Kammerchor Sofia Chor der russischen Akademie Moskau						
	Vorspiel (Loblied der Wüste) •		MRSO	CD	Artistotipia	AN 122	20/11/83	5,25

Komponist	Werk	Solisten	Orchester	Ton-träger	Label	Nummer	Aufnahme-datum	Dauer
RIMSKIJ-KORSAKOW Nikolaj A.	Mainacht Majskaja notch May Night	Hanna - Ljudmila Sapjegina Lewko - Konstantin Lissowskij Dorfschulze - Aleksej Kriwtschenja Schwägerin - Anna Matjuschina Schreiber - Gennadij Troizkij Schnapsbrenner - Jurij Jelnikow Kalenik - Iwan Budrin Pannotschka - Olga Pastuschenko Rabe - Nina Derbina Glucke - Tamara Antipowa Stiefmutter - Luzija Raschkowjez Großer Chor des Allrussischen Radios und Fernsehens	MRSO	CD	Relief	CR 991044	1976	128
SAINT-SAËNS Camille	Cellokonzert	Viktor Simon Vc	MRSO	CD	Novalis	VIF/MRSO JE	geplant	
SCHOSTAKOWITSCH								
Dmitrij D.	Sinfonie Nr. 1 f-moll op. 10	MRSO	MRSO	CD	music classic	780003-2	1/92	30,40
		MRSO	MRSO	CD	Canyon Classics	PCCL-00351	15/4/96	32,24

Komponist	Werk	Solisten	Orchester	Tonträger	Label	Nummer	Aufnahmedatum	Dauer
SCHOSTAKOWITSCH Dmitrij D.	Sinfonie Nr. 5 d-moll op. 47		MRSO	CD	Pony Canyon	PCCL-00401	3.,4.,5.4. 1997 SMR	45,52
SCHOSTAKOWITSCH Dmitrij D.	Sinfonie Nr. 6 h-moll op. 54		MRSO MRSO	CD CD	music classic Pony Canyon	780003-2 PCCL-00401	1/92 3.,4.,5.4. 1997 SMR	03 o 30,26
SCHOSTAKOWITSCH Dmitrij D.	Sinfonie Nr. 8 c-moll op. 65		MRSO	CD	Melodija	SUCD 10-00240	5/5/85	o6 o BSK
SCHOSTAKOWITSCH Dmitrij D.	Sinfonie Nr. 9 Es-Dur op. 70		MRSO	CD	Novalis	VIF/MRSO JE	geplant	
			MRSO	CD	Canyon Classic	PCCL 00356	18/4/96 SMR	26,33
SCHOSTAKOWITSCH Dmitrij D.	Sinfonie Nr. 10 e-moll op. 93		MRSO MRSO	CD CD	Artistotipia Gramsapis MZ	AN 121 GRCD 9508-2	1991	52,58 52,59
			MRSO	CD	Relief	CR 991047	12./28./29. 11/98	52,03

Komponist	Werk	Solisten	Orchester	Ton-träger	Label	Nummer	Aufnahme-datum	Dauer
SCHOSTAKOWITSCH								
Dmitrij D.	Sinfonie Nr. 15 A-Dur op. 141		MRSO	CD	Canyon Classics	PCCL-00351	16/4/96	41,02
SCHOSTAKOWITSCH								
Dmitrij D.	Jekaterina Ismailowa Sinfonische Suite (Basner)		MRSO	CD	Canyon Classic	PCCL 00356	19/4/96 SMR	04 1
		Florian Zwiauer, V Wilfried Rehm, Vc	VSO	CD	Calig	CD 50992	52.–27.2.97 Musikvereinssal Wien	46,39
SCHOSTAKOWITSCH								
Dmitrij D.	Hamlet		MRSO	CD	Relief	VIF/MRSO JE	geplant	
SCHOSTAKOWITSCH								
Dmitrij D.	Hypothetical Murder		MRSO	CD	Relief	VIF/MRSO JE	geplant	
SCHOSTAKOWITSCH								
Dmitrij D.	Klavierkonzert Nr. 1 op. 35	Paul Gulda	MRSO	CD	musica classic	78013-2	1/92	23,08

Komponist	Werk	Solisten	Orchester	Tonträger	Label	Nummer	Aufnahmedatum	Dauer
SCHOSTAKOWITSCH								
Dmitrij D.	Klavierkonzert Nr. 2 op. 102	Paul Gulda Wladimir Gontscharow, Tr	MRSO	CD	musica classic	78013-2	11/93	18,13
SCHOSTAKOWITSCH								
Dmitrij D.	Pirogow - Filmmusik Walzer •		MRSO	CD	Musica classic	78005-2	9/1992 Slow. Radio, Bratislava	5,04
SCHOSTAKOWITSCH								
Dmitrij D.	The gadfly op. 97 (Viehbremese)		MRSO	CD	Musica classic	78011-2	11/93 Slow. Radio, Bratislava	4,55
	Romanze •		MRSO	CD	Relief	CR 911047	12./28./29. 11/98	8,02
SCHRAMMEL Johann	Wien bleibt Wien Marsch		VSO	CD	Calig	CAL 50991	29./30.3.97 GrMVS	2,49
SCHUBERT Franz	Sinfonie Nr. 2 D-Dur D. 125		MRSO	CD	Relief	CR 991048	geplant	24,37

Komponist	Werk	Solisten	Orchester	Ton-träger	Label	Nummer	Aufnahme-datum	Dauer
SCHUBERT Franz	Ave Maria (Orchestr. Felix Weingartner)	Andrea Bocelli T	MRSO	CD	Sugar	SGR 4428-2	1995 MosSt	4,25
SIBELIUS Jean	Violinkonzert d-moll	Viktor Tretjakow	MRSO	CD	Relief	MRSO/WIF JE	23/12/98	
SIBELIUS Jean	En Saga		MRSO	CD	Relief	MRSO/WIF JE	23/12/98	
SIBELIUS Jean	Karelia		MRSO	CD	Melodija	SUCD 10-00233	1985	15,25
SIBELIUS Jean	Valse triste op. 44,1 1904		MRSO	CD	ORF Wolford		24/8/95 Bregenzer Festspielhaus	5,48
SKRJABIN Aleksandr N.	Sinfonie Nr. 1 E-Dur op. 26	Irina Archipowa MS Wladislaw Piawko T Großer Chor des Russischen Fernsehens und Rundfunks/Klawdij Ptiza	MRSO	LP	Melodija	C10 19557 007	1982 WSG	43,34

Komponist	Werk	Solisten	Orchester	Ton-träger	Label	Nummer	Aufnahme-datum	Dauer
			MRSO	CD	Olympia	OCD 159	1986	44,56
				LP	Melodija	A10 00315 001		
				CD	Melodija	SUCD 10-00233		44,51
		Jewgenija Gorochowskaja MS						
		Konstantin Pluschnikow T						
		The Glinka State Academic Chorus of Leningrad •						
		W. Borisov, Wlad. Tschernuschenko						
SKRJABIN Aleksandr N.	Poème de l'exstase		MRSO	CD	musica classic	780004-2	1/92 Slow. Radio, Bratislava	16,42
STRAUSS Eduard	Bahn frei Polka schnell op. 45		VSO	CD	Calig	CAL 50991	29./30.3.97 GrMVS	1,48
STRAUSS Johann Vater	Radetzkymarsch op. 228		VSO	CD	Calig	CAL 50991	29./30.3.97 GrMVS	2,29
			MRSO	CD	ORF Wolford		24/8/95 Bregenzer Festspielhaus	2,54
STRAUSS Johann Sohn	Frühlingsstimmen-Walzer op. 140		VSO	CD	Calig	CAL 50991	29./30.3.97 GrMVS	6,36
STRAUSS Johann Sohn	Furioso-Polka op. 260		VSO	CD	Calig	CAL 50991	29./30.3.97 GrMVS	2,22

Komponist	Werk	Solisten	Orchester	Tonträger	Label	Nummer	Aufnahmedatum	Dauer
STRAUSS Johann Sohn	Künstlerleben, Walzer op. 316		VSO	CD	Calig	CAL 50991	29./30.3.97 GrMVS	9,59
STRAUSS Johann Sohn	Romanze für Orchester, Harfe und Orchester 1861		MRSO	CD	ORF Wolford		24/8/95 Bregenzer Festspielhaus	5,04
STRAUSS Johann Sohn	Eljen à Magyar op. 323 1969		MRSO	CD	ORF Wolford		24/8/95 Bregenzer Festspielhaus	0 02
STRAUSS Josef	Transactionen, Walzer op. 184		VSO	CD	Calig	CAL 50991	29./30.3.97 GrMVS	8,27
STRAUSS Richard	Hornkonzert d-moll op. 11	Viktor Galkin H	MRSO	CD	Relief	CR 991048	geplant	14,53
STRAWINSKIJ Igor	Der Feuervogel Vollständige Fassung		MRSO	CD	musica classic	780004-2	1/92 Slow. Radio, Bratislava	46,3
SUPPÉ Franz von	Ein Morgen, ein Mittag, ein Abend in Wien, Ouverture	Wilfried Rehm, Vc	VSO	CD	Calig	CAL 50991	29./30.3.97 GrMVS	8,38

Komponist	Werk	Solisten	Orchester	Ton-träger	Label	Nummer	Aufnahme-datum	Dauer
SWIRIDOW Georgij W.	Kleines Tryptichon für Orchester, 1964		MRSO	CD	Autopan	CSO001	1994 SMR	10,12
			Ostankino SO	CD	Olympia	OCD 520	1992 BSK	0 09
SWIRIDOW Georgij W.	Schneesturm 1974		MRSO	CD	Melodija	MEL CD 10 00214	1975	27,04
				CD	Gramspais	GCD 00214		
			MRSO	CD	BSO	BD 0 001	18/11/86	27,28
			MRSO	CD	Pony Canyon	PCCL-00289	18.–20.5.89 SMR	28,21
			Ostankino SO	CD	Olympia	OCD 520	1992 BSK	02 6
SWIRIDOW Georgij W.	Schneesturm 1974	Nikolay Gatilow V (4,8) Wiktor Simon Vc (4)	MRSO	CD	Autopan	CSO001	1994 SMR	28,35
	Romanze •		MRSO	LP	Melodija	C10 28751 003		5,34
	Walzer •		MRSO	CD	Musica classic	780005-2	9/1992	4,12
							Slow. Radio, Bratislava	
	Walzer •		MRSO	CD	Artistotipia	AN 122	1975	3,54
	Echo eines Walzers •		MRSO	CD	Musica classic	780011-2	11/93	4,55
							Slow. Radio, Bratislava	

Komponist	Werk	Solisten	Orchester	Tonträger	Label	Nummer	Aufnahmedatum	Dauer
SWIRIDOW Georgij W.	Frühlingskantate, 1972 Wesennjaja Kantata nach Versen von Nekrasow	Staatl. akad. Yurlow-Chorkapelle • Stanislaw Gusew	MRSO	CD	Autopan	CSO001	1994 SMR	01 4
		Frauenchor und Kinderchor „Wesna"	Ostankino SO	CD	Olympia	OCD 520	1992 BSK	9,29
SWIRIDOW Georgij W.	Zeit vorwärts, 1967 Wremja wperjod Suite aus der Filmmusik		MRSO	CD	Autopan	CSO001	1994 SMR	19,05
			MRSO	CD	Melodija	SUCD 10-00232	1965	19,08
SWIRIDOW Georgij W.	Zar Fjodor Iwanowitsch	Yurlow Staatschor Drei Chöre • Olga Odinzowa, Walerija Golubjewa	Ostankino SO	CD	Olympia	OCD 520	1992 BSK	10,49
SWIRIDOW Georgij W.	Pathetisches Oratorium		MRSO	CD	Novalis	VIF/MRSO JE	geplant	

Komponist	Werk	Solisten	Orchester	Tonträger	Label	Nummer	Aufnahmedatum	Dauer
TANEJEW Sergej	Sinfonie Nr. 2 B-Dur Fassung W. Blok		MRSO	LP	Melodija	33C10-08045-6	WSG	
TANEJEW Sergej	„Orestejea": Der Apollo-Tempel in Delphi		MRSO	LP	Melodija	33C10-08045-6	WSG	
TSCHAIKOWSKIJ Boris A.	Sinfonie Nr. 3 B-Dur, 1980 Sewastopol		MRSO	LP	Melodija	C10 20245 002	25/1/81 Kolonnensaal	36,18
TSCHAIKOWSKIJ Boris A.	Sinfonietta für Streichorchester		MRSO	CD	Melodija	SUCD 10-00235	1986	21,01
TSCHAIKOWSKIJ Boris A.	Klavierkonzert	B. Tschaikowskij	MRSO	CD	Novalis	VIF/MRSO JE	geplant	
TSCHAIKOWSKIJ Boris A.	Jugend d'amore Poem für Orchester nach Dostojewskij	Aleksandr Petrow, V Boris Tschaikowskij, Kl	MRSO	CD	Melodija	SUCD 10-00235	1989	31,21

Komponist	Werk	Solisten	Orchester	Tonträger	Label	Nummer	Aufnahmedatum	Dauer
TSCHAIKOWSKIJ								
Boris A.	Thema und acht Variationen		MRSO	CD	Pony Canyon	PCCL-00206	29.–31.8.93 BSK	17,24
			MRSO	CD	Novalis	VIF/MRSO JE	geplant	
TSCHAIKOWSKIJ								
Pjotr Iljitsch	Sinfonie Nr. 1 g-moll op. 13 „Winterträume"		MRSO	LP	Melodija	A10 00183 000	1984 SMR	43,37
			MRSO	CD	Relief	CR 991045	geplant	43,24
TSCHAIKOWSKIJ								
Pjotr Iljitsch	Sinfonie Nr. 2 c-moll op. 17 2. Fassung	Viktor Galkin, Horn	MRSO	LP	Melodija	A10 00167 007	1985 SMR	34,25
			MRSO	CD	Novalis	VIF/MRSO JE	geplant	
TSCHAIKOWSKIJ								
Pjotr Iljitsch	Sinfonie Nr. 3 D-Dur op. 29		MRSO	LP	Melodija	A10 00181 006	1984 SMR	46,09
			MRSO	CD	Novalis	VIF/MRSO JE	geplant	

Komponist	Werk	Solisten	Orchester	Ton-träger	Label	Nummer	Aufnahme-datum	Dauer
TSCHAIKOWSKIJ								
Pjotr Ilijtsch	Sinfonie Nr. 4 f-moll op. 36		MRSO	LP	Melodija	A10 00131 004	1984	41,52
				CD	zyx music	MEL 45004-2	SMR	42,07
			MRSO	CD	Relief	CR 991046	8/98	
TSCHAIKOWSKIJ								
Pjotr Ilijtsch	Sinfonie Nr. 5 e-moll op. 64		MRSO	CD	Victor	VICC 2173	23.–25.6.1981	46,13
				CD	zyx music	MEL 45000-2	BSK	46,03
			MRSO	CD	Novalis	VIF/MRSO JE	geplant	
TSCHAIKOWSKIJ								
Pjotr Ilijtsch	Sinfonie Nr. 6 h-moll		MRSO	LP	Melodija	C10-16225-6		45,07
				CD	Victor	VICC 2172	19.,22.,23.6.1981 BSK	46,19
				CD	zyx music	MEL 46081-2		46,05
	(Originaltext) Ersteinspielung		MRSO	CD	Victor	VICC 67	18.,27.,28.29.3.91 BSK	44,55
			MRSO	CD	Novalis	VIF/MRSO JE	geplant	

Komponist	Werk	Solisten	Orchester	Ton-träger	Label	Nummer	Aufnahme-datum	Dauer
TSCHAIKOWSKIJ Pjotr Iljitsch	Klavierkonzert Nr. 1 b-moll op. 23 (Urfassung)	Andrej Hoteev V. Simon Vc	MRSO	CD	Koch-Schwann	3-6487-2	2/98 Mosfilm	40,09
TSCHAIKOWSKIJ Pjotr Iljitsch	Klavierkonzert Nr. 2 G-Dur, op. 44 (Originalversion)	Michail Pletnjow	Philharmonia	CD	Virgin Classics	0777 7596312 0	1990 Walthamstow, London	41,1
	Urfassung	Andrej Hoteev Schestakow • Simon	MRSO	CD	Koch-Schwann	3-6488-2	11/96 Mosfilm	52,34
TSCHAIKOWSKIJ Pjotr Iljitsch	Klavierkonzert Nr. 3 op. 75		Philharmonia	CD	Virgin Classics	0777 7596312 0	1990 Walthamstow, London	14,35 Es-Dur
	dreisätzige Urfassung	Andrej Hoteev Schestakow • Simon	MRSO	CD	Koch-Schwann	3-6489-2	9/96 Mosfilm	45,29

Komponist	Werk	Solisten	Orchester	Tonträger	Label	Nummer	Aufnahmedatum	Dauer
TSCHAIKOWSKIJ Pjotr Iljitsch	Fantaisie de Concert G-Dur op. 56	Andrej Hoteev Simon • Galkin	MRSO	CD	Koch-Schwann	3-6487-2	9/96 Mosfilm	38,16
TSCHAIKOWSKIJ Pjotr Iljitsch	Allegro c-moll 1864	Andrej Hoteev	MRSO	CD	Koch-Schwann	3-6488-2	8/97 Mosfilm	3,34
TSCHAIKOWSKIJ Pjotr Iljitsch	Zigeunerweisen Fantasie für Kl+Orch f-moll 1892	Andrej Hoteev	MRSO	CD	Koch-Schwann	3-6489-2	2/98 Mosfilm	23,28
TSCHAIKOWSKIJ Pjotr Iljitsch	Violinkonzert D-Dur p. 35	Viktor Tretjakow	MRSO	LP	Melodija	A10 00133 009	1984 WSG	35,58
		Kyoko Takezawa	MRSO	CD	RAC Victor	09026 60759 2	20./21.9.90 Alte Oper, Frankfurt	35,40
TSCHAIKOWSKIJ Pjotr Iljitsch	Violinkonzert D-Dur p. 35	Julian Rachlin	MRSO	CD	Sony	SK 66 567	14.–20.2.94 BSK	36,47

Komponist	Werk	Solisten	Orchester	Ton-träger	Label	Nummer	Aufnahme-datum	Dauer
TSCHAIKOWSKIJ								
Pjotr Iljitsch	Das Pantöffelchen Tscherewitschkij		MRSO	LP CD	Melodija Relief	33 CM 04401/ 4406 VIF/MRSO JE	geplant	
		Wakula - Konstantin Lissowskij						
		Solocha - Ljudmila Simonowa						
		Bjess - Oleg Klenow						
		Tschub - Aleksej Kriwtschenja						
		Oksana - Nina Fomina						
		Panas - Iwan Kartawenko						
		Pan Golowa - Gennadij Troizkij						
		Schullehrer - Wladimir Macho						
		Swjetlejschij - Aleksandr Poljakow						
		Zeremonienmeister - Viktor Selimanow						
		Concierge - Walerij Rubin						
		Alter Saporoschez - Wjatscheslaw Godunow						
		Ljeschij - Iwan Budrin						
		Chor des Allrussischen Rundfunks und Fernsehens						

Komponist	Werk	Solisten	Orchester	Tonträger	Label	Nummer	Aufnahmedatum	Dauer
TSCHAIKOWSKIJ								
Pjotr Iljitsch	Schneemädchen Snegurotchka Snow Maiden		MRSO		Relief	VIF/MRSO JE	geplant	
	Zwischenaktmusik Nr. 5b •		MRSO	CD	Relief	CR 991045	8/98	1,33
	Melodram Nr. 5a •		MRSO	CD	Relief	CR 991045	8/98	2,26
	Zwischenaktmusik Nr. 17 •		MRSO	CD	Relief	CR 991045	8/98	2,48
	Melodram Nr. 10 •		MRSO	CD	Relief	CR 991045	8/98	4,27
	Narrentanz •		MRSO	CD	Relief	CR 991045	8/98	5,00
TSCHAIKOWSKIJ								
Pjotr Iljitsch	Pique Dame/Pikowaja dama Queen of Spades	Tschekalinskij - Oleg Klenow Surin - Aleksandr Wedernikow Hermann - Witalij Tarschtschenko Graf Tomskij - Grigorij Gritsuk Prinz Jeletskij - Dmitrij Hvorostovsky Lisa - Natalija Datsko Gräfin - Irina Archipowa Polina - Nina Romanowa Gouvernante - Tatjana Kusminowa Mascha - Lidija Tschernych Zeremonienmeister - Wladimir Grischko Staatl. akad. russ. Yurlow Chor/Stanislaw Gusew	MRSO	CD	AIE / MCA Classics	AED3-68023	25/12/89 BSK	

Komponist	Werk	Solisten	Orchester	Ton-träger	Label	Nummer	Aufnahme-datum	Dauer
TSCHAIKOWSKIJ Pjotr Iljitsch	Jewgenij Onjegin Walzer •		MRSO	CD	Musica classic	780005-2	9/1992 Slow. Radio, Bratislava	6,29
TSCHAIKOWSKIJ Pjotr Iljitsch	Schwanensee op. 20	Nikolaj Gatilow, V Viktor Simon, Vc Olga Erdely, Harfe Wladimir Gontscharow, Tr	MRSO	LP	Melodija	A10 00241 006	1985 WSG	135
	Nr. 13 V Andante non troppo •	Nikolaj Gatilow, V Viktor Simon, Vc	MRSO	CD	Artistotipia	AN 122	13/3/90	5,32
	Tanz der kleinen Schwäne •		MRSO	CD	Musica classic	780011-2	11/93 Slow. Radio, Bratislava	1,21
	Nr. 21 Danse espagnole •		MRSO	CD	Artistotipia	AN 122	13/3/90	2,24
	Nr. 21 Danse espagnole •		MRSO	CD	Musica classic	780011-2	11/93 Slow. Radio, Bratislava	2,15

Komponist	Werk	Solisten	Orchester	Tonträger	Label	Nummer	Aufnahmedatum	Dauer
TSCHAIKOWSKIJ Pjotr Iljitsch								
	Dornröschen-Suite (Fassung SILOTI)		MRSO	CD	Artistotipia	AN 124	1979	
	Walzer 1. Akt ●		MRSO	LP	Aprelevka Sound Inc.	C10-16325-6	1993 ?	5,23
	Panorama ●		MRSO	CD	Musica classic	7800II-2	11/93 Slow. Radio, Bratislava	3,19
	Fassung FEDOSSEJEW		MRSO	CD	Novalis	VIF/MRSO JE	geplant	
TSCHAIKOWSKIJ Pjotr Iljitsch								
	Nussknacker op. 71	Wjesna Kinderchor/ Aleksandr Ponomarjow	MRSO	LP	Melodija	A10 00347 005	1986 WSG	86,28
	Nr. 13 Blumenwalzer ●		MRSO	CD	Artistotipia	AN 122	1975	7,18
	Adagio aus Pas de deux ●		MRSO	CD	Musica classic	7800II-2	11/93 Slow. Radio, Bratislava	5,08
TSCHAIKOWSKIJ Pjotr Iljitsch								
	Hymne zur Ehre von St. Kyrill und St. Methodius	Choral Art Academy named after A.V. Sveshnikov	MRSO	CD	Victor	VICC 185	2/2/95 BSK	3,01

Komponist	Werk	Solisten	Orchester	Ton-träger	Label	Nummer	Aufnahme-datum	Dauer
TSCHAIKOWSKIJ								
Pjotr Iljitsch	Aus den neun heiligen Stücken:	Choral Art Academy named after A.V. Sveshnikov	MRSO	CD	Victor	VICC 185	2/2/95 BSK	
	IV. We sing to Thee							3,36
	VI. Our father in heaven							3,29
	VIII. Let my prayer ascend							7,59
	IX. Today the heavenly powers							1,59
TSCHAIKOWSKIJ								
Pjotr Iljitsch	„Mandragora": Chor der Blumen + Insekten	Choral Art Academy named after A.V. Sveshnikov	MRSO	CD	Victor	VICC 185	2/2/95 BSK	7,09
TSCHAIKOWSKIJ								
Pjotr Iljitsch	Francesca da Rimini op. 2 Sinfonische Fantasie nach Dante		MRSO MRSO	CD CD	Artistotipia Relief	AN 123 CR 991046	1991 8/98	22,14
TSCHAIKOWSKIJ								
Pjotr Iljitsch	Der Sturm op. 18 Sinfonische Fantasie		MRSO	CD	Artistotipia	AN 121	1991	20,55

Komponist	Werk	Solisten	Orchester	Ton-träger	Label	Nummer	Aufnahme-datum	Dauer
TSCHAIKOWSKIJ Pjotr Iljitsch	Slawischer Marsch op. 31		MRSO	LP	Aprelevka Sound Inc.	C10-16325-6	1993 ?	0 09
			MRSO	CD CD	Melodija Olympia	MCD 121 OCD 121		9,26
TSCHAIKOWSKIJ Pjotr Iljitsch	Capriccio Italien op. 45		MRSO	LP	Aprelevka Sound Inc.	C10-16325-6	1993 ?	01 4
			VSO	CD	Calig	CAL 50 980	27.–29.1.95 GrMVS	13,26
TSCHAIKOWSKIJ Pjotr Iljitsch	Ouverture 1812 op. 49	Art School Chorus named after P. I. Tchaikovsky	MRSO	CD	Victor	VICC 2166	6/9/89 SMR	
			MRSO	CD	Victor	VICC 185	2/2/95 BSK	13,42
			MRSO	Video	SAO Kodak	CAT 990 8459	1998	
TSCHAIKOWSKIJ Pjotr Iljitsch	Festival Coronation March D-Dur, 1883		MRSO	CD	Aristotipia	AN 123	1991	4,23

Komponist	Werk	Solisten	Orchester	Tonträger	Label	Nummer	Aufnahmedatum	Dauer
TSCHAIKOWSKIJ Pjotr Iljitsch	Ouverture in F-Dur, 1865/66		MRSO	CD	Artistotipia	AN 123	1991	6,48
TSCHAIKOWSKIJ Pjotr Iljitsch	Streicherserenade G-Dur op. 48 Walzer		MRSO MRSO MRSO	CD CD CD	Victor Artistotipia Musica classic	VICC 2166 AN 123 780005-2	8/9/89 SMR 1991 9/1992 Slow. Radio, Bratislava	32,08 4,26
TSCHAIKOWSKIJ Pjotr Iljitsch	Nocturne op. 19, 4	Viktor Simon, Vc	MRSO	CD	Artistotipia	AN 122	1987	4,42
TSCHAIKOWSKIJ Pjotr Iljitsch	Die Jahreszeiten op. 37 bis Nr. 10 Herbstlied/Oktober • (Orchestr. A. Gauk)		MRSO	CD	Artistotipia	AN 122	1984	4,45
TSCHAIKOWSKIJ Pjotr Iljitsch	Variationen über ein Rokoko-Thema A-Dur op. 33	David Geringas Vc	MRSO	CD	Pony Canyon	PCCL-00411	22./24.5.95 18.3.96 SMR	17,39

Komponist	Werk	Solisten	Orchester	Ton-träger	Label	Nummer	Aufnahme-datum	Dauer
TSCHAIKOWSKIJ Pjotr Iljitsch	Nocturne d-moll op. 19,4	David Geringas Vc	MRSO	CD	Pony Canyon	PCCL-00411	22./24.5.95 18.3.96 SMR	4,14
TSCHAIKOWSKIJ Pjotr Iljitsch	Andante cantabile für Vc und Str aus Streichquartett Nr. 1 op. 11	David Geringas Vc	MRSO	CD	Pony Canyon	PCCL-00411	22./24.5.95 18.3.96 SMR	5,55
TSCHAIKOWSKIJ Pjotr Iljitsch	Pezzo capriccioso h-moll op. 62	David Geringas Vc	MRSO	CD	Pony Canyon	PCCL-00411	22./24.5.95 18.3.96 SMR	6,35
TSCHAIKOWSKIJ Pjotr Iljitsch	Romanze F-Dur op. 51,5 aus 6 Stücke	David Geringas Vc	MRSO	CD	Pony Canyon	PCCL-00411	22./24.5.95 18.3.96 SMR	7,09
TSCHAIKOWSKIJ Pjotr Iljitsch	Meditation D-Dur op. 72, aus 18 Stücke	David Geringas Vc	MRSO	CD	Pony Canyon	PCCL-00411	22./24.5.95 18.3.96 SMR	4,52

Komponist	Werk	Solisten	Orchester	Ton-träger	Label	Nummer	Aufnahme-datum	Dauer
TSCHAIKOWSKIJ Pjotr Iljitsch	Valse sentimentale f-moll op. 51,6, aus 6 Stücken	David Geringas Vc	MRSO	CD	Pony Canyon	PCCL-00411	22./24.5.95 18.3.96 SMR	4,48
TSCHAIKOWSKIJ Pjotr Iljitsch	Melodie Es-Dur op. 42,3 aus Souvenir d'un lieu cher	David Geringas Vc	MRSO	CD	Pony Canyon	PCCL-00411	22./24.5.95 18.3.96 SMR	3,01
TSCHAIKOWSKIJ Pjotr Iljitsch	Humoreske e-moll op. 10,2 aus 2 Stücken	David Geringas Vc	MRSO	CD	Pony Canyon	PCCL-00411	22./24.5.95 18.3.96 SMR	2,18
TSCHAIKOWSKIJ Pjotr Iljitsch	Schneemädchen-Phantasie		MRSO	CD	Novalis	VIF/MRSO JE	geplant	
TSCHAIKOWSKIJ Pjotr Iljitsch	Ouverture in fa		MRSO	CD	Novalis	VIF/MRSO JE	geplant	
TSCHAIKOWSKIJ Pjotr Iljitsch	Hamlet		MRSO	CD	Novalis	VIF/MRSO JE	geplant	

Komponist	Werk	Solisten	Orchester	Ton-träger	Label	Nummer	Aufnahme-datum	Dauer
TSCHAIKOWSKIJ Pjotr Iljitsch	„Romeo und Julia" Duett •	Marina Mescheriakowa Ilya Lewinskij	MRSO	CD	Novalis	VIF/MRSO JE	geplant	
VAINBERG Mieczyslaw (Moishe) Samuilowitsch	Sinfonie Nr. 12 op. 114		MRSO	LP	Melodija	33C10-18771-2	1982 SBR	57,1
VAINBERG Mieczyslaw (Moishe)	Sinfonie Nr. 14 op. 117 einsätzig - WIF gewidmet		MRSO	CD	Olympia	OCD 589	10/80 BSK	30,54
VAINBERG Mieczyslaw (Moishe)	Sinfonie Nr. 17 op. 137 „Memory"		MRSO	CD	Olympia	OCD 590	11/84 BSK - *Uraufführung*	48,31
VAINBERG Mieczyslaw (Moishe)	Sinfonie Nr. 18 op. 138	Latvian State Academic Chorus „War - there is no word more cruel" Imants Tsepitis	MRSO	CD	Olympia	OCD 589	10/85 BSK	43,07

Komponist	Werk	Solisten	Orchester	Tonträger	Label	Nummer	Aufnahmedatum	Dauer
VAINBERG Mieczyslaw (Moishe)	Sinfonie Nr. 19 op. 138 „The Bright May" - einsätzig		MRSO	CD	Olympia	OCD 591	11/86 Mow Autumn Festival	33,37
VAINBERG Mieczyslaw (Moishe)	„The Banners of Peace" Sinfonische Dichtung op. 143		MRSO	CD	Olympia	OCD 590	1/2/84 Kolonensaal - Uraufführung	22,45
VAINBERG Mieczyslaw (Moishe)	Kammersinfonie Nr. 3 op. 151		MRSO	CD	Olympia	OCD 591	11/91 BSK	31,25
VAUGHAN-WILLIAMS Ralph	Greensleeves		MRSO	CD	Musica classic	780011-2	11/93 Slow. Radio, Bratislava	4,03
VERDI Giuseppe	Macbeth Ah, la paterna mano ●	Andrea Bocelli T	MRSO	CD	Sugar	SGR 4428-2	1995 MosSt	4,14
VERDI Giuseppe	Rigoletto La donna è mobile ●	Andrea Bocelli T	MRSO	CD	Sugar	SGR 4428-2	1995 MosSt	4,14

Komponist	Werk	Solisten	Orchester	Tonträger	Label	Nummer	Aufnahmedatum	Dauer
WAGNER Richard	Tannhäuser Lied an den Abendstern •		MRSO	CD	ORF Wolford		24/8/95 Bregenzer Festspielhaus	2,52
WAGNER Richard	Lohengrin Vorspiel 3. Aufzug •		MRSO	CD	Musica classic	780011-2	11/93 Slow. Radio, Bratislava	3,00
WAGNER Richard	Walküre Walkürenritt •		MRSO	CD	Relief	CR 991048	geplant	3,58
WAGNER Richard	Siegfried Waldweben •		MRSO	CD	Relief	CR 991048	geplant	9,35
WAGNER Richard	Götterdämmerung Trauermarsch •		MRSO	CD	Relief	CR 991048	geplant	7,33
WALTON William	Greensleeves		MRSO	CD	ORF Wolford		24/8/95 Bregenzer Festspielhaus	3,42
WEBER Carl Maria von	Aufforderung zum Tanz 1819		MRSO	CD	ORF Wolford		24/8/95 Bregenzer Festspielhaus	9,00

Komponist	Werk	Solisten	Orchester	Ton-träger	Label	Nummer	Aufnahme-datum	Dauer
ZIEHRER Carl Michael	Loslassen!!! Polka schnell op. 386		VSO	CD	Calig	CAL 50991	29./30.3.97 GrMVS	1,58
Italienische Volkslieder	O Sole Mio	Andrea Bocelli T	MRSO	CD	Sugar	SGR 4428-2	1995	4,38
	Core n'grato	Andrea Bocelli T	MRSO	CD	Sugar	SGR 4428-2	1995	4,43
	Santa Lucia luntana	Andrea Bocelli T	MRSO	CD	Sugar	SGR 4428-2	1995	5,09
	I' te vurria vasà	Andrea Bocelli T	MRSO	CD	Sugar	SGR 4428-2	1995	0 05
	Tu, 'ca nun chiagne!	Andrea Bocelli T	MRSO	CD	Sugar	SGR 4428-2	1995	3,34
	Marinarello	Andrea Bocelli T	MRSO	CD	Sugar	SGR 4428-2	1995	3,57
	Piscatore 'e Pusilteco	Andrea Bocelli T	MRSO	CD	Sugar	SGR 4428-2	1995	4,14
Russische Volkslieder	Oh my sweetheart, beautiful maiden	Sergej Lemeschew	AORNI	LP	Melodija	C20 22091 005	1979	3,07

Komponist	Werk	Solisten	Orchester	Tonträger	Label	Nummer	Aufnahmedatum	Dauer
	Oh, do not kiss me (Warlamow)	Sergej Lemeschew	AORNI	LP	Melodija	C20 22091 005	1979	1,55
	My bluebells (Bulachow - Tolstoj)	Sergej Lemeschew	AORNI	LP	Melodija	C20 22091 005	1979	2,49
	Embrace me and kiss (Balakirew - Kolzow)	Sergej Lemeschew	AORNI	LP	Melodija	C20 22091 005	1979	2,20
	Deep-red shawl	Walentina Lewko	AORNI	LP	Melodija	C20 22091 005	1963	4,01
	Inner Music (Gurilew - Ogarew)	Tamara Milashkina	AORNI	LP	Melodija	C20 22093 002	1968	2,46
	You are still with me, though Gone	Tamara Milashkina	AORNI	LP	Melodija	C20 22093 002	1968	4,00
			MRSO	CD	Novalis	VIF/MRSO JE	geplant MosSt	

Abkürzungen

AORNI	Akademitscheskij Orkestr Russkich Narodnych Instrumentow Zentralnogo Televidenija i Wsesojusnogo Radio
BSK	Bolschoj Sal Konservatori / Grosser Saal des Moskauer Konservatorium / Grand Hall of the Moscow Conservatory
GrMVS	Großer Musikvereinssaal, Wien
MosSt	Mosfilm-Studio, Moskau / Mosfilm Studios, Moscow
MRSO	Moskauer Radio Sinfonie-Orchester (heute: Staatliches Akademisches Großes Tschaikowskij-Sinfonie-Orchester) Moscow Radio Symphony Orchestra
SMR	Moskauer Radio Studio
VSO	Wiener Symphoniker / Vienna Symphony Orchestra
WSG	Wsjesojusnaja Studija Gramsapissi / Allsowjetisches Aufnahmestudio

II. Einspielungen von Wladimir Fedosejew mit den Wiener Symphonikern

Firma	Komponist	CD-Titel	Dirigent	Aufnahm datum	Werk
0017102 BC edel records	BRUCKNER A.	100 JAHRE WIENER SYMPHONIKER	Fedosejev V.	1998/1	Symphonie Nr. 4 Es-Dur „Romantische"
CAL 50091 Calig/Weltbild	HELLMESBERGER J.	FRÜHLING IN WIEN	Fedosejev V.	1997 03 29-30	Ouvertüre „Das Veilchenmädl"
CAL 50091 Calig/Weltbild	HEUBERGER R.	FRÜHLING IN WIEN	Fedosejev V.	1997 03 29-30	Ouvertüre „Der Opernball"
CAL 50091 Calig/Weltbild	LANNER J.	FRÜHLING IN WIEN	Fedosejev V.	1997 03 29-30	Tarantel-Galopp op. 125
CAL 50091 Calig/Weltbild	LEHÁR F.	FRÜHLING IN WIEN	Fedosejev V.	1997 03 29-30	Paganini-Melodie für Solo-Violine und Orchester (Bearb. Max Schönherr)
CAL 50091 Calig/Weltbild	SCHRAMMEL J.	FRÜHLING IN WIEN	Fedosejev V.	1997 03 29-30	Wien bleibt Wien, Marsch
CAL 50091 Calig/Weltbild	STRAUSS JOSEF	FRÜHLING IN WIEN	Fedosejev V.	1997 03 29-30	Transactionen, Walzer op. 184
CAL 50091 Calig/Weltbild	STRAUSS E.	FRÜHLING IN WIEN	Fedosejev V.	1997 03 29-30	Bahn frei, Polka schnell op. 45
CAL 50091 Calig/Weltbild	STRAUSS Sohn J.	FRÜHLING IN WIEN	Fedosejev V.	1997 03 29-30	Frühlingsstimmen, Walzer op. 410
CAL 50091 Calig/Weltbild	STRAUSS Sohn J.	FRÜHLING IN WIEN	Fedosejev V.	1997 03 29-30	Furioso-Polka op. 260

Firma	Komponist	CD-Titel	Dirigent	Aufnahm datum	Werk
CAL 50991 Calig/Weltbild	STRAUSS Sohn J.	FRÜHLING IN WIEN	Fedosejev V.	1997 03 29-30	Künstlerleben, Walzer op. 316
CAL 50991 Calig/Weltbild	STRAUSS Vater J.	FRÜHLING IN WIEN	Fedosejev V.	1997 03 29-30	Radetzkymarsch op. 228
CAL 50991 Calig/Weltbild	SUPPÉ F. VON	FRÜHLING IN WIEN	Fedosejev V.	1997 03 29-30	Ouvertüre „Ein Morgen, ein Mittag, ein Abend in Wien"
CAL 50991 Calig/Weltbild	ZIEHRER C. M.	FRÜHLING IN WIEN	Fedosejev V.	1997 03 29-30	Loslassen!!!! Polka schnell op. 386
CAL 50980 Calig/Weltbild	BERLIOZ H.		Fedosejev V.	1995 01 27-29	Le Carneval Romain op. 9
CAL 50980 Calig/Weltbild	MENDELSSOHN B. F.		Fedosejev V.	1995 01 27-29	Symphonie Nr. 4 A-dur „Italienische" op. 90
Bregenz 1998 ORF	MONTEMEZZI I.		Fedosejev V.	1998	L'amore dei tre re – Poema tragico in drei Akten
3-1144-2-Y5 Koch/ Schwann/ORFStadt	RIMSKY-KORSAKOV N.		Fedosejev V.	1995 07 20	Die Legende von der unsichtbaren Stadt Kitesch – Oper in sechs Bildern
3-6543-2 Koch/ Schwann/ORF	RUBINSTEIN A.		Fedosejev V.	1997 7 17	Der Dämon – Oper in drei Akten
CAL 50 992 Calig/Weltbild	SHOSTAKOVICH D.		Fedosejev V.	1997 02 25-27	„Katerina Ismailowa", Symphonie für großes Orchester nach der Oper „Lady Macbeth von Mzensk"
CAL 50980 Calig/Weltbild	TCHAIKOVSKY P. I.		Fedosejev V.	1995 01 27-29	Capriccio Italien op. 45

III. Tschaikovsky Symphony orchestra of Moscow Radio
Music Director
Vladimir Fedoseyev

JUBILÄUMS EDITION

I SERIE

1-2. CR 991044
Nikolay Rimsky-Korsakov, „MAY NIGHT", (2 CD)
Opera in three acts
Soloists: **Lyudmila Sapyegina, Konstantin Lissovsky, Aleksej Krivchenya, Anna Matyushina, Gennady Troitsky, Yury Yelnikov, Ivan Budrin**
Recorded 1974

3. CR 991045
Piotr Tchaikovsky,
Symphony Nr. 1 „Winterdaydreams", op. 13, in G minor
„The Snow-Maiden" (fragments)
Recorded 1998

4. CR 991046
Piotr Tchaikovsky, Symphony Nr. 4, op. 36, in F minor
Oboe solo – **Olga Tomilova**
Symphonic fantasy „Francesca da Rimini", op. 32
Recorded 1998

5. CR 991048
Dmitriy Shostakovitch, Symphony Nr. 10, op. 93, in E minor
Romance from the music for the film „Gadfly", op. 97
Violin solo – **Mikhail Shestakov**
Recorded 1998

6. CR 991048
HISTORICAL RECORDS
Franz Liszt, Symphonic Poem „Orpheus", op. 50, in C major
Recorded 1974
Richard Wagner, „The Ring of the Nibelung" (fragments)
Recorded 1978

Richard Strauss, Concert for horn and orchestra Nr. 1, op. 11, in E-flat major
Soloist – **Viktor Galkin**
Recorded 1983
Franz Schubert, Symphony "2, op. 125, in B-flat major
Recorded 1991

II SERIE

1–2. CR 991049
Nikolay Rimsky-Korsakov, „SNOW MAIDEN" (3 CD)
Opera in 4 acts with prologue
Soloists: **Valentina Sokolik, Irina Arkhipova. Lidya Zakharenko, Anton Grigoryev, Anatoly Moksyakov, Alexander Vedernikov, Vladimir Matorin**
Recorded 1975

3. CR 991051
Piotr TCHAIKOVSKY, Symphony Nr. 5, op. 64, in E minor
Duetto „Romeo and Juliet"
Soloists: **Marina Mescheriakova, Vitaly Tarastchenko**
Recorded 1998
Excerpts from the opera „Queen of Spades"
Soloists: **Irina Chistyakova, Vitaly Tarastchenko**
Live recording: 1999

4. CR 991050
Piotr TCHAIKOVSKY, Symphony Nr. 3, op. 29, in D major
Fantasy-Ouverture „Hamlet", op. 67
Recorded 1999

5. CR 991052
J. SIBELIUS, Symphonic poem „Saga", op. 9, in E flat major
Viola solo – **Igor Burskiy**
Symphonic ouverture „Karelia", op. 10 (1893)
Concerto for violine and orchestra, op. 47, in D minor
Soloist - **Viktor Tretyakov**
Recorded 1999

6. CR 991053
HISTORICAL RECORDS
Georgy Sviridov, „Oratorio Pathetique"
Lyrics by Vladimir Mayakovsky

Soloists: **Raissa Kotova, Alexander Vedernikov**
Live recording 1979
Valery Gavrilin, „A House on the Road"
Symphonic suite on the poem of Alexander Tvardovsky
Live recording 1985
These records are from the collection of the Russian State Foundation of Radio and TV

III SERIE

1-2. CR 991054
Piotr Tchaikovsky, „THE LITTLE SHOES" (2 CD)
Opera in 4 acts
Soloists: **Konstantin Lissovsky, Nina Fomina, Lyudmila Simonova, Oleg Klenov**
Recorded 1974

3. CR 991055
Piotr Tchaikovsky, Symphony Nr. 2, op. 17, in C minor
„Sleeping Beauty", Suite from the ballet, op. 66a
(arrangement of V. Fedoseyev)
Soloists of orchestra: Emilia Moskvitina (harp), **Victor Simon** (cello), **Vladimir Permyakov** (clarinet), **Maria Fedotova** (flute), **Victor Galkin** (horn), **Olga Tomilova** (oboe), **Georgy Khachikyan** (piano)
Recorded 1999

4. CR 991056
Dmitriy SHOSTAKOVITCH, Symphony Nr. 8, op. 65, in C minor
English horn solo – **Said Agishev**
Live recording 1999

5. CR991057
Ludvig van BEETHOVEN „Leonora Nr. 3", op. 72
Live recording 1999
Wolfgang Amadei MOZART, Symphony Nr. 40, K-550, in G minor
Symphonia Concertante for oboe, clarinet, horn and bassoon, K 297-b, in E-flat major
Soloists of orchestra: Oleg Panin (oboe), **Vladimir Permyakov** (clarinet), **Gleb Karpushkin** (horn), **Teimur Byul-Byul** (bassoon).
Live recording 1999

6. CR 991058
HISTORICAL RECORDS
Tikhon Khrennikov Concertos for violin Nr. 1, 2; for piano Nr. 2, 3
Soloists: **Tikhon Khrennikov, Vadim Repin, Evgeny Kissin, Maxim Vengerov**
Live recording 1988
Those records are from the collection of the Russian State Foundation of Radio and TV

IV SERIE

2- CR 991059
Alexander DARGOMYZHSKY, „RUSALKA" („The Mermaid")
Soloists: **Alexander Vedernikov, Natalia Mihajlova, Konstantin Pluzhnikov, Nina Terentjeva, Galina Pisarenko**
Opera in 4 acts (2 CD)
Recorded 1983

3. CR 991060
Piotr TCHAIKOVSKY,
Symphony Nr. 6, „Pathetique", op. 74, in H minor
Ouverture and „Dances of the hay maidens" from the Opera „Voevod"
Recorded 1999

4. CR 991061
Anton BRUCKNER
Symphony Nr 8, op. 117, in C minor
Recorded 1999

5. CR 991062
Piotr TCHAIKOVSKY
Symphony „Manfred", op. 58, in H minor
Live recording 1999
Symphonic Fantasy „The Tempest", op. 18, in Fa minor
Recorded 1999

6. CR 991063
Sergey RAKHMANINOV
Symphony Nr. 2, op. 27 (1907)
Scherzo in D minor (1891)
Vocalise (1911)
Recorded 1999

7. CR 991064
HISTORICAL RECORDS
Boris TCHAIKOVSKY
Symphonietta in G minor (1956)
Recorded 1986
The Theme and 8 variations
Recorded 1979
Mikhail KOLLONTAY (YERMOLAYEV)
Concert for viola
Soloist: **Yuri Bashmet**
Recorded 1983

These records are from the collection of the Russian State Foundation of Radio and TV
RELIEF Produced by Sonimex LTD., Zurich/Switzerland
Producer: Urs Weber, e-mail: webertreuhand@bluewindow.ch
Sound Director: Vadim Ivanov, Mastering: Peter Pfister, CD-Production: Rico Leitner, Artwork: George Arzoumanov
CD manufactured in Austria. Artwork made in Holland.
©+P 1999 FTRK Künstlerleben Foundation
Tchaikovsky Symphony Orchestra of Moscow Radio: tel. 222 00 24, 222 01 83, fax 291 82 43

RELIEF Produced by Sonimex LTD., Zurich/Switzerland
Producer: Urs Weber, e-mail: webertreuhand@bluewindow.ch
Sound Director: Vadim Ivanov, Mastering: Peter Pfister, CD-Production: Rico Leitner, Artwork: George Arzoumanov
CD manufactured in Austria. Artwork made in Holland.
©+P 1999 FTRK Künstlerleben Foundation
Tchaikovsky Symphony Orchestra of Moscow Radio:
tel. 222 00 24, 222 01 83, fax 291 82 43

Register

Abbado, Claudio 93
Afanasjew, N. N. 52
Albinoni, Tomaso 70
Alekperow, Vagif 135, 175
Alexejewa, Natalja 9
Alexij II. 143
Andropow, Jurij 70
Ansermet, Ernest 167
Archipowa, Irina 24, 53, 173
Arkadjew, Michail 91
Arlaud, Philippe 110, 112, 113, 173
Armfield, Neil 108
Ashkenazy, Wladimir 61, 63
Atlantow, Wladimir 30
Azesberger, Kurt 5

Bach, Johann Sebastian 108
Balakirew, Milij 106
Bankl, Wolfgang 5
Barraine, Elsa 61
Bartók, Béla 15, 93
Basner, Wenjamin (Benjamin) 118, 119, 139, 157, 158
Baumann, Karl 115
Beaufays, Anette 113
Beethoven, Ludwig van 13, 25, 35, 36, 37, 55, 59, 67, 70, 72, 73, 75, 91, 96, 97, 105, 115, 117, 118, 120–125, 136, 138, 142, 144, 146, 148, 163–168, 170, 174
Belenkij, Boris Wladimirowitsch 50, 51
Benelli, Sem 111
Berg, Alban 115, 171
Berlioz, Hector 76, 96–99, 147, 149, 173
Bernstein, Leonhard 13
Bischof, Rainer 115, 119, 149
Bizet, Georges 77, 80, 93
Blackshaw, Christian 79
Bogatschowa, Irina 24
Böhm, Karl 95
Bori, Lucrezia 110
Borodin, Alexander 24, 43, 91, 101, 107
Brahms, Johannes 36, 43, 56, 67, 75, 82, 170
Breitkopf-Härtel 122
Breschnjew, Leonid Iljitsch 64, 65, 70

Bruckner, Anton 34, 35, 36, 72, 125, 143, 170
Buchbinder, Rudolf 143, 144
Burgos, Rafael Frühbeck de 117
Byron, Lord George Gordon 107

Chajkin, Boris Immanuilowitsch 30, 61, 62
Chatschaturjan, Aram 64, 69
Chausson, Ernest 96
Chopin, Frédéric 70
Chrenikow, Tichon N. 47, 68, 69
Chruschtschow, Nikita 39
Cui, Cäsar A. 107
Cura, José 130, 173

D'Annunzio, Gabriele 112
Daniljuk, P. 1
David, Franz Peter 104
Debussy, Claude 110, 112
Del Mar, Jonathan 122
Denisow, Edison 69, 171
Dessay, Natalie 173
Didur, Adamo 110
Dittrich, Michael 143
Dobrochtowa, Olga 26
Dostojewskij, Fjodor 45
Drese, Claus Helmut 92
Dursenjewa, Alexandra 1

Eisenstein, Sergej 139
Eschpaj, Andrej 58

Fedosejew, Michail 28
Fedosejewa, Irina 28
Fedosejewa, Olga 9, 28, 30, 41, 46, 47, 88, 138, 5
Fedosejewa, Raisa J. 19, 20
Fischer-Dieskau, Dietrich 119, 5
Fjodorowna, Jelisawjeta 137
Fjodorowna, Maria 30
Fomenko, Peter 175
Freni, Mirella 173
Fuchs, Ernst 5
Furtwängler, Wilhelm 38, 146, 165

Galusin, Wladimir 94, 104
Gasdia, Cecilia 147
Géza, Anda 127
Ghiaurov, Nikolaj 131, 173, *4*
Gilels, Emil 146, 175
Gindin, Alexander 146
Ginsburg, Lew Morizowitsch 34, 35, 37, 162
Gigli, Beniamino 110
Giulini, Carlo Maria 117
Glasunow, Alexander 55, 81
Glinka, Michail J. 21, 24, 54, 55, 58, 66, 80, 101
Goethe, Johann Wolfgang von 97
Golowanow, Nikolaj 38, 39, 58
Gorbatschow, Michail 16, 88, 137
Gorkij, Maxim 69
Grieg, Edvard 25, 77, 80, 146
Gubajdulina, Sofija 69

Haddock, Marcus 112
Haydn, Joseph 13, 35, 54, 67, 120, 133
Herzog, Jens–Daniel 131
Herzog, Roman Dr. *4*
Holender, Ioan 92
Horowitz, Wladimir 23

Iljina, Vera Nikolajewna 20
Isjumow, Samson *1*
Iwan „der Schreckliche" 140, 141

Janáček, Leos 133
Jelzin, Boris 142

Kabalewskij, Dmitrij 54, 68
Kalininkow, Wasilij 115
Karajan, Herbert von 34, 38, 39, 40, 41, 43, 77, 94, 95, 117, 146, 159, 165, 175
Katkus, Donatas 54
Khittl, Klaus 95
Kleber, Bernhard 131
Kleiber, Carlos 11, 40, 146, 158, 162, 175
Klien, Walter 91
Klimow, Valerij 70
Kokkos, Yannis 76
Kondraschin, Kyrill 64
Kontschalowskij, Andrej 83, 157
Kornejew, N. N. 52

Kotscherga, Anatolij 94
Kovacic, Ernst 115
Kozlowska, Joanna 131
Krajnew, Wladimir 58
Kremer, Gidon 87
Kriwtschenja, I 173
Kucharskij, Wasilij Feodosjewitsch 31
Kuebler, David 100
Kupfer, Harry 97, 98, 100–104, 105, 173,
Kuschnir, Boris 50

Laki, Krisztina 143
Lapin, Sergej G. 46, 47, 63
Lasarew, Alexander 31
Lemeschew, Sergej 21, 24, 25, 146, 173
Lenin, Vladimir I. 69, 139
Lepuschitz, Rainer 163
Lermontow, Michail 106, 107
Leskow, Nikolaj 139
Ligatschow, Jegor 31
Lipovsek, Marjana 115
Lisizian, Pawel 173
Liszt, Franz 82, 82
Ljadow, Anatolij 20, 24
Lupu, Radu 43
Luschkow, Jurij 61, 135
Lutsjuk, Viktor 131, *4*

Maeterlinck, Maurice 112
Mahler, Gustav 34, 37, 45, 67, 72–75, 82, 90, 96, 109, 115, 125, 138, 170
Maisenberg, Oleg 142, 143
Maisky, Mischa *5*
Mascagni, Pietro 53
Massenet, Jules 110
Mazzola-Gavazzeni, Denia 112
Mazzonis, Cesare 40
Melik-Paschajew, Alexander 146
Mendelssohn-Bartholdy, Felix 75
Merritt, Chris 147
Milaschkina, Tamara 24, 30
Minin, Wladimir 107, 108, 132, 141
Montemezzi, Italo 110, 111, 161, 173
Moranzoni, Roberto 110
Mozart, Wolfgang Amadeus 25, 35, 37, 55, 58, 67, 80, 82, 91, 97, 108, 117, 118, 120, 125, 133, 142–144, 146, 156

Mrawinskij, Jewgenij 28, 30, 32, 33, 34, 37, 40, 41, 42, 43, 47, 56, 71, 158, 161, 162
Musorgskij, Modest 15, 22, 24, 54, 58, 67, 76, 91, 93, 94, 97, 101, 107, 115, 127, 131, 157, 174

Naef, Yvonne *4*
Najda, S. *1*
Nasrawi, Douglas 112
Nelli, Herva 39
Nucci, Leo 173

Oberle, Carl Friedrich 109
Oistrach, David 61
Orff, Carl 64
Ormandy, Eugen 110
Ostrowskij, Nikolaj 19
Ozawa, Seiji 83

Pachmutowa, Alexandra 64
Pavarotti, Luciano 133, 173
Pereira, Alexander 129
Petrenko, Alexej 119, 140, 141, 159
Pfister, Werner 128
Pjatnyschko, Stephan 112
Pletnjew, Michail 11, 55, 59, 85
Pountney, David 113, 114, 173
Presley, Elvis 114
Prêtre, Georges 159
Primakow, Jewgenij 142
Prokina, Jelena 1, 104
Prokofjew, Sergej 9, 11, 31, 56, 87, 119, 130, 134, 139–142, 159
Psihoda, Elisabeth 9
Puccini, Giacomo 93, 111, 112, 146
Puschkin, Alexander S. 46, 56, 67, 76, 107, 113, 146, 170

Rachlin, Julian *5*
Rachmaninow, Sergej 11, 25, 45, 55, 56, 108, 143, 145, 146, 175
Raffael, Santi 175
Raimondi, Ruggero 76, 173
Ravel, Maurice 15, 56, 58, 75, 92, 127
Reiber, Joachim 158
Rembrandt, Harmenszoon van Rijn 175
Repin, Vadim 13

Resnikow, Nikolaj Pantelejmonowitsch 23
Rimskij-Korsakow, Nikolaj 21, 24, 30, 40, 54, 61, 94, 100–102, 104, 105, 107, 113, 114, 131, 153–156, 173
Roire, Jean 61
Ronconi, Luca 173
Roschdestwenskij, Genadij 46, 47, 53, 63, 64
Rossini, Gioacchino 80
Rouillon, Philippe 100
Rubinstein, Anton 35, 82, 106, 107, 130
Rubinstein, Nikolaj 35
Rydl, Kurt 112

Salieri, Antonio 145
Salminen, Matti 131
Salzmann, Franz *4*
Sawallisch, Wolfgang 117, 159
Schaljapin, Fjodor 109, 175
Schavernoch, Hans 99, 103–105
Schdanow, Andrej 68
Schiller, Friedrich 167
Schindler, Alma 74
Schnittke, Alfred 62, 69
Schönberg, Arnold 114, 119, 171, *5*
Schostakowitsch, Dmitrij 22, 32, 33, 54, 58, 67, 68, 69, 73, 74, 79, 80, 90, 96, 98, 107, 115, 117–119, 128, 129, 134, 139, 150, 157–159
Schtokolow, Boris 24
Schtschedrin, Rodion 64
Schubert, Franz 35, 55, 90, 91, 120, 125, 146
Schumann, Robert 15, 75, 82, 93, 96, 115, 145
Schwalb, Michael 83
Shakespeare, William 110
Siakala, Peter 175
Sibelius, Jean 13, 56, 67, 77, 90
Sidelnikow, Leonid 23, 58
Silin, Egils 109
Simjanin, Alexander N. 65
Sinkovicz, Wilhelm Dr. 9, 11, 87, 88
Skobzow, Alexej 173
Skrjabin, Alexander 13, 55, 56, 59, 67, 87, 96, 128
Smotkunowskij, Inokentij 85
Sødalind, Ragnar 171
Solin, Lew 58
Stadler, Sergej 91

Stalin, Josef 38, 61, 68, 139
Stokowski, Leopold 110
Strauß, Johann 125, 158
Strauss, Richard 77, 98, 170
Strawinskij, Igor 15, 55, 56, 67, 88, 91–93, 114
Sutherland, Joan 146, 175
Swetlanow, Jewgenij 64, 65, 66
Swiridow, Georgij 47, 56, 58, 67, 68, 79, 118, 138, 139, 142, 171
Szymanowski, Karol 13

Tanejew, Sergej 58
Tarkowskij, Andrej 94
Tolstoj, Alexej 139
Tolstoj, Lew Graf 45, 46, 139, 146, 175
Toscanini, Arturo 38, 39, 110
Tretjakow, Viktor 75, 142
Tschajkowskij, Boris 69, 72
Tschajkowskij, Peter I. 9, 11, 12, 13, 20, 21, 24, 30, 35, 36, 40, 54–56, 58, 59, 67, 70, 77–84, 86–90, 94, 98, 107, 108, 117, 123, 124, 130, 131, 134, 135, 138, 142, 146, 151, 152, 156, 157, 161, 165, 174
Tschernjachowskij, N. N. 52
Tschernyj, Sascha 32
Tucker, Richard 39

Uria-Monzon, Béatrice 100

Varady, Julia 119, 5
Verdi, Giuseppe 67, 110, 130, 133, 152, 155, 161
Vivaldi, Antonio 146
Valle, M. 4

Waechter, Eberhard 92
Wagner, James 133
Wagner, Richard 75, 77, 80, 98, 103, 112, 115, 153, 155, 156, 167, 174
Walder, Mojsej 69
Walter, Bruno 110
Webern, Anton 171
Wedernikow, Alexander 173
Weber, Carl Maria von 35, 77
Werebnikow, Wladimir 53
Wetchowa, Anna 169
Wolkow, Samuil 32

Woolliams, Anne 93
Wopmann, Alfred 12, 95–97, 102, 115, 1
Wright, Steven 175
Wrubel, Michail 106

Zeffirelli, Franco 93
Zelger-Vogt, Marianne 130, 131
Zinman, David 127
Zollner, B 151

Quellen

Gespräche mit Maestro Fedosejew
Eigene ORF-Sendungen
Rezensionen der internationalen Presse (s. Zitate)
Programmhefte der Bregenzer Festspiele, des Zürcher Opernhauses, der Wiener Konzerthausgesellschaft und der Gesellschaft der Musikfreunde
Wladimir Fedosejew, Sammlung von Aufsätzen, Hrsg. V. Natalja Alexejewa, Moskau 1989
Leonid Sidelnikow, Bolschoj Simfonitscheskij Orkestr (Das Große Symphonieorchester), Moskau 1981
Jasper Parrott, Vladimir Ashkenazy, Atlantis, Zürich 1987
Boris Schwarz, Musik und Musikleben in der Sowjetunion 1917 bis zur Gegenwart Teil I–IV

Bildnachweis

Farbtafeln:
Umschlagbild – Elisabeth Psihoda
Nr. 1, 2, 9 – Bregenzer Festspiele, Privatarchiv Fedosejew
Nr. 3, 4, 5, 6 – Photo Schramek, Privatarchiv Fedosejew
Nr. 7, 8 – Zürcher Opernhaus, Privatarchiv Fedosejew
Nr. 10, 11, 12, 13, 14 – Privatarchiv Fedosejew
Nr. 15, 16, 19 – Michaela Schlögl
Nr. 17, 18 – Elisabeth Psihoda
Nr. 20, 22, 23 – Privatarchiv Fedosejew
Nr. 21 – Archiv des BSO/TSO Moskau)

Schwarz-Weiß-Bilder:
Nr. 1, 2, 3, 4, 5, 6, 7, 8, 9, 10, 11, 12 – Privataufnahmen (Archiv Fedosejew)
Nr. 13, 14 – Akira Kimoshita (Archiv Fedosejew)

böhlau Wien neu

Volkmar Parschalk (Hg.)
„Die Zeit, die ist ein sonderbar' Ding"
Hilde Zadek – Mein Leben
2001. 13,5 x 21 cm. 184 S. 42 SW-Abb. Geb. mit 1 CD.
ISBN 3-205-99362-4

Niemand hatte Hilde Zadek in die Wiege gelegt, ein in aller Welt gefeierter Opernstar zu werden. Die Kammersängerin der Wiener Staatsoper wurde 1917 in Bromberg geboren, wuchs in Stettin auf und musste 1935 als Jüdin nach Palästina auswandern, wo sie das Konservatorium besuchte.

Ein glücklicher Zufall führte sie schon 1947 nach Wien, wo ihr Staatsoperndirektor Franz Salmhofer die „Aida" anbot, die sie innerhalb von fünf Tagen lernen und ohne Probe singen musste. Von da an begann eine Traumkarriere als lyrisch-dramatische Sängerin im Mozart-, Verdi-, Wagner- und Richard Strauss-Fach. In Wien, Düsseldorf, Berlin, London und New York war Hilde Zadek ebenso zuhause wie an den anderen großen Opernhäusern und Konzertsälen der Welt.

Die Magda Sorel in Menottis „Der Konsul" wurde ihre Schicksalspartie. Bis 1971 sang sie große Opernpartien wie die Aida, die Leonore, die Marschallin u. a; seit ihrem Rückzug von der Opernbühne widmet sie sich ihrem zweiten Traumberuf: Der Gesangspädagogik. Zadek-Schüler singen an vielen Opernhäusern oder unterrichten von New York bis Tokio.

Hilde Zadek nimmt heute noch am Operngeschehen teil und begeistert sich für jede Form von Kunst. Sie betreut ihre Schüler, gibt Meisterkurse, sammelt schöne Bilder und resümiert ihr bewegtes Leben.

www.boehlau.at

böhlauWienneu

Ioan Holender
Der Lebensweg des Wiener Staatsoperndirektors
Arnbom, Marie-Theres (Bearb.)
2001. 23,5 x 15,5 cm. 232 S. 32 SW- u. Farbabb. Geb.
ISBN 3-205-99384-5

Der Wiener Staatsoperndirektor Ioan Holender schildert in seinen Lebenserinnerungen seine Kindheit im faschistischen Rumänien, seine Jugend unter den Kommunisten, geprägt von Restriktionen, aber auch von einem Elterhaus, das ihm das Gefühl der Geborgenheit vermitteln konnte. Auf Grund seiner bürgerlichen Herkunft kann er nicht sofort nach der Matura studieren, sondern muss den Umweg über eine Anstellung bei den städtischen Elektrizitätswerken, wo er das Straßenbahnfahrerpatent erwirbt, machen. 1956 wird er aus politischen Gründen im 6. Semester aus allen Hochschulen des Landes exmatrikuliert und verdient sich bis zu seiner Emigration 1959 seinen Lebensunterhalt als Tennistrainer. Die ersten Jahre in Österreich ist Ioan Holender als Statist, Regieassistent, Regisseur und Opernsänger tätig. Die Krönung ist eine Einladung zu einem Gastspiel an der Temesvarer Oper. 1966 wechselt er die Seite und wird erfolgreicher Opernagent. Viele der ganz großen Sänger haben in seiner Agentur begonnen und sind gemeinsam mit Holender berühmt geworden – Domingo, Cotrubas, Baltsa, Ricciarelli, Gruberova, Nucci, Bruson und viele andere. 1991 wird er gemeinsam mit Eberhard Waechter Direktor der Wiener Staatsoper und Volksoper.

www.boehlau.at